Datensicherung mit
Backup Exec -
Ein Praxishandbuch

Datensicherung mit Backup Exec - Ein Praxishandbuch
Oliver Kiel, Thorsten Prohm (Mitautor)
Copyright: © 2013 Oliver Kiel
Titelbild Copyright: Interior_of_StorageTek_tape_library_at_NERSC,
Oliver Kiel
Auflage: 2. Auflage (2013)
Sprache: Deutsch
Published by: Oliver Kiel
ISBN: 9781493618880

Bei Fragen und Anmerkungen zu diesem Buch schicken Sie eine E-Mail
an: oliver.kiel@pingus.de

Inhaltsverzeichnis

Vorwort 1

Teil 1: Die Grundlagen 4

1   Einleitung 5

   1.1   Die technisch-emotionale Sicht der Datensicherung 5

   1.2   Die Management-Sicht...6

2   Das Datensicherungskonzept..10

   2.1   Anforderungen an eine Datensicherung...............................11

   2.2   Organisatorische Regelungen..12

   2.3   Verschiedene Datenarten 13

   2.4   Ermitteln der Datenmenge 13

   2.5   Das Datensicherungsmodell 14

   2.6   Der Datensicherungsplan 14

      2.6.1   Recovery Point Objective (RPO)..................................15

      2.6.2   Recovery Time Objective (RTO)..................................16

   2.7   Datensicherungsmedium 16

   2.8   Datensicherheit...17

   2.9   Das Backupfenster 18

   2.10   Sicherungsmethoden 18

      2.10.1   Das Archivbit 18

      2.10.2   Sichern nach Zeitstempel...19

      2.10.3   Vollständige oder Gesamtsicherung (nach Zeitstempel) 19

      2.10.4   Vollständige oder Gesamtsicherung (mit Archivbit) 20

      2.10.5   Differentielle Sicherung (nach Zeitstempel bzw. mit Archivbit)..20

      2.10.6   Inkrementelle Sicherung (nach Zeitstempel bzw. mit Archivbit)..20

      2.10.7   Archivsicherung 22

   2.11   Checkliste 23

3   Nadelöhre: Größen, Zeiten und Geschwindigkeiten 24

   3.1   Übertragungsraten in TCP/IP Netzwerken............................24

3.2   Lastverteilung durch Teaming...................................25

3.3   Fibre Channel 25

3.4   Übertragungsgeschwindigkeiten verschiedener Bussysteme .26

  3.4.1   USB-Bus 26

  3.4.2   SCSI...26

  3.4.3   S-ATA 26

  3.4.4   SAS 27

3.5   Sicherungsendgeräte mit LTO-Standard...........................27

4   Versus - Das Kapitel der Vergleiche..................................31

4.1   Platte vs. Band 31

4.2   VTL vs. Platte 33

4.3   VTL vs. Band...33

4.4   Band vs. Cloud..34

4.5   Image vs. klassisches Backup 36

4.6   S-ATA vs. Nearline SAS Festplatten..............................38

4.7   Agent vs. Offlinesicherung 38

4.8   Deduplizieren vs. Platte...38

4.9   Backup vs. Archivierung 40

Teil 2: Datensicherung mit Backup Exec 42

5   Jumpstart - Einrichten von Backup Exec in Stichwörtern.............43

6   Backup Exec - Der Aufbau..47

6.1   Advanced Disk based Backup Option (ADBO) 47

6.2   Advanced Open File Option (AOFO) 53

6.3   Central Admin Server Option (CASO)............................53

6.4   Deduplizierung (Dedup)..55

  6.4.1   Serverseitige Deduplizierung..............................56

  6.4.2   Clientseitige Deduplizierung 57

  6.4.3   Deduplizierung mit einem OST-Gerät....................58

  6.4.4   Optimierte Duplizierung 59

  6.4.5   Kopieren deduplizierter Daten auf Magnetbänder........61

  6.4.6   Wie viel Speicherplatz lässt sich durch Deduplizierung
einsparen? 62

6.4.7   Welche Datentypen sollten Sie nicht deduplizieren? 68

6.5   Library Expansion Option (LEO) 68

6.6   Simplified Disaster Recovery Option (SDR).........................69

6.6.1   Die Grundeinrichtung von SDR...................................69

6.6.2   Die Wiederherstellungs-CD 70

6.7   NDMP Option 71

6.8   Remote Agent für Windows (RAWS).................................73

6.9   Remote Agent für Linux (RALUS).....................................73

6.10   Remote Agent für Macintosh (RAMS)...............................73

6.11   Active Directory 74

6.12   Exchange 74

6.13   Lotus Domino 76

6.14   SharePoint 76

6.15   SQL 76

6.16   Oracle..77

6.17   Enterprise Vault...77

6.18   Virtualisierung 78

7   Die Backup Exec Appliance 79

8   Technologien in Backup Exec 82

8.1   Granulare Wiederherstellungstechnologie (Granular Recovery
Technology - GRT) 82

9   Was ist neu in Backup Exec 2012?...84

9.1   Richtlinien (Policies) 84

9.2   Verändertes Medienmanagement...85

9.3   Backup-To-Disk 85

9.4   Kapazitätsüberwachung...85

9.5   Teilbackups in Hyper-V-Umgebungen 86

9.6   Verbesserte Wiederherstellung von virtuellen Maschinen unter
VMware 86

9.7   Konvertierung in virtuelle Maschinen.................................86

9.7.1   Konvertierung mit VMware als Ziel............................88

9.7.2   Konvertierung mit Hyper-V als Ziel 89

9.8   Wiederherstellung von Exchange-Postfächern in PST-Dateien
       90

9.9   LiveUpdate 90

9.10   PowerShell 90

10   Neuigkeiten in Backup Exec 2012 SP2 92

10.1   Unterstützung von Windows 2012 92

10.2   Unterstützung für VMware vSphere 5.1 93

10.3   Unterstützung von SQL Server 2008 R2 SP2 und SQL Server
       2012 SP1 93

10.4   Unterstützung von Exchange Server 2010 SP3 und Exchange
       Server 2013 93

10.5   Unterstützung von SharePoint Server 2013 94

11   Neuigkeiten in Backup Exec 2010 SP3 95

11.1   Unterstützung von Windows 2012 95

11.2   Unterstützung für VMware vSphere 5.1 96

11.3   Unterstützung von SQL Server 2008 R2 SP1, SP2 und SQL
       Server 2012 SP1 96

11.4   Unterstützung von Exchange Server 2010 SP3 96

12   Einrichtungsszenarien für Backup Exec 97

12.1   Backup Exec und virtuelle Small Business Server 97

12.2   Backup Exec ohne Bandlaufwerk 97

12.3   Backup Exec in größeren Umgebungen 98

12.4   Backup Exec in verteilten Umgebungen 99

12.4.1   Entfernte Remote Agenten 100

12.4.2   Zentrale Datensicherung mit verwalteten Backupservern
         100

12.4.3   Zentrales Monitoring, dezentrales Management 101

12.4.4   Einsatz von Hardware-Lösungen zur Optimierung von
         WAN-Leitungen 102

12.5   Backup Exec in Umgebungen mit erhöhten Anforderungen an
       Geschwindigkeit 102

12.6   Backup Exec in hochverfügbar 104

13   Der Umgang mit der Hardware 106

13.1 Bandlaufwerke 106

13.1.1 Performance-Tuning für Bandlaufwerke 107

13.2 Bandbibliotheken (Libraries) 107

13.2.1 Verwaltungsaufgaben im Zusammenhang mit Libraries 108

13.2.2 Partitionieren von Wechslern 110

13.3 Plattensysteme 110

13.3.1 Blockgrößen oder „das richtige Format" 110

13.3.2 Deduplizierungs-Ordner 111

13.3.3 Backup-To-Disk-Ordner..112

13.4 Freigeben von Speichergeräten...114

14 Was Sie über den Umgang mit Medien wissen sollten 115

14.1 Mediensätze..115

14.1.1 Temporäre Medien 115

14.1.2 Importierte Medien...116

14.2 Der Anhängezeitraum 116

14.3 Der Überschreibschutzzeitraum 116

14.4 Die Medienüberschreibschutzstufe....................................117

14.5 Überschreiboptionen 119

14.6 So sucht Backup Exec nach überschreibbaren Medien
(Symantec, 2011) 122

14.7 Auslagern von Medien...125

14.8 Data Lifecycle Management - So gibt Backup Exec Medien
wieder frei 125

15 So installieren Sie Backup Exec 128

15.1 Voraussetzungen Hardware..128

15.2 Voraussetzungen Software...130

15.3 Voraussetzungen Dienstkonten..131

15.4 Wohin mit der Datenbank? 131

15.5 Installation des ersten Backupservers 132

15.6 So führen Sie eine Aktualisierung der Software mit LiveUpdate
durch 150

15.7 So verteilen Sie die Agenten auf die zu sichernden Server .153

16   Upgrade von früheren Versionen von Backup Exec 161
16.1   Wie war es bisher? 161
16.2   Und wie ist es bei Backup Exec 2012?...............................161
16.3   So führen Sie ein In-Place-Upgrade durch 164
16.4   So führen Sie eine Neuinstallation durch und behalten dabei Ihre Daten 165
17   Die Grundeinrichtung von Backup Exec....................167
17.1   So richten Sie ein Dienstkonto ein.....................................167
17.2   So ändern Sie das Kennwort für ein Anmeldekonto 169
17.3   So erstellen Sie einen Deduplizierungsspeicher 173
17.4   So richten Sie einen herkömmlichen Backup-To-Disk-Ordner ein   182
17.5   So importieren Sie einen bereits existierenden Backup-To-Disk-Ordner...186
17.6   Grundlegende Einstellungen 188
   17.6.1   Einstellungen...189
   17.6.2   Auftragsprotokoll...190
   17.6.3   Verschieben von Auftragsprotokollen 192
   17.6.4   Datenbankverwaltung 194
   17.6.5   Daten für Backup suchen 195
   17.6.6   LiveUpdate 196
   17.6.7   Speicher 196
   17.6.8   Granular Recovery Technology (GRT).........................197
17.7   Auftragseinstellungen..198
   17.7.1   Planen 199
   17.7.2   Speicher 203
   17.7.3   Benachrichtigung 204
   17.7.4   Testlauf..204
   17.7.5   Überprüfung 204
   17.7.6   Advanced Open File 207
   17.7.7   Sicherheit 208
   17.7.8   Befehle vor/nach dem Auftrag....................................209
   17.7.9   Dateien und Ordner 209

17.7.10   Linux und Macintosh 210

17.7.11   Active Directory 210

17.7.12   Ausschlüsse 211

17.8   Die Registerkarte „Speicher" 211

17.9   Fehlerbehandlungsroutinen 212

18   Einrichtung der Benachrichtigungsfunktion 215

18.1   Anlegen von Benachrichtigungsempfängern 215

18.2   Verschiedene Anwendungen der Benachrichtigung 216

18.2.1   Globale Benachrichtigungen 216

18.2.2   Benachrichtigungen pro Auftrag 217

19   Berichte 218

19.1   Nächtliche Zusammenfassung 219

19.2   Deduplication Device Summary 220

20   So fügen Sie Ihrer Backup Exec-Umgebung weitere Server hinzu 221

20.1   Hinzufügen eines einzelnen Windows Servers oder eines Windows Server-Clusters 221

20.2   Hinzufügen eines VMware vCenters oder ESX-Servers 227

20.3   Hinzufügen von NAS-Fileservern 228

20.4   Hinzufügen von SharePoint Server Farmen 229

20.5   Hinzufügen einer Exchange Datenbank-Verfügbarkeitsgruppe (DAG) 230

20.6   Hinzufügen von Linux-Servern 232

20.7   Hinzufügen von Apple Macintosh-Servern 233

21   Was wollen Sie sichern und was nicht? 235

21.1   Die Auswahlliste 235

21.2   Implizite vs. Explizite Auswahlen 239

21.3   Entfernen nicht mehr existierender Auswahlen 243

21.4   Ausklammern gesamter Verzeichnisebenen 244

21.5   Globale Ausnahmen 244

21.6   Automatische Ausschlüsse durch Backup Exec 245

22   Sicherungsmethode: Wie wollen Sie die Daten sichern? 247

22.1   Sicherungsaufträge einrichten 247

22.2   Staging: So erstellen Sie eine Kopie der Sicherung 249

23   Spezielle Sicherungsaufträge 254

23.1   So sichern Sie Ihre Exchange Informationsspeicher 254

23.2   So sichern Sie Datenbanken 264

23.3   GFS-Sicherungen...265

24   Verwendung von Skripten vor und nach der Sicherung 268

24.1   Ablageort der Skripte....................................268

24.2   Meine persönlich bevorzugte Vorgehensweise.................268

24.3   Verwendung von Skripten in virtuellen Umgebungen 270

24.3.1   Skripte bei VMware-Sicherungen 270

25   Virtuelle Systeme 272

25.1   Gemeinsame Nutzung der Hardware-Ressourcen.............272

25.2   Nicht immer ist Virtualisierung sinnvoll.....................273

25.3   Virenschutz in virtuellen Umgebungen 274

25.4   Welchen Datenträgertyp sollten Sie bei der Virtualisierung
verwenden? 275

25.5   Wie sollten Sie virtuelle Festplatten dimensionieren? 276

25.6   Agenten auf virtuellen Maschinen.........................277

25.7   Gasterweiterungs-Software 277

25.7.1   VMware-Tools 278

25.7.2   Hyper-V Integration Services...................278

25.8   Sichern virtueller Systemen unter VMware....................279

25.8.1   Mehrere zu sichernde VMware-Umgebungen 285

25.8.2   Ausschließen einzelner Volumes bei der VMware-
Sicherung 286

25.8.3   Optimieren von Auswahllisten für VMware-Sicherungen
287

25.8.4   Löschen verwaister Snapshot in VMware....................288

25.8.5   Performance-Tuning für VMware-Sicherungen 290

25.9   Sichern virtueller Systemen unter Hyper-V 290

25.10   Erläuterung der Datensicherung von Hyper-V 2.0-Clustern
296

25.10.1   Clustered Shared Volumes (CSV) 296

25.10.2   Snapshots 296

25.10.3   Redirected Access 297

25.10.4   Backup-Beispiel 1 (einfach) 298

25.10.5   Backup-Beispiel 2 (immer noch einfach) 299

25.10.6   Backup-Beispiel 3 (langsam wird es komplizierter) .. 300

25.10.7   Backup-Beispiel 4 (Das wahre Leben) 301

25.10.8   Lösung (oder zumindest ein Ansatz dazu) 301

25.10.9   Zukunft 302

25.11   Datensicherung von Hyper-V 3.0-Clustern 302

26   „Restore Exec" - Wiederherstellungsaufträge 304

26.1   Wiederherstellung einzelner Dateien oder Volumes eines physikalischen Servers 304

26.2   Wiederherstellung einzelner Dateien eines NDMP-Filers ... 304

26.3   Wiederherstellung einzelner Mails, Postfächer oder Datenbanken eines Exchange-Servers oder einer DAG 305

26.4   Wiederherstellung einzelner Dateien eines virtuellen Servers 305

26.5   Wiederherstellung virtueller Datenträger oder kompletter virtueller Maschinen 305

26.6   Wiederherstellung von SQL-Datenbanken 305

27   Notfall-Wiederherstellungen 306

27.1   Was sollten Sie bei der Vorbereitung auf eine Havarie berücksichtigen? 309

27.2   Die Durchführung einer Notfallwiederherstellung 311

27.2.1   Simplified Disaster Recovery (SDR) 312

27.2.2   Notfall-Wiederherstellung ohne SDR 313

28   Backup Exec im Zusammenspiel mit anderer Software 315

28.1   Virenscanner 315

28.2   Andere Backup-Systeme 316

28.3   Software zur Serverüberwachung 317

Teil 3: Anhang 319

29   Lizenzierung von Backup Exec 320

29.1   Backup Exec QuickStart Edition 321

29.2   Backup Exec.Cloud 321

29.3   Backup Exec 2012 Small Business Edition.......................321

29.4   Symantec Backup Exec 2012......................................323

    29.4.1   Die traditionelle Lizenzierung – nach Bedarf (à la carte) 323

    29.4.2   Die neue Kapazitäts-Lizenzierung – nach TB 324

29.5   Symantec Backup Exec 2012 V-Ray Edition 324

29.6   Symantec Backup Exec 3600 Appliance 325

29.7   Die Agenten und Optionen 328

    29.7.1   Die Agenten 328

    29.7.2 328

    29.7.3   Die Optionen 329

    29.7.4   Eingestellte (abgekündigte) Agenten und Optionen.....330

29.8   Lizenzmanagement 330

30   Support für Backup Exec - Luxus oder Notwendigkeit?..........331

    30.1.1   Die Basic-Maintenance 331

    30.1.2   Die Essential-Maintenance 332

    30.1.3   Was gibt es noch? 333

    30.1.4   Business Critical Services 333

    30.1.5   TAPP 333

31   Weiterführende Informationen 335

32   Danksagungen 336

33   Literaturverzeichnis..337

34   Index 338

Für Anja

Vorwort

Gewidmet all denjenigen, die ihre Datensicherungen auf ihrem Laufwerk C:\ ablegen.

Sollten Sie jemals einen Datenverlust aufgrund eines Systemfehlers, wegen fehlerhafter Dateien oder versehentlichen Löschens erlebt haben, trösten Sie Sich, es gibt einen Song für Sie:

Singen Sie den folgenden Text (der Autor ist mir leider unbekannt) zur Melodie von „Yesterday" von den Beatles:

*****

Yesterday,
All those backups seemed a waste of pay.
Now my database has gone away.
Oh I believe in yesterday.

Suddenly,
There's not half the files there used to be,
And there's a milestone hanging over me
The system crashed so suddenly.

I pushed something wrong
What it was I could not say.
Now all my data's gone
and I long for yesterday-ay-ay-ay.

Yesterday,
The need for back-ups seemed so far away.
I knew my data was all here to stay,
Now I believe in yesterday.

*****

Wenn Sie für die Zukunft wissen wollen, wie man sich vor Datenverlust schützen kann, sollten Sie etwas über Backups lernen. Und die Tatsache akzeptieren, dass nur ein Onlinebackup ein richtiges Backup ist.

Warum also dieses Buch?

Wenn ich für jedes Mal, wenn ich gefragt wurde, warum es denn kein „richtiges" Buch zum Thema Backup gäbe, einen Euro bekommen hätte, müsste ich heute vermutlich nicht mehr arbeiten.

Dabei ist die Frage durchaus berechtigt, schließlich ist das Thema Datensicherung eines der wichtigsten in der gesamten elektronischen Datenverarbeitung. Und dennoch findet sich in den Unmengen an Computerliteratur kein Buch, das sich diesem Thema in seiner ganzen Tiefe widmet.

Darum, und aufgrund der Tatsache, dass ich mich sowieso gerne selbst reden höre, habe ich mir all die fragenden Blicke zu Herzen genommen und einfach mal angefangen. Darüber gesprochen habe ich in den letzten Jahren bereits des Öfteren, aber es fehlte immer der entscheidende Kick, mich wirklich hinzusetzen und loszulegen.

Dieses Buch beschäftigt sich also mit dem Thema Sichern elektronischer Daten und dem Wiederherstellen derselben. Dabei sollen sowohl allgemeine Aspekte besprochen werden, als auch sehr spezifische.

Diejenigen, die mich bereits kennen, wissen, dass mein Herz ganz einem Stück Software gewidmet ist, das im Bereich Datensicherung seit Jahren bekannt und geschätzt wird. Ich spreche von Backup Exec der Firma Symantec. Ich selbst arbeite mit diesem Produkt seit vielen Jahren und Versionen. Und ich gebe seit Jahren Schulungen für Administratoren zu diesem Produkt.

Dabei sei an dieser Stelle gesagt, dass ich als freier Autor an diesem Buch arbeite und vom Hersteller der Software in keiner Weise dazu autorisiert oder gar beauftragt wurde. Insofern kann und wird Symantec auch für nichts haften, was ich in diesem Buch behaupte und alle Fehler in der Darstellung liegen ganz auf meiner Seite.

Den endgültigen Anreiz zum Schreiben dieses Buches gab der erste Blick auf Backup Exec 2012 im Juli 2011. Nachdem klar war, dass sich nicht nur die Oberfläche, sondern auch, und vor allem, der logische Aufbau der Software grundlegend geändert hatte, fasste ich den Entschluss, dass es nun endlich Zeit wäre, ein paar Zeilen herunter zu tippen.

Unterstützung bei dieser Idee fand ich bei meinem Geschäftspartner Thorsten Prohm, der sich intensiv mit den Themen Hochverfügbarkeit und Notfallplanung beschäftigt und immer bestrebt ist, diese Themen nicht nur von technischer Seite aus zu betrachten, sondern auch aus Sicht der Geschäftsführung eines Unternehmens. Aber genaueres wird er Ihnen gleich selbst erklären.

Bevor ich aber an ihn abgebe, noch ein Hinweis:
Dieses Buch ist weitgehend auf Deutsch geschrieben. Da die Computertechnik aber einige Begriffe direkt aus dem Englischen übernommen hat und es keinen wirklichen Ersatz für diese Wörter im Deutschen gibt, werden Sie an der einen oder anderen Stelle über englische Begriffe stolpern. Wir versuchen, diese Begriffe zu erläutern, hoffen aber auf Ihre Nachsicht, wenn dies vielleicht nicht immer überall funktioniert.

Oliver Kiel

Einer der Fragensteller, warum es kein „richtiges" Buch zum Thema Backup gibt, war unter anderem auch ich in der Vergangenheit. Immer wenn es darum ging, eine Frage zu Backup Exec beantwortet zu kommen, war es schwierig, hierzu etwas in Form von Literatur zu finden. Für mich persönlich hatte sich das Problem in dem Moment erledigt, als ich meine Arbeiten als IT Administrator aufgab und mich mehr den Management Bereichen widmete.

Hier stellte ich fest, dass zum Thema Datensicherung zwar einiges an Lektüren vorhanden ist, diese aber auf viele Quellen verteilt und zur Würzung mit Paragraphen geschmückt sind, die es nicht unbedingt einfach machen, einen durchgängigen Kontext zu finden. Auch hat das Thema Datensicherung als Bestandteil der Datensicherheit und im speziellen des Datenschutzes in den letzten Jahren immer mehr Einzug in die Managementbereiche der Unternehmen gefunden.

Basierend auf diesen Erkenntnissen, war es für mich eine spannende Idee, den Bereich der Bits und Bytes in diesem Buch durch einige Kapitel aus Sicht des Managements zu erweitern und meine Erfahrungen hier mit einzubringen.

Thorsten Prohm

Teil 1: Die Grundlagen

1 Einleitung

Mit der Datensicherung werden also unternehmenswichtige Daten auf ein anderes Datenmedium übertragen, um diese zu schützen.

Die Gründe für einen möglichen Datenverlust sind vielfältig: Menschliches Versagen, Systemausfälle, externe Einwirkungen, wie ein Virenbefall, ein Stromausfall aber auch Naturereignisse, wie Hochwasser und Sturm sind nur einige Beispiele.

Laut einer Studie der Ontrack Data Research sind nur 3% aller verlorengegangenen Daten auf Naturkatastrophen zurückzuführen. Die verbleibenden 97% gehen verloren aufgrund von menschlichem Versagen durch Hard- und Softwareausfälle oder Virenattacken.

Eine gut durchdachte und umfassende Sicherungsstrategie ist deshalb eine wichtige Investition in das Unternehmen und spart im Ernstfall Zeit und Geld.

1.1 Die technisch-emotionale Sicht der Datensicherung

Ich habe mir angewöhnt, meine Trainings zu Backup Exec mit der Frage „Warum machen wir eigentlich eine Datensicherung?" zu beginnen und jeden Teilnehmer zu bitten, eine Antwort darauf in einem Satz zu formulieren.

Die Antworten auf diese Frage variieren zwar, ähneln sich aber doch. So werden sowohl gesetzliche als auch versicherungstechnische Verpflichtungen angeführt oder die Tatsache, dass die Geschäftsführung des Unternehmens eine Datensicherung schlichtweg erwarte.

Unabhängig von der fachlichen Motivation, die auf Sie bzw. Ihr Unternehmen zutrifft, sollten Sie sich aber immer vor Augen halten: Wir betreiben Datensicherung ausschließlich zum Zwecke der Wiederherstellung.

Diesen Satz wiederhole ich wie ein Mantra ständig in all meinen Schulungen in der Hoffnung, dass er sich in den Köpfen aller Administratoren festsetzt.

In anderen Worten: Definieren Sie, was Sie innerhalb welchen Zeitraums auf welche Art und Weise wiederherstellen wollen. Wenn Sie das penibel und detailliert getan haben, klärt sich die Frage, was und wie Sie sichern sollten, meistens von ganz allein.

Wenn ich gebeten werde, das Backup-Konzept für ein Unternehmen zu überprüfen oder neu zu erstellen, fange ich den ersten Workshop meist ebenfalls mit dieser Fragestellung an: Beschreiben Sie mir bitte, wie Sie sich vorstellen, dass eine Wiederherstellung Ihrer Daten vor sich gehen soll und was Sie hierfür für ein Zeitfenster zur Verfügung stellen können und wollen. Sagen Sie mir außerdem, auf wie viele Daten Sie im Katastrophenfall verzichten können. Formulieren Sie dies am besten in freien Worten, ohne sich auf die Technik festzulegen.

Wenn die Antworten auf diese Fragen gefunden und für alle sichtbar festgehalten sind, beginne ich damit, die einzelnen Methoden zu erläutern, mit denen wir eine Datensicherung durchführen können und was dabei jeweils für Vor- und Nachteile entstehen.

Auf diese Weise wird normalerweise allen am Workshop beteiligten Personen sehr schnell klar, welche der gezeigten Technologien und Methoden für das Unternehmen interessant sind.

1.2 Die Management-Sicht

Die meisten Daten eines Unternehmens stellen auch dessen Kapital dar oder sind damit eng verbunden. Die Datensicherung ist das Mittel zum Schutz dieser Daten vor nicht planbaren Ereignissen, die zur Beschädigung dieser Daten oder deren unwiederbringlichem Verlust führen können.

Die Verantwortung für das Sichern der Unternehmensdaten liegt unmittelbar bei der Unternehmensführung. Zwar kann die Durchführung an die IT-Abteilung oder eine externe Firma delegiert werden, dennoch obliegt die Aufgabe des Überprüfens einer Datensicherung auf Vollständigkeit bei der Unternehmensführung. Das liegt unter anderem daran, dass die Sicherung der Daten auch Berührungspunkte mit der tatsächlichen Datensicherheit hat und an verschiedene gesetzliche Grundlagen, wie z. B. den Bereich der gesetzeskonformen Archivierung, gebunden ist.

Haben Sie als verantwortlicher Unternehmer schon einmal Ihre Datensicherung überprüft oder sich Berichte über die Datensicherungen vorlegen lassen? Hier ein Tipp für einen kleinen Test: Nehmen Sie einen älteren Ordner auf einem Ihrer Serververzeichnisse und benennen Sie diesen um. Bitte löschen Sie den Ordner nicht! Warten Sie drei Wochen und bitten Sie dann Ihren Administrator, den Ordner mit dem ursprünglichen Namen aus der Datensicherung wiederherzustellen. Bekommen Sie ihn zurück, gehören Sie zum kleinen Kreis der Glücklichen. In vielen Fällen wird es vermutlich Probleme geben.

Die gesetzliche Pflicht, Daten zu sichern, ergibt sich aus den Vorgaben des Handelsgesetzbuches (HGB) in Bezug auf eine ordnungsgemäße und revisionssichere Buchführung. Ebenso werden Unternehmen durch gesetzliche Vorschriften wie das Gesetz zur Kontrolle und Transparenz im Unternehmensbereich (KonTraG) verpflichtet, Datensicherungen durchzuführen. Die Aufbewahrungspflicht von Unterlagen nach Handels- und Steuerrecht wird im HGB und der Abgabenverordnung gesetzlich geregelt.

In diesem Zusammenhang sind speziell die Datenträger von Handelsbüchern, Inventaren, Buchungsbelegen, Lageberichten, Konzernlageberichten einschließlich der zum Verständnis erforderlichen Arbeitsanweisungen oder Organisationsunterlagen zu nennen.

Die Vorhaltungspflicht solcher Daten ist nach § 257 Abs. 1, 4 u. 5 HGB für Kaufleute mit zehn Jahren vorgeschrieben. Hierbei werden die Grundlagen der Speicherung vorgegeben, ohne dabei herkömmliche Papierarchive von elektronischen Archiven zu trennen.

Auch aus Sicht des Datenschutzes gibt es einige Vorschriften, was die innerbetriebliche Sicherung von Daten betrifft. In §9 des Bundesdatenschutzgesetzes (BDSG) heißt es hierzu, dass die Datensicherung Maßnahmen beinhalten muss, die den ordnungsgemäßen Ablauf der Datenverarbeitung durch Sicherung von Hard- und Software sowie von Daten vor Verlust, Beschädigung oder Missbrauch schützen sollen.

Seit Januar 2002 sind zudem die Grundsätze zum Datenzugriff und zur Prüfbarkeit digitaler Unterlagen (GDPdU) für Unternehmen verpflichtend festgelegt.

Das sind zunächst einmal keine Vorschriften, welche Daten wann, wo und wie zu sichern sind. Eine gesetzliche Regelung wäre da auch schwer durchsetzbar. Vielmehr muss unter rechtlichen Gesichtspunkten festgestellt werden, welche Daten im Rahmen der Weitergabekontrolle, der Eingabekontrolle, der Auftragskontrolle sowie der Verfügbarkeitskontrolle gesichert werden müssen. Alle diese Punkte sind maßgeblich von Aufbewahrungsfristen abhängig, die von einigen Tagen bis zu vielen Jahren reichen können.

Und genau an dieser Stelle findet der Übergang von der Datensicherung zur Datenarchivierung statt. Mit der Datensicherung wird sichergestellt, dass Daten oder Systeme wiederhergestellt werden können, die kurzfristig verloren gegangen oder beschädigt wurden.

Gehen archivierungspflichtige Daten verloren, hat das Unternehmen unter Umständen Schwierigkeiten, die Vorhaltungsplichten einzuhalten und bei Prüfung mit Strafen zu rechnen. Um dies zu vermeiden, ist ein Mitwirken des Managements anzuraten: Beim Erstellen des Datensicherungskonzeptes und insbesondere beim Bewerten der zu sichernden Daten.

Alle archivierungsrelevanten Datenvorhaltungen in Bezug auf Aufbewahrungsfristen oder Revisionsstände müssen von der jeweiligen Applikation, aus der die Daten hervorgehen, also Ihre CRM- oder ERP-Lösung, das Produktionssteuerungssystem usw. gewährleistet werden. Es kann auch eine spezielle Archivierungssoftware zum Einsatz kommen, in der die Regeln zum Aufbewahren von Daten hinterlegt werden. Auch beim Thema E-Mail Archivierung gelten dieselben Vorschriften. Somit müssen auch E-Mail Korrespondenzen der Geschäftsführung sowie allen rechtlich ermächtigten Personen nicht nur archiviert, sondern in einem speziellen Verfahren gesichert werden, das sich „Journaling" nennt.

Die eben beschriebenen Aspekte gehören zum Thema der Langzeitspeicherung. Da die Archivierung aber auf Teilen der Datensicherung aufbaut, sollte dies beim Planen mit berücksichtigt werden. Auch besteht die Möglichkeit, die beiden Bereiche zu kombinieren und relevante Daten automatisch aus der Datensicherung in das Archivsystem zu überführen.

Sehen wir uns noch ein paar Beispiele an:

Ich gehe mal davon aus, dass Sie eine Software im Einsatz haben, mit der Sie Ihre Kundendaten verwalten und Rechnungen schreiben. Sie verlieren Ihre Kundendaten, da nach dem Einspielen eines neuen Software-Patches die Datenbank korrupt ist. Die Daten können aus der Datensicherung wiederhergestellt werden, da Sie Ihren Datenbankserver vor dem Update gesichert haben.

Nach einer Änderung Ihrer Firmenanschrift müssen die Rechnungsformulare in der Software umgestellt werden. Hierbei werden irrtümlich falsche Formulare angepasst und überschrieben. Auch diese können aus der Datensicherung wiederhergestellt werden.

Sie sichern schließlich Ihr Unternehmensverzeichnis auf dem File Server, der die Formulare vorhält.

Sie bekommen die Ankündigung einer Betriebsprüfung und müssen alle lohnsteuerrelevanten Unterlagen der letzten acht Jahre zur Verfügung stellen. Hierbei hilft Ihnen keine Datensicherung, da diese keine Revisionssicherheit der Daten darstellt. Es handelt sich dabei lediglich um ein Duplizieren der Bits und Bytes auf ein anderes Medium. Ob korrupt oder nicht, die Daten werden aus einer Datensicherung in dem gleichen Zustand wie vor dem Datenverlust wieder hergestellt.

Hinzu kommt, dass im Regelfall keine Sicherungsdaten der letzten acht Jahre vorgehalten werden. Und selbst wenn Sie Ihre Sicherungen so lange aufbewahren sollten, wird es vermutlich schwierig, die für eine Wiederherstellung erforderlichen Medien zu finden und zu importieren.

Zusammenfassend gesagt ist das Ziel einer Datensicherung das kurzfristige Wiederherstellen verloren gegangener Daten. Bei der Archivierung handelt es sich um eine Langzeitspeicherung zum gesetzeskonformen Vorhalten von Unternehmensdaten.

2 Das Datensicherungskonzept

In fast allen Unternehmen werden verschiedene Maßnahmen zur Datensicherung getroffen, oftmals fehlen aber geeignete Regeln zur kontinuierlichen Qualitätssicherung. Somit kann es zu fehlerhaften oder lückenhaften Datensicherungen kommen, weil z. B. neue Systeme gar nicht in den Datensicherungsprozess aufgenommen werden.

Zur umfassenden Dokumentation der in Ihrem Unternehmen geltenden Regeln und verwendeten Maßnahmen zur Datensicherung dient daher das Datensicherungskonzept. Es dient als Nachweis gegenüber Dritten, dass die gesetzlich geforderte Verfügbarkeitskontrolle korrekt erfolgt. Des Weiteren ist ein Unternehmen durch ein gut ausgearbeitetes Datensicherungskonzept auf einen Schadensfall vorbereitet und sollte verloren gegangene Daten, innerhalb kurzer Zeit wieder zur Verfügung stellen können – ohne existenzgefährdende wirtschaftliche Schäden für das Unternehmen.

Die Vorgehensweise beim Planen einer effektiven und effizienten Datensicherung hängt von vielen Einflussfaktoren ab. Die zu sichernden IT-Systeme, die Datenmenge, die Änderungshäufigkeit der Daten und nicht zuletzt die Anforderungen an die Verfügbarkeit der Daten im Verlustfall sind einige dieser Faktoren. Im Rahmen des Datensicherungskonzepts gilt es, diese Einflussfaktoren zu identifizieren und zu priorisieren und unter Berücksichtigung des wirtschaftlich vertretbaren Investments die bestmögliche Lösung zur Datensicherung festzulegen.

Zunächst beschäftigt uns also die Frage, gegen welche Risiken wir uns mit einer Datensicherung schützen wollen. Dabei können die Vorkommnisse in drei Kategorien eingeteilt werden, die teilweise erhebliche bis existentiell bedrohliche Auswirkungen auf Ihr Unternehmen haben:

1. In den meisten Fällen sind es vom Benutzer versehentlich gelöschte Daten, die wieder hergestellt werden sollen. Hierzu gehört auch das fehlerhafte Bedienen von Software. Mit in die Kategorie des sogenannten menschlichen Fehlverhaltens gehören auch die Themen Sabotage und Angriffe von außen.
2. Technische Störungen wie Technikversagen, Hardwareausfall oder Leitungsstörungen sind die zweite Kategorie und stellen

wichtige Aspekte beim Festlegen von Wiederherstellungsszenarien dar.

3. Außerdem muss als dritte Kategorie höhere Gewalt durch Katastrophen, Unfälle, Feuer und Wasser berücksichtigt werden.

Je nach Unternehmensgröße können auch Vereinbarungen mit dem Betriebsrat in Form von IT Betriebsvereinbarungen beim Thema Datensicherung zum Tragen kommen. Diese sollten im Vorfeld zusammen mit den Datenschutzbeauftragten und dem Betriebsrat geklärt werden, da solche Regelungen das Datensicherungskonzept beeinflussen und sich somit auch auf das Beschaffen von Hardware und das Bereitstellen von Speichermedien auswirken können.

Beim Erstellen des Datensicherungskonzeptes sind neben technischen und betrieblichen Notwendigkeiten aber auch wirtschaftliche Aspekte zu berücksichtigen. Gerade in kleinen und mittelständischen Unternehmen müssen Kosten und Komplexität der Datensicherung minimiert werden.

Das Datensicherungskonzept (im Rahmen eines IT-Sicherheitskonzepts) wird daher grundsätzlich individuell erarbeitet und in den Verantwortungsbereich der Geschäftsführung gelegt.

Das Grundschutzhandbuch des Bundesamtes für Sicherheit in der Informationstechnik (BSI) bietet einen guten Anhaltspunkt für viele Unternehmen, ein erstes Datensicherungskonzept zu erstellen. Ein gewissenhaftes Abarbeiten der einzelnen Punkte stellt sicher, dass keine für die Sicherung relevanten Fragen vernachlässigt oder vergessen werden.

2.1 Anforderungen an eine Datensicherung

Welche Anforderungen an das Backup bestehen, ist natürlich zunächst davon abhängig, was für Datenarten sich in welcher Menge im Unternehmen befinden, wie die Daten priorisiert werden und welche Zyklen für eine Wiederherstellung zu beachten sind.

Über die Datenarten können i. d. R. die IT-Verantwortlichen Auskunft geben, die Definition der Priorität, Vorhalte- und Wiederherstellungszeiten können jedoch nur gemeinsam mit dem Management des Unternehmens erarbeitet werden.

Dabei geht es weniger um technische Aspekte, als vielmehr um Fragen der Firmenpolitik. Oftmals ist das Beantworten dieser Fragen an Service Level Agreements (SLAs) gebunden oder kann in Zusammenhang mit anderweitigen vertraglichen Verpflichtungen wie z. B. Kundenverträgen stehen.

Das Ergebnis dieser Fragen spiegelt in der Summe sowohl den Bedarf an Hardware und benötigten Lizenzen, als auch die Art der Sicherungsmedien wieder.
Daher ist es empfehlenswert, das Kapitel der Sicherungsstrategie als erstes anzugehen, noch bevor eventuelle Investitionen getätigt werden.

2.2 Organisatorische Regelungen

Zu den Anforderungen an das Datensicherheitskonzept gehören nicht nur technische Aspekte, sondern auch organisatorische Regelungen.

In erster Linie ist festzuhalten, dass die Datensicherung zuverlässig und kompetent durchgeführt werden muss. Es sind Personen zu benennen, die sich um die Datensicherung im täglichen Betrieb kümmern. Da zur Datensicherung auch die Wiederherstellung gehört, muss sichergestellt werden, dass die verantwortlichen Mitarbeiter mit den Daten auch während einer Wiederherstellung in Berührung kommen dürfen. Denn im Falle einer Wiederherstellung sind die Daten für den jeweiligen Administrator sichtbar.

Handelt es sich um vertrauliche Daten, käme eventuell ein Wiederherstellungsprozess im „Vier Augen Prinzip" in Betracht. Alternativ können die Aufgaben getrennt werden, so dass eine Person der IT-Abteilung verantwortlich für die tägliche Kontrolle der Datensicherung, eine Wiederherstellung aber nur durch eine autorisierte Person erfolgen darf. Ein regelmäßiges Überprüfen der Sicherheitsrichtlinien wäre in diesem Fall notwendig.

Ein besonderes Augenmerk gilt auch den Mitarbeitern des Unternehmens. Generell sollten Verfahren vorhanden sein, die Mitarbeiter in Bezug auf die Notwendigkeit von Datensicherung und Datensicherheit sensibilisieren.

Hierzu gehören aus Sicht der Datensicherung folgende Aspekte:

- Wie findet eine Information gegenüber den Mitarbeitern über eingesetzte Verfahren statt und welche Daten sind verpflichtend zu sichern und zu dokumentieren?
- Wie werden Mitarbeiter zur Datensicherung verpflichtet?
- Wie können diese Verpflichtungen kontrolliert werden?

2.3 Verschiedene Datenarten

Daten werden nach „qualitativen Daten" und „quantitativen Daten" klassifiziert. Als qualitative Daten gelten alle Daten, die für das Unternehmen essenziell wichtig sind, für die es festgelegte Service Level Agreements oder vertragliche Abstimmungen gibt. Im Normalfall sind dies verschiedene Datenbanken, weitere Buchhaltungs- und Controlling-Daten, Daten der Geschäftsleitung und des Führungskreises eines Unternehmens, E-Mails sowie Nutzerdaten, die für das Tagesgeschäft unerlässlich sind. Für diese Kategorie von Daten werden üblicherweise mehrere Sicherungen täglich erstellt, um im Bedarfsfall den Datenverlust so gering wie möglich zu halten.

Von quantitativen Daten spricht man bei Dateien, die viel Speicherplatz beanspruchen, aber auch nicht von essenzieller Bedeutung für das Unternehmen sind.

Die Aufstellung der qualitativen Daten sollte mit dem Management, die von quantitativen Daten mit den jeweiligen Abteilungsverantwortlichen abgestimmt werden. In beiden Fällen ist der Datenschutzbeauftragte hinzuzuziehen. Er kennt die Anforderungen in Bezug auf personenbezogene und Beschäftigten- sowie Auftragsdaten und kann auch Informationen zu Mindestaufbewahrungspflichten liefern.

Sind die verschiedenen Datenarten ermittelt, können als nächstes die Aufbewahrungszeiten und die Anzahl der notwendigen Sicherungsgenerationen ermittelt und festgelegt werden. Ebenfalls zu berücksichtigen ist, wie schnell eine Wiederherstellung der Daten im Falle eines Verlustes erfolgen muss. Wie auch schon beim Bewerten der Daten müssen diese Parameter mit den entsprechenden verantwortlichen Personen abgesprochen werden.

2.4 Ermitteln der Datenmenge

Für das Berechnen der Speicherkapazitäten ist es notwendig, einen Ist-Stand aller aktuellen Datenmengen zu ermitteln, den sogenannten Bruttodatenbestand. Als Bruttodaten wird die Summe aller Daten bezeichnet, inklusive Betriebssysteme und Anwendungen. Als Nettodaten werden jene Daten bezeichnet, die von Anwendern erzeugt und verändert werden.

Ein weiterer wesentlicher Planungsfaktor ist das Berechnen der Zuwachsraten, da das System ja auch für die nächsten drei bis fünf Jahre taugen soll. Hierbei sind besonders das Änderungsvolumen und die Änderungshäufigkeit zu berücksichtigen. Auch alle zum Zeitpunkt der Datenermittlung bekannten Expansionspläne des Unternehmens haben Einfluss auf die Datenwachstumsraten und sollten hinzugerechnet werden.

Die Analysten gehen von einem Speicherwachstum zwischen 40% und 70% pro Jahr aus. Diese Angaben können natürlich nicht pauschalisiert werden und stellen sich in jedem Unternehmen anders dar. Neben der jeweiligen Branche ist auch die Auftragslage immer mit einer der Faktoren für den Datenzuwachs. Ausgehend von 40% Datenzuwachs pro Jahr ergibt sich eine Vergrößerung des Volumens um das 3,8 fache des benötigten Datenspeichers innerhalb von fünf Jahren.

In der Praxis können für die Zuwachsraten natürlich nur Schätzungen vorgenommen werden. Die Schätzung sollte allerdings sehr gewissenhaft durchgeführt werden. Bei einer zu geringen Schätzung wird die Technik schnell an ihre Grenzen kommen. Wird der Zuwachs zu groß geschätzt, fallen vermeidbare Kosten an.

2.5 Das Datensicherungsmodell

Das Datensicherungsmodell beschreibt die Konzeption der Instanzen einer Datensicherung und nimmt damit auch Bezug auf das Vorhalten der Daten unter Berücksichtigung der im Vorfeld festgelegten Datenarten und Datenmengen.

Das Datensicherungsmodell sollte mindestens zwei Instanzen vorhalten. In der Praxis finden sich hierzu immer zwei Begriffe: „Nearline Instance" und „Deep Archive". Das Nearline Backup ist eine Sicherung auf Festplattenebene, dem sogenannten Backup-To-Disk Verfahren. Das dahinterstehende Deep Archive ist eine duplizierte Sicherung, die meist auf eine Tape Library oder einen Tape Roboter erfolgt. Somit stehen die Daten in zwei Instanzen zur Verfügung. Diese beiden Ebenen stellen die Sicherung innerhalb des Unternehmens dar. Im weiteren Verlauf muss aber auch die Frage nach einem Notfall Restore Verfahren gestellt werden. Gemeint ist hierbei die Antwort auf die Frage, welche Daten zusätzlich außerhalb des Unternehmens zur Verfügung stehen müssen. Dieser Punkt wird im Kapitel Notfall-Wiederherstellungen noch ausführlicher beschrieben.

2.6 Der Datensicherungsplan

Das Planen der Datensicherung bezieht sich auf die Definitionen der Datenarten, welche bereits weiter oben beschrieben wurden.

Da jede Art von Daten spezielle Anforderungen an die Verfügbarkeit haben kann, muss jede Variante auf Wiederherstellungsdauer und auf Fehleranfälligkeit bei der Wiederherstellung geprüft werden. Die Wiederherstellungsdauer von Daten kann, genauso wie die Datensicherungszeit, nicht pauschal angegeben oder berechnet werden. Bei diesen Angaben geht es um Performancewerte, die von vielen Faktoren abhängig sind, wie Netzwerkgeschwindigkeiten, der Sicherungsinfrastruktur oder den Datentypen. Um hier möglichst reale Werte zu bekommen, müssen diese in Ihrem Umfeld gemessen und bewertet werden.

Jede Sicherungsvariante hat hier ihre Vor- und Nachteile. Die Art der Datensicherung wird in den Kategorien Vollsicherung, Teilsicherung, Archivsicherung, Kopie und Synthetische Sicherung unterschieden. Die verschieden Sicherungsmethoden werden in Kapitel 2.10 „Sicherungsmethoden" auf Seite 18 näher beschrieben. Die Wahl der Sicherungsmethode richtet sich neben der Anforderung an die Verfügbarkeit aber auch nach dem Änderungsvolumen der Daten.

Speziell bei Daten, die in den Bereich der Hochverfügbarkeit fallen, wird oftmals eine direkte Spiegelung der Daten vorgenommen. Diese Methode findet sich häufig bei Datenbanken wieder. Zu beachten ist aber, dass eine Datenspiegelung kein Ersatz für eine Datensicherung ist. Zum Beispiel werden gelöschte Daten aus einem Datenbankfeld unmittelbar auch im Datenspiegel gelöscht. Auch werden Datenbankfehler sofort auf das gespiegelte System übertragen. Die Spiegelung der Daten erhöht zwar die Verfügbarkeit, gewährleistet aber nicht, Daten wieder rekonstruieren zu können.

Bei geplanten Änderungen, mit denen sich im großen Umfang Daten ändern, bietet es sich an, eine Volldatensicherung durchzuführen. Dies kann der Fall sein bei einem Versionswechsel von Applikationen oder Betriebssystemen oder vor Monatsabschlüssen.

2.6.1 Recovery Point Objective (RPO)

Als RPO bezeichnet man den Abstand zwischen zwei Datensicherungen und damit den maximalen Zeitraum, für den ein Datenverlust in Kauf genommen werden kann. Je nach Unternehmen können hier Zeiträume von Minuten bis Tagen vorgegeben werden. In den meisten Unternehmen wird eine tägliche Datensicherung durchgeführt, damit beträgt die RPO 24 Stunden. Wird in einem Unternehmen für eine bestimmte Gruppe von Dateien oder Datensätzen ein Datenverlust als

nicht hinnehmbar angesehen, spricht man von einer RPO von null
Minuten.

2.6.2 Recovery Time Objective (RTO)

Im Gegensatz zur Recovery Point Objective betrachtet die Recovery
Time Objective den Zeitraum, der vom Eintritt des Schadenfalls bis zum
vollständigen Wiederherstellen der Dateien oder Datensätze vergehen
darf. In anderen Worten: Wie lange darf der jeweilige Geschäftsprozess
unterbrochen werden?

Im obigen Bild werden die beiden Begriff einmal dargestellt: Die RPO
beträgt in diesem Beispiel 24 Stunden, die RTO 20 Stunden. Alle
Daten, die zwischen dem Zeitpunkt der letzten Sicherung (2.7. 0:00
Uhr) und dem Zeitpunkt des Schadenfalls (2.7. 16:00 Uhr) erfasst
wurden, sind verloren und müssen neu erfasst werden. Außerdem
konnten im Zeitraum zwischen dem Schadenfall und dem Fertigstellen
der Rücksicherung keine neuen Daten erfasst werden. Damit ergibt sich
eine Unterbrechung des Geschäftsprozesses von 36 Stunden, da nach
Abschluss der Wiederherstellung am 3.7. um 12:00 Uhr die Daten der
letzten Sicherung vom 2.7. um 0:00 Uhr zurückgesichert wurden.

Natürlich ist dieses Beispiel stark vereinfacht, aber es beschreibt
ausreichend genau die Problematik, mit der wir es zu tun haben, dass
nämlich nicht nur der Abstand zwischen den Sicherungen für die
Verfügbarkeit eines Geschäftsprozesses zu betrachten ist, sondern auch
der Zeitraum, der für das Wiederherstellen der gesicherten Daten
benötigt wird. Denn erst die Summe beider Werte ergibt die
tatsächliche Ausfallzeit.

2.7 Datensicherungsmedium

Aufbauend auf die Ergebnisse der ermittelten Datenmengen,
Verfügbarkeiten, Vorhaltezeiten und des Sicherungsmodelles kann jetzt
das Sicherungsmedium bestimmt werden. Hierbei werden aus den
oben benannten Werten die Sicherungskapazität und die für die

Sicherung notwendige Zeit errechnet. Wie wir vorher schon festgestellt haben kann die Sicherungsdauer nicht pauschalisiert werden, sondern muss anhand der festgestellten Werte in Kombination mit einem Performance Test errechnet werden. Die sich daraus ergebenden Ergebnisse können dann für das Dimensionieren der Hardware benutzt werden.

Für eine Beispielrechnung nehmen wir folgende Werte an: Die Berechnung der Datenmenge hat ein zu sicherndes Volumen von 10 Terabyte ergeben. Ein durchgeführter Netzwerk Performance Test der vorhandenen 1Gbit Infrastruktur wurde mit dem Ergebnis abgeschlossen, dass ein Datendurchsatz von 750 MBit/sec. realistisch ist. Als Sicherungsmedium soll ein LTO5-Laufwerk zum Einsatz kommen. Die Netzwerkperformance von 750 MBit pro Sekunde entspricht 93,75 MByte/sec. Umgerechnet bedeutet dies einen Datendurchsatz von 337.500 MByte/h oder 0,32 Terabyte an Daten, die pro Stunde über das Netzwerk gesichert werden können. Somit sind die angenommenen 10 Terabyte theoretisch in 32 Stunden auf 7 LTO-5 Medien gesichert. Dazu kommt noch die Zeit, die für das Laden und Entladen der Medien benötigt wird.

2.8 Datensicherheit

Jede Form von Datensicherung kann auch ein Datenschutzrisiko darstellen. Eine unberechtigte Weitergabe der Daten muss ausgeschlossen werden. Werden z. B. Nearline Sicherungen auf Wechselfestplatten oder transportablen Systemen erstellt, können diese entwendet werden. Auch Sicherungen auf Tape bergen diese Risiken, da die Speichermedien mit dem passenden Bandlaufwerk wieder eingelesen werden können. Um dies zu verhindern, sind Vorkehrungen unerlässlich, die den Zugriff auf Datensicherungsmedien regeln. Um den Diebstahl oder einen unerwünschten Zugriff auf gespeicherte Daten zu verhindern, können neben den Möglichkeiten der physikalischen Zugriffskontrolle weitere Sicherheitsmechanismen in Form von Kryptographie und Kennwörtern genutzt werden.

Für die Gewährleistung der Sicherheit in diesem Bereich nach unternehmenskonformen Vorgaben ist es ratsam, den Datenschutzbeauftragten mit ins Boot zu nehmen. Laut BDSG muss gewährleistet werden, dass nur berechtigte Personen Zugriff auf die gespeicherten Daten erhalten. Demnach muss sichergestellt werden, dass Datensicherungsmedien nur autorisierten Personen zugänglich sind oder durch diese transportiert werden. Ausgenommen hiervon sind verschlüsselte Datensicherungsmedien.

Ebenfalls zu verhindern ist die Möglichkeit, dass Administratoren oder Mitarbeiter des Unternehmens mittels Datensicherungen Zugriff auf sensible oder für sie normalerweise nicht lesbare Daten erhalten. An dieser Stelle muss sich das Benutzermanagement daher auch auf den Bereich Datensicherung erstrecken. Ein Schritt in Richtung ausreichender Sicherheit kann durch eine automatische Verschlüsselung transportabler Medien und abschließbare Serverschränke erfolgen.

2.9   Das Backupfenster

Als „Backupfenster" bezeichnet man den Zeitraum im Laufe des Tages, in dem Sicherungen durchgeführt werden können. Dieser richtet sich u. a. danach, dass eventuell Systeme für die Sicherung heruntergefahren werden müssen oder dass auf gewisse Daten nur innerhalb einer bestimmten Zeit zugegriffen werden kann. Auch gilt es zu berücksichtigen, dass die zu sichernden Server während des Backups einer gewissen Last, sowohl auf ihren Festplattensystemen, als auch auf den Netzwerkkarten, ausgesetzt sind und damit der Zugriff anderer Parteien, z. B. der Anwender, durchaus eingeschränkt sein könnte.

Nimmt man all diese Punkte zusammen, kommt man schnell zu der Überlegung, dass die Sicherung sinnvoller Weise außerhalb der normalen Arbeitszeiten laufen sollte. So sichern die meisten Unternehmen ihre Daten ab ca. 20:00 Uhr bis in den Morgen hinein und versuchen sicherzustellen, dass das Backup spätestens gegen 7:00 Uhr abgeschlossen ist. Damit ergibt sich ein typisches Backupfenster von elf Stunden.

2.10   Sicherungsmethoden

Im Folgenden sollen die einzelnen Methoden der Datensicherung erläutert werden. Bitte beachten Sie, dass hier, wie bereits erwähnt, die Begriffe analog zu ihrer Verwendung in Backup Exec erläutert werden. Abweichungen zu anderer Software sind also denkbar.

2.10.1 Das Archivbit

Das Archivbit ist ein Dateiattribut, das in Microsoft Windows-Umgebungen vom Betriebssystem verwendet wird, um neue und geänderte Dateien zu markieren und das von Datensicherungssystemen ausgewertet und verändert werden kann.

Dabei hängt das Betriebssystem bei allen neuen und geänderten Dateien das Attribut „A" an. Wird nun eine Datensicherung durchgeführt, kann die Sicherungssoftware anhand des Attributs erkennen, welche Dateien gesichert werden müssen, da sie in der vorliegenden Form ggf. noch nicht gesichert wurden.

In den Dateisystemen von Linux- und Unix-Umgebungen gibt es das Archivbit klassischer Weise nicht, es gibt aber einige Derivate, die Attribute mittels Dateirechten abbilden.

Ansonsten ist es in Unix üblich, die Datensicherung über die Datumsattribute durchzuführen.

2.10.2 Sichern nach Zeitstempel

Alternativ zur Idee, Dateien zu sichern, bei denen das Archivbit gesetzt ist, gibt es auch den Ansatz, Dateien anhand ihrer Zeitstempel zu sichern. Hierbei werden in der Backup Exec Datenbank zu jeder gesicherten Datei Datum und Uhrzeit der letzten Änderung hinterlegt. Läuft nun eine Sicherung an, überprüft Backup Exec, ob sich die Daten der letzten Änderung einer Datei von den Angaben unterscheiden, die in der Datenbank hinterlegt sind. Ist dies der Fall, wird die Datei gesichert; sind die Angaben identisch mit denen in der Datenbank, ist ein Sichern der Datei nicht notwendig und es wird die nächste Datei betrachtet.

Beachten Sie bitte, dass Sie, um Teilsicherungen (differentiell oder inkrementell) mithilfe von Zeitstempeln durchführen zu können, auch die zugrundeliegende Gesamtsicherung mithilfe von Zeitstempeln durchführen müssen. Wählen Sie dazu einfach aus der Liste in den Backup-Einstellungen in der Registerkarte „Files and Folders" die Option „By modified time" aus.

2.10.3 Vollständige oder Gesamtsicherung (nach Zeitstempel)

Die Vollsicherung sichert, wie der Name schon vermuten lässt, alle Dateien der angegebenen Quelle. Hierbei werden alle Zeitstempel der gesicherten Dateien erfasst, so dass Teilsicherungen basierend auf abweichenden Zeitstempeln durchgeführt werden können.

Diese Sicherungsmethode ist der Standard in Backup Exec 2012.

2.10.4 Vollständige oder Gesamtsicherung (mit Archivbit)

Wählen Sie die Vollsicherung nach Archivbit, werden ebenfalls alle Dateien der angegebenen Quelle gesichert. Dabei ist es unerheblich, ob die Dateien ein gesetztes Archivbit haben. Allerdings werden alle eventuell gesetzten Archivbits gelöscht.

2.10.5 Differentielle Sicherung (nach Zeitstempel bzw. mit Archivbit)

Die differentielle Sicherung sichert alle Dateien, bei denen laut Zeitstempel (bzw. laut Archivbit) eine Änderung seit der letzten Sicherung durchgeführt wurde, ändert aber das für diese Datei in Backup Exec hinterlegte Änderungsdatum nicht. In Zusammenarbeit mit einer Vollsicherung sichert die differentielle Sicherung alle Dateien, die seit der letzten Gesamtsicherung erstellt oder geändert wurden.

Beispiel: In einem Unternehmen werden freitags Vollsicherungen und montags bis donnerstags differentielle Sicherungen durchgeführt. Dann sichert die differentielle Sicherung am Montagabend alle Dateien, die seit dem vergangenen Freitag erstellt oder geändert wurden. Am Dienstagabend werden, da die hinterlegten Zeitstempel am Vorabend nicht verändert wurden, wieder alle neuen und geänderten Dateien seit der letzten Vollsicherung gesichert. Damit ist das Backup von Dienstag aller Wahrscheinlichkeit nach größer als das vom Montag.

Sollte ein Schadenfall eintreten, müssen die Sicherungsmedien der letzten Vollsicherung und des letzten differentiellen Backups eingespielt werden, um alle Daten wiederherzustellen.

2.10.6 Inkrementelle Sicherung (nach Zeitstempel bzw. mit Archivbit)

Wie die differentielle Sicherung sichert auch die inkrementelle Sicherung alle Dateien, bei denen laut Zeitstempel bzw. Archivbit eine Änderung seit der letzten Sicherung durchgeführt wurde. Allerdings hinterlegt die inkrementelle Sicherung den aktuellen Zeitstempel der letzten Änderung für diese Datei in Backup Exec bzw. löscht das Archivbit der Datei. Damit sichert eine inkrementelle Sicherung die Dateien, die seit der letzten Gesamtsicherung oder der letzten inkrementellen Sicherung erstellt oder geändert wurden.

Bespiel: In einem Unternehmen werden freitags Vollsicherungen und montags bis donnerstags inkrementelle Sicherungen durchgeführt.

Dann sichert die inkrementelle Sicherung vom Montagabend alle Dateien, die seit dem vergangenen Freitagabend erstellt oder geändert wurden. Das Sicherungsvolumen ist also in diesem Fall identisch mit dem der differentiellen Sicherung aus dem vorhergehenden Beispiel. Allerdings überschreibt die inkrementelle Sicherung jetzt alle hinterlegten Zeitstempel für die gesicherten Dateien in Backup Exec. Damit werden am Dienstagabend nur die Dateien gesichert, die seit Montagabend erstellt oder geändert wurden, denn nur bei denen ist eine Änderung des Zeitstempels der letzten Änderung erfolgt. Also lässt sich im Vorhinein nicht sagen, ob das Sicherungsvolumen am Dienstagabend kleiner, größer oder genauso groß ist wie das vom Montag.

Sollte ein Schadenfall eintreten, müssen die Sicherungsmedien der letzten Vollsicherung und aller danach erstellten inkrementellen Backups (in der richtigen Reihenfolge) eingespielt werden, um alle Daten wiederherzustellen.

Wird also eine Datei täglich geändert, und Sie müssen eine inkrementelle Sicherung wiederherstellen, wird die Datei aus jedem einzelnen Teilbackup zurückgesichert und überschreibt die bestehende Version auf der Festplatte des Zielsystems. Je nach Anzahl solcher Dateien ist also die wiederherzustellende Datenmenge auch erheblich größer, als die einer differentiellen Sicherung, auch wenn das Ergebnis zum Schluss dasselbe ist.

Aus der Praxis:
Ich werde immer wieder gefragt, ob ich eher differentielle oder eher inkrementelle Sicherungen bevorzuge. Meine Antwort darauf lautet immer wieder: „Das kommt darauf an." Aber worauf ?

Nun, die eigentliche Frage ist, wie bereits eingangs erläutert, die, wie Sie die Wiederherstellung betreiben wollen. Differentielle Sicherungen dauern in der Regel länger, als inkrementelle. Dafür geht, ebenfalls in der Regel, das Wiederherstellen differentiell gesicherter Daten schneller, als das inkrementell gesicherter. Dies rührt schlichtweg daher, dass Sie beim Wiederherstellen inkrementell gesicherter Daten deutlich mehr Medienanforderungsvorgänge haben, als bei differentiell gesicherten Daten. Außerdem ist auch die Menge der zurückzusichernden Daten größer, als bei differentiellen Sicherungen. Sollten Sie also ein Backupfenster haben, dass es Ihnen erlaubt, differentielle Sicherungen durchzuführen, sollten sie dies tun. Denken Sie immer daran:

Sie sichern in „Friedenszeiten". Beim Wiederherstellen hingegen schaut man Ihnen ggf. permanent über die Schulter, und es kommt alle paar Minuten die Frage, ob Sie denn nicht bald mal endlich damit fertig sind. Sollten Sie aber ein Backupfenster haben, in dem Sie eine differentielle Sicherung nicht unterbekommen, müssen Sie auf inkrementelle Sicherungen setzen. (Oder sich eine andere Strategie überlegen bzw. in Hardware investieren.)

2.10.7 Archivsicherung

Archivsicherung bedeutet in Backup Exec, dass von der gesicherten Auswahl eine Vollsicherung angefertigt wird. Ist diese Vollsicherung fehlerfrei abgeschlossen worden, werden alle gesicherten Daten auf dem Quellsystem gelöscht, um dort Speicherplatz freizugeben. Bitte beachten Sie, dass dieser Vorgang nichts mit einer gesetzlich vorgeschriebenen Archivierung zu tun hat, sondern ausschließlich den Zweck erfüllt, Daten, die nicht länger auf dem Primärsystem vorgehalten werden müssen, auf sekundären Speicherplatz (Bänder) auszulagern.

Beachten Sie außerdem, dass Medien, die für Archivsicherungen verwendet werden, in einen speziellen Mediensatz einsortiert werden. Weitere Hinweise dazu finden Sie im Kapitel 14.1 „Mediensätze" auf Seite 115.

2.11 Checkliste

Um alle Themen der letzten Seiten nochmals auf den Punkt zu bringen, kann folgende Checkliste beim Erstellen des Datensicherungskonzeptes helfen:

- Datensicherungsplan erstellen
- Aufbewahrungszeit und Generationenzahl festlegen
- Abstimmung mit dem Notfallplan
- Dokumentation und Protokollierung der Sicherungsdaten, des Sicherungsumfanges und der Sicherungsparameter
- Vorgehensweise der Wiederherstellung regeln
- Tests zur Datenrekonstruktion
- Notwendige Kontrollen, insbesondere der Zugriffskontrolle einrichten und überprüfen
- Schutzbedarf an Vertraulichkeit und Verfügbarkeit umsetzen
- Transportwege bei „Außer Haus" Sicherungen festlegen
- Notwendige Kapazitäten in Bezug auf Volumen und Durchsatz bereitstellen
- Anforderungen an lückenlose Sicherung umsetzen
- Zugangskontrolle, Zugriffskontrolle, Weitergabekontrolle, Eingabekontrolle und Trennungskontrolle im Hinblick auf die Datensicherung gewährleisten.

3 Nadelöhre: Größen, Zeiten und Geschwindigkeiten

In diesem Kapitel möchte ich erläutern, mit welchen Geschwindigkeiten Sie während einer Sicherung bzw. Wiederherstellung rechnen können und wo sich üblicherweise die Nadelöhre befinden.

Außerdem werde ich die einzelnen Größen von in der Praxis verwendeten Sicherungssystemen ansprechen.

> **Hinweis:**
> *Alle in diesem Kapitel angegebenen Geschwindigkeiten und Datendurchsätze beziehen sich auf Herstellerangaben, die ggf. von den in Ihrem System erreichten Daten abweichen können.*

3.1 Übertragungsraten in TCP/IP Netzwerken

TCP/IP steht für Transmission Control Protocol/Internet Protocol. In den frühen 70er Jahren wurde im Rahmen der Entwicklung von paketvermittelnden Netzen nach einer Möglichkeit gesucht, eine Übertragungstechnik in Form eines Protokolls zu finden, welche unabhängig von der vorhandenen Netzwerktechnik eingesetzt werden kann. Mit TCP/IP wurde der Grundstein gelegt, unabhängig zwischen allen gängigen Betriebssystemen und nahezu jeder Vernetzungsstruktur zu kommunizieren. Spätestens seit dem Siegeszug des Internets ist das Protokoll TCP/IP nicht mehr wegzudenken. Mit dem rasanten Wachstum hat sich die Problematik ergeben, dass die öffentlich verfügbaren IP Adressen knapp werden. Eine IP Adresse besteht aus vier Oktetts mit einer jeweils dreistelligen Zahl. Um dem Problem entgegenzuwirken wurde 1994 mit der Entwicklung der Version 6 (TCP/IPv6) auch IPng (IP next generation) genannt begonnen. Seit 1999 ist IPv6 in allen namhaften Betriebssystemen und Routern implementiert. Während auf dem europäischen und amerikanischen Kontinent nach wie vor vorwiegend mit dem Protokoll der Version 4 (IPv4) gearbeitet wird, wird die Version 6 im asiatischen Bereich bereits als Standardprotokoll eingesetzt.

Mit der steten Weiterentwicklung des Protokolls im Zusammenspiel mit der Infrastruktur Technologie hat TCP/IP verschiedene Sprünge im Bereich der Übertragungsgeschwindigkeit durchlebt. Während immer noch vereinzelte 100 MBit/s Netze anzutreffen sind, ist der Standard bei regulären Office Vernetzungen in der 1 GBit/s Geschwindigkeit zu sehen. In Rechenzentren und Serveranbindungen für große Datendurchsätze ist eine Geschwindigkeit von 10 GBit/s mittlerweile aber auch keine Seltenheit mehr.

3.2 Lastverteilung durch Teaming

Als Teaming oder Port-Channeling bezeichnet man das Konsolidieren mehrerer physikalischer Netzwerk Ports zu einem logischen Anschluss. Dabei werden, je nach Konfiguration, mehrere Vorteile erreicht: Zum einen kann das Verwenden mehrerer Ports für Ausfallsicherheit sorgen, zum anderen kann auch eine Lastenverteilung genutzt werden, sofern die Netzwerkkomponente der Gegenseite (üblicherweise der Switch) dies unterstützt.

In jedem Fall sollte berücksichtigt werden, dass das Bündeln mehrerer Netzwerk Ports nicht automatisch ein Vielfaches der Performance ergibt. So wird ein Teaming-Adapter bestehend aus zwei 1 GBit/sec.-Ports im Betriebsmodus „Lastverteilung" zwar vom Betriebssystem als eine Netzwerkkarte mit 2 GBit/sec. erkannt und dargestellt, in der Praxis werden diese 2 GBit/sec. aber nicht erreicht werden.

3.3 Fibre Channel

Fibre Channel ist eine Schnittstelle zum Hochgeschwindigkeitstransport großer Datenmengen über Glasfaser-Leitungen.

Die üblicherweise verwendeten Geschwindigkeiten sind 2, 4, 8 und 16 GBit/Sec., wobei Fibre Channel Produkte nur zwei Generationen abwärtskompatibel sind. So beherrscht ein 16-GBit/Sec.-Gerät zwar auch 8 und 4 GBit/Sec., kann jedoch nicht mit Geräten kommunizieren, die nur den 2-GBit/Sec.-Standard unterstützen.

Der größte Vorteil von Fibre Channel neben seiner hohen Datenübertragungsrate liegt sicherlich in der Möglichkeit, auch große Distanzen von mehreren Kilometern überbrücken zu können.

Einer der Nachteile dieser Technologie liegt in der Tatsache, dass sie nicht routingfähig ist.

Ähnlich wie bei klassischen Netzwerken verwenden Fibre Channel-Geräte eineindeutige Bezeichnungen für jedes Gerät, sogenannte WWNs (World Wide Names).

(Wikipedia ("Fibre Channel"), 2013)

3.4   Übertragungsgeschwindigkeiten verschiedener Bussysteme

3.4.1   USB-Bus

Der Datendurchsatz von USB 2.0 ist mit 1,5 MBit/sec. (Low-Speed), 12 MBit/sec. (Full-Speed), bzw. 480 MBit/sec. (High-Speed) definiert, wobei nicht jedes Endgerät, das mit „USB 2.0" angegeben ist, auch wirklich die volle Datenrate des „High Speed" anbieten kann. (Effektiv wird nach Abzug des „Protokoll-Overheads" und dem Verwaltungsaufwand für die Geräte eine nutzbare Datenrate in der Größenordnung von ca. 320 MBit/sec. erreicht.) (Wikipedia ("Universal Serial Bus"), 2010)

Der USB 3.0 Standard ist durch den „Super-Speed Modus" ergänzt worden und steigert den Datendurchsatz auf 5 GBit/sec.

Diese Erweiterung bringt allerdings auch eine Veränderung der bisherigen Hardware mit sich. Neben neuen Interfaces ist für USB 3.0 auch eine neue Generation von Kabeln entwickelt worden.

Aufgrund der Veränderung können USB 3.0 Kabel nicht mit USB 2.0 Geräten verwendet werden. Einige Geräte sind jedoch abwärtskompatibel und können mit USB 2.0 Interfaces und Kabeln arbeiten.

3.4.2   SCSI

Das Small Computer System Interface, kurz SCSI, war lange Jahre das präferierte Bussystem zum Anschluss von Massenspeichergeräten an Server.

Der letzte entwickelte SCSI-Standard für den Parallelanschluss mehrerer Endgeräte wird landläufig als Ultra-320 bezeichnet und hat eine Übertragungsgeschwindigkeit von maximal 320 MByte/sec. bei einer maximalen Kabellänge von zwölf Metern und maximal 16 angeschlossenen Geräten pro Bus. (Wikipedia ("Small Computer System Interface"), 2010)

3.4.3   S-ATA

Serial ATA (S-ATA) wurde im Jahr 2000 entwickelt und basiert auf der bis dahin gängigen ATA Technologie. S-ATA steht für „Serial Advanced Technology Attachment" und wurde maßgeblich für den Datentransfer zwischen CPU und Festplatte entwickelt.

Die erste S-ATA Generation wurde mit einer Übertragungsrate von 150 MByte/s entwickelt. Bei S-ATA 2.0 verdoppelte sich der Durchsatz auf 300 MByte/s. Im Jahr 2009 wurde der aktuelle Standard S-ATA 3.0 mit 600 MByte/s veröffentlicht.

3.4.4 SAS

Der Nachfolger des parallelen SCSI-Busses wird „Serial attached SCSI", kurz SAS genannt.

Die Übertragungsgeschwindigkeit beträgt maximal 375 MByte/sec. im Single-Channel-Mode und 750 MByte/sec. im Dual-Channel-Mode. Dabei können bis zu 16.384 Geräte an einem maximal 25 Meter langen Bus betrieben werden.

Eine der Verbesserungen aus rein praktischer Sicht von SAS gegenüber dem Vorgänger SCSI liegt sicherlich darin, dass keine Terminatoren mehr benötigt werden, um die Enden des Datenbusses abzuschließen.

3.5 Sicherungsendgeräte mit LTO-Standard

Für Speichermedien und Laufwerke wurde von HP, IBM und Seagate in Form eines gemeinschaftlichen Projekts eine Spezifikation erstellt, die heute als Linear Tape Open (LTO) bekannt ist.

Durch den Aufkauf des Seagate Geschäftsbereichs der Magnetbänder ist Quantum an die Stelle von Seagate in der LTO-Allianz getreten.

Mit Beginn der Arbeiten an der Spezifikation LTO wurde versucht, zwei Formate zu etablieren. Das Format LTO-Ultrium sollte der Datensicherung dienlich sein, während LTO-Acclies der Standard für die Archivierung werden sollte. Acclies Medien sollten schneller im Zugriff sein und dadurch den Zugriff auf Archivdaten beschleunigen. Der LTO-Acclies Standard ist aber nie über den Entwicklungsstatus hinaus gekommen, und nur der Standard LTO-Ultrium hat sich am Markt durchsetzen können.

Aufgrund stetig wachsender Datenmengen und Ansprüche an die Zugriffsgeschwindigkeit wurde festgelegt, alle zwei Jahre eine neue Generation von LTO Laufwerken und Bändern zur Verfügung zu stellen. Hierbei sollte bei jedem Generationssprung die Bandkapazität verdoppelt und die Datentransferrate um mindestens 50% beschleunigt werden.

Aktuell ist LTO-Ultrium in den Generationen 1 bis 6 erhältlich, Generation 6 wurde Ende 2012 veröffentlicht.

Generell besteht bei allen LTO Generationen die Möglichkeit, die Daten zu komprimieren. Bei diesem Vorgang werden die zu sichernden Daten in einer verkürzten Form dargestellt. Im Bereich der Datenkomprimierung sprechen wir von der sogenannten „verlustfreien Kodierung", während zum Beispiel im Bereich der Fotografie oder im Audiobereich mit einer „verlustbehafteten Komprimierung" gearbeitet wird. Beim Einsatz der „verlustfreien Kodierung" wird ein Kodierer mit einer Dekodierungsvorschrift eingesetzt, die wiederum von einem Tool zur Dekomprimierung wieder entschlüsselt werden kann. Hingegen werden bei der „verlustbehafteten Komprimierung" überflüssige Informationen verworfen und sind nicht rekonstruierbar. Da bei der eingesetzten Komprimierung das Daten- und Transfervolumen verringert wird, steigt die Sicherungsgeschwindigkeit an. Allerdings muss berücksichtigt werden, dass mit steigender Komprimierungsrate auch die Rechenlast des jeweiligen Systems steigt.

- LTO 1: Die erste Generation von LTO-1 ist im Jahr 2000 auf dem Markt erschienen. Hierbei wurden Speichermedien zur Verfügung gestellt, die ohne Kompression bis zu 100 GB an Daten bei einer Geschwindigkeit von 20 MByte/Sec. aufnehmen konnten. Bei komprimierter Sicherung wurden Daten von bis 200 GB Speichervolumen bei einer Transferrate von maximal 40 MByte/Sec. erreicht.
- LTO 2: Ende 2002 wurde die zweite Generation LTO-2 dem Markt vorgestellt. Die Datentransferrate und die Bandkapazität wurden verdoppelt, wodurch bei unkomprimierter Sicherung auf eine Bandkapazität von 200GB bei einer Transferrate von 40 MByte/Sec. zurückgegriffen werden konnte. Bei genutzter Kompression stand eine Bandkapazität von bis zu 400 GB bei einer Transferrate von 80 MByte/Sec. zur Verfügung. Die LTO-2 Laufwerke waren kompatibel zu LTO-1 und konnten ältere Medien lesen und beschreiben.
- LTO 3: Pünktlich zwei Jahre später, Ende 2004, wurde die dritte LTO Generation eingeführt. Seit dieser Generation stehen auch WORM (Write Once Read Many) Medien zur Verfügung, die kein Überschreiben zulassen. Hierbei wurde in der Spezifikation nicht geregelt, dass jedes Laufwerk das WORM Feature unterstützen muss. Dies gilt bis heute. Die Funktionalität des einmaligen Beschreibens wird in der Firmware der Laufwerke festgelegt. Auch bei diesem

Generationswechsel wurden das Volumen der Bänder und die Datentransferrate der Laufwerke verdoppelt. So konnten bei unkomprimierter Sicherung eine Bandkapazität von 400 GB bei einer Transferrate von 80 MByte/Sec. genutzt werden. Bei Sicherung mit Komprimierung stand eine Bandkapazität bis zu 800 GB bei einer Transferrate von 160 MByte/Sec. zur Verfügung. Auch bei LTO-3 wurde darauf geachtet dass Medien der vorherigen Generationen noch weiter verwendet werden konnten. Beschreibbar waren neben den LTO-3 Medien auch LTO-2 Bänder. Bänder der ersten Generation konnten noch gelesen werden.

- LTO 4: Mit LTO-4 wurde im Frühjahr 2007 das Verschlüsseln von Bändern realisiert. Die Verschlüsselung wurde nicht in die LTO Standards aufgenommen und wird auch nicht von jedem Laufwerk unterstützt. Dennoch findet die Verschlüsslung nach der IEEE Spezifizierung statt. Hierbei wird ein AES-256Bit Schlüssel im Galois Counter Betriebs-Modus verwendet, auch AES256-GCM genannt.

  Durch die Verschlüsselung wird die Performance nicht oder nur unwesentlich beeinträchtigt (max. 1%).

  Mit LTO-4 wurde erneut die Geschwindigkeit von Laufwerken und Medien gesteigert. Mit der vierten Generation war es möglich, Daten bei unkomprimierter Sicherung mit einer Bandkapazität von 800 GB bei einer Transferrate von 120 MByte/Sec. zu sichern. Bei Nutzung der Komprimierung standen eine Bandkapazität von bis zu 1.600 GB und eine Transferrate von 240 MByte/Sec. zur Verfügung.

- LTO 5: Die fünfte Generation ist LTO-5, welche im Frühjahr 2010 eingeführt wurde. Erstmals besteht hiermit die Möglichkeit, auf einem Band mit zwei Partitionen zu arbeiten, wovon eine die Metadaten eines anderen Mediums enthalten kann. Des Weiteren wurden einige Laufwerke so konzipiert, dass sie ohne die sogenannte Start/Stopp Technologie auskommen. Wiederum wurde die Performance gesteigert mit dem Ergebnis, dass eine unkomprimierte Sicherung mit einer Bandkapazität von 1.500 GB bei einer Transferrate von 140 MByte/Sec. möglich ist. Bei Nutzung der Komprimierung stehen eine Bandkapazität von bis zu 3.000 GB und eine Transferrate von 280 MByte/Sec. zur Verfügung.

- LTO 6: Die 6. Generation wurde im Dezember 2012 verabschiedet und bietet eine unkomprimierte Speicherkapazität von 2.500 GB mit einer Transferrate von 160 MByte/Sec. und eine komprimierte Speicherkapazität von 6.250 GB und eine Transferrate von bis zu 400 MByte/Sec. an.

Ein abschließender Hinweis: LTO-Laufwerke sind in vielen Fällen in voller und halber Bauhöhe verfügbar. Dabei haben die Laufwerke mit voller Bauhöhe einen deutlich höheren Datendurchsatz.

4 Versus - Das Kapitel der Vergleiche

Dieses Kapitel soll dazu dienen, jeweils zwei Technologien miteinander zu vergleichen, um Sie auf die - vielleicht nicht immer sofort ersichtlichen - Unterschiede hinzuweisen.

Während der Arbeit an diesem Buch wurde ich unzählige Male gefragt, ob dieses Kapitel wirklich nötig sei, und ich habe es jedes Mal verteidigt. Insofern hoffe ich, dass es jetzt wenigstens für den einen oder anderen Leser von Nutzen ist.

4.1 Platte vs. Band

Die Frage, ob als Backup-Ziel eher Magnetbänder oder Festplatten verwendet werden sollten, beantworte ich immer gleich: Beides. Jeder dieser Speichertypen hat seine Vor- und Nachteile, und nur in der Kombination können sie ihr ganzes Potential ausspielen.

Wie in Kapitel 13.1 „Bandlaufwerke" auf Seite 106 beschrieben, liegt der entscheidende „Nachteil", wenn man so will, in der extrem hohen Performance der Bandlaufwerke, die dazu führt, dass es (fast) unmöglich ist, die Daten in der Geschwindigkeit anzuliefern, die erforderlich ist, um die Geräte am Streamen zu halten.

Der große und entscheidende Vorteil von Magnetbändern ist neben ihrem Preis die Tatsache, dass sie einfach aus den Geräten entnommen und an einen sicheren Ort verbracht werden können.

Unabhängig von den Interessen des Unternehmens selbst sehen übrigens die meisten Unternehmensberater Magnetbänder bis dato als die einzige wirklich zuverlässige Speichertechnik an, um Unternehmensdaten zu sichern.

Magnetbändern kommt also heutzutage in erster Linie die Rolle des Tertiärspeichers zu, also Speicher der dritten Sicherungsstufe.

Dahingegen sind Festplatten als sogenannter Nearline-Speicher oder Sekundärspeicher ideal zu verwenden. Da Festplatten stetig mit derselben Umdrehungszahl rotieren, unabhängig davon, ob Daten darauf geschrieben werden, sind sie gut dafür geeignet, die von den Servern über das Netzwerk oder SAN eingesammelten Daten aufzunehmen.

Außerdem bieten Festplatten gegenüber Magnetbändern einen wichtigen Vorteil beim Wiederherstellen von Daten: Sie haben annähernd keine Suchzeiten, sondern können jeden beliebigen

Datenblock innerhalb von Millisekunden ansteuern. Damit entfällt das bei Magnetbändern notwendige Spulen zu den wiederherzustellenden Dateien.

Der Nachteil von Festplatten besteht darin, dass sie unter anderem nicht dazu taugen, regelmäßig transportiert zu werden. Es ist also nicht möglich, Festplatten auszulagern, wie man es mit Magnetbändern tun kann.

Mir ist natürlich klar, dass an dieser Stelle der Einwand kommt, es gäbe ja USB-Platten, die sehr wohl transportabel seien. Das ist mir bekannt. Dennoch stellen meines Erachtens auch USB-Festplatten keine ernsthafte Alternative zu Magnetbändern dar.

Zum einen sind sie erheblich teurer, zum anderen mechanisch viel empfindlicher als Magnetbänder. Stellen Sie sich einfach vor, was passiert, wenn Sie auf der Treppe vom Serverraum in den Keller, in dem Tresor für die Aufbewahrung steht, stolpern und das jeweilige Sicherungsmedium fallen lassen.

Ein Magnetband wird den Sturz vermutlich überleben. Noch dazu, wenn es sich in seiner Schutzhülle befindet. Bei einer USB-Festplatte können Sie mit hoher Wahrscheinlichkeit von einem Totalverlust der Daten ausgehen.

Und Sie wissen ja, dieser Fall tritt mit Sicherheit dann ein, wenn sich auf der Platte das einzige verwendbare Backup Ihrer Daten befindet…

Wie bereits erwähnt, können aber beide Technologien im Zusammenspiel all ihre Vorteile ausspielen, ohne die Nachteile in Kauf nehmen zu müssen.

Nutzen Sie Festplatten als sekundären Speicher, den Sie als standardmäßiges Sicherungsziel für Ihre Datensicherungen angeben. Ob Sie dabei auf Deduplizierung (Siehe Kapitel 6.4 „Deduplizierung (Dedup)" auf Seite 55) setzen, ist dabei unwichtig.

Sind die Daten auf den Festplatten des Backupservers angekommen, duplizieren Sie sie auf Magnetbänder und entfernen Sie die verwendeten Bänder anschließend aus der Bibliothek, um sie an einem sicheren Ort zu verwahren.

Damit können Sie etwaige Wiederherstellungen aufgrund von gelöschten oder versehentlich geänderten Daten vom Festplattenspeicher des Backupservers anstoßen und nutzen die Magnetbänder nur für ein Disaster-Recovery oder zum

Wiederherstellen von Dateien, die aufgrund ihres Alters nicht mehr auf dem Festplattenspeicher vorliegen.

4.2   VTL vs. Platte

Einige Hardware-Hersteller bieten in ihrem Portfolio sogenannten virtuelle Bandbibliotheken (Virtual Tape Libraries, VTL) an. Hierbei handelt es sich um Server, die üblicherweise unter einem dedizierten Betriebssystem laufen. Diese Server verfügen über eine bestimmte Menge internen Festplattenplatz, den sie über das Netzwerk bereitstellen. Hierbei simulieren sie nach außen, also in Richtung des Backupservers, eine Bandbibliothek. Die Anzahl der verfügbaren Laufwerke lässt sich bei den meisten Geräten - innerhalb eines gewissen Rahmens - frei definieren. Die meisten dieser Maschinen bieten außerdem Möglichkeiten, die gesicherten Daten zu deduplizieren.

So weit, so gut. Worin aber liegt für uns als Nutzer von Backup Exec der Vorteil gegenüber einem Backup-To-Disk-Ordner bzw. einem Deduplizierungsspeicher? Diese Frage kann ich ihnen leider nicht beantworten, und ich habe bis heute auch niemanden gefunden, der sie mir beantworten konnte.

Nichtsdestotrotz gibt es offensichtlich eine Menge Kunden, die diese Systeme kaufen, denn Symantec hat vor einiger Zeit eine spezielle Lizenz extra für die Verwendung von VTLs ins Leben gerufen, die „Virtual Tape Library Unlimited Drives Option".

4.3   VTL vs. Band

Die Frage, ob man anstelle von „echten" Bandlaufwerken auf virtuelle Bandbibliotheken ausweichen könne oder solle, ist ähnlich zu beantworten wie die Frage nach der Verwendung von VTLs als Ersatz für Backup-To-Disk-Ordner oder Deduplizierungsspeicher. Denn auch hier gilt: VTLs sind, stark reduziert betrachtet, nichts anderes als Fileserver. Sie haben also alle Vorteile gegenüber Bandlaufwerken, die Sie aus dem Backup-To-Disk-Umfeld kennen. Allerdings haben sie auch deren entscheidenden Nachteil: Sie können die Medien nicht auslagern.
Natürlich kann man jetzt argumentieren, die VTL befinde sich sinnvollerweise in einem anderen Brandschutzabschnitt als der Backupserver mit seinem Sekundärspeicher. Aber dies ist nichts, was Sie nicht auch mit einem klassischen, blockbasierten Speichersystem erreichen könnten.

Daher stelle ich hier dieselbe Frage, wie im Kapitel 4.2 „VTL vs. Platte“ auf Seite 33: Welchen Grund gibt es für den Einsatz einer VTL? Wenn Sie die Medien nicht auslagern müssen und wollen, sichern Sie doch auf einen klassischen Festplattenspeicher. Und wenn Sie die Bänder auslagern wollen oder müssen, stellt eine VTL für Sie sowieso keine Alternative dar.

Darüber hinaus sollten Sie beachten, dass VTLs in vielen Fällen eine eigene Medienverwaltung besitzen, die sich u. U. nicht mit der von Backup Exec synchronisiert. In diesem Fall ist es nur eine Frage der Zeit, bis sich die Inventardaten von Backup Exec von denen der VTL unterscheiden und Sie als Administrator sich entscheiden müssen, welchem System Sie vertrauen wollen.

4.4   Band vs. Cloud

Wir leben in einer Zeit, in der es hip ist, alle Daten in der Cloud abzulegen, also im Internet oder bei einem Dienstleister. Dieser Trend kommt auch im Umfeld der Datensicherung immer mehr in Mode. Die Idee hierbei ist, die Daten, die früher auf Magnetbänder geschrieben wurden, stattdessen an einen externen Speicherort zu kopieren und so dem Ansatz des Auslagerns gerecht zu werden.

Diese Idee, die vom Prinzip her für Unternehmen jeder Größe spannend sein kann, wird durch die **OPTIMIERTE DUPLIZIERUNG** von Backup Exec stark vereinfacht und rückt in greifbare Nähe (Siehe Kapitel 6.4.4 „Optimierte Duplizierung“ auf Seite 59).
In der Vergangenheit scheiterten die Ansätze, eine Datensicherung eines Unternehmens über die Internetleitung zu transportieren, schlicht an den Datenmengen.

Durch den Einsatz von **OPTIMIERTER DEDUPLIZIERUNG** besteht jetzt aber die Möglichkeit, den Deduplizierungsspeicher des Unternehmens einmal zum Dienstleister des Vertrauens zu transportieren. Hierbei können (ausnahmsweise einmal) USB-Festplatten zum Einsatz kommen. Anschließend werden nur noch die wirklichen Änderungen über die Internetleitung übertragen.

Ein kleines Rechenbeispiel an dieser Stelle:
Nehmen wir an, ein Unternehmen hat einen Sicherungsbedarf von einem Terabyte. Eine inkrementelle Sicherung können wir mit ca. 15% des Umfangs einer Vollsicherung annehmen, damit bekommen wir also ca. 150 Gigabyte an täglichen Daten. Über die lokale Deduplizierung

können wir davon ausgehen, dass wir ca. 80% der Daten einsparen. Es müssten also ca. 30 Gigabyte zum Dienstleister übertragen werden. Nehmen wir nun an, dass wir die Internetleitung für ca. acht Stunden am Tag exklusiv nutzen können (23-07 Uhr), bevor wieder Mitarbeiter ins Unternehmen kommen und im Internet surfen wollen. Es wäre also eine Bandbreite von 12 MBit/Sec. im Upload notwendig, um alle Sicherungsdaten täglich übertragen zu können.

Und beim Vollbackup am Wochenende? Hier werden natürlich ungleich mehr Daten gesichert. Da diese Daten aber fast komplett über die Deduplizierung wieder ausgefiltert werden, können wir annehmen, dass sich die zu übertragende Datenmenge nicht von der eines inkrementellen Backups unterscheidet. Allerdings haben wir am Wochenende nicht nur acht Stunden am Stück zur Verfügung, sondern können üblicherweise mindestens auf ein 48-stündiges Zeitfenster zurückgreifen.

Sollte Ihnen also keine ausreichende Bandbreite zur Verfügung stehen, um Ihre gesicherten Daten täglich zu einem Dienstleister zu übertragen, könnten Sie sich Gedanken darüber machen, ob Sie nur die Vollsicherungen am Wochenende übertragen und die inkrementellen Daten nur vor Ort vorhalten.

> **Hinweis:**
> *Diese Art des Umgangs mit der Datensicherung ist durchaus üblich. Viele Unternehmen lagern nur ihre Vollsicherungen am Wochenende auf Bänder aus und halten die täglichen Sicherungen nur auf Festplatten vor. Außerdem kann es sinnvoll sein, unterschiedliche Sicherungsmethoden für verschiedene Server anzusetzen und z. B. die Sicherungen Ihres Mailservers täglich auszulagern, also zum Dienstleister zu übertragen.*

Bevor Sie mit dem oben erläuterten Sicherungskonzept anfangen können, muss natürlich einmalig der gesamte Datenbestand Ihres Unternehmens zum Dienstleister transportiert werden. Hierzu wird ein sogenanntes „Preseeding" durchgeführt. Sie erstellen hierzu einfach ein Backup auf Wechseldatenträger, also z. B. Bänder, und transportieren diese zu Ihrem Dienstleister. Der nimmt die Bänder und erstellt eine Kopie der Sicherungen in den Ihnen zugewiesenen Backupspeicher. Nach Abschluss dieses Vorgangs kann dann die routinemäßige Sicherung anlaufen.

Eine spannende Herausforderung stellt in diesem Szenario das Wiederherstellen großer Datenmengen dar. Das Rücksichern einzelner Dateien, die versehentlich gelöscht oder verändert wurden, erfolgt vom Festplattenspeicherplatz des lokalen Backupservers. Sollen aber Daten älteren Datums wiederhergestellt werden, ist es u. U. notwendig, größere Datenmengen vom Dienstleister anzufordern. Hierbei ist es wahrscheinlich keine gute Idee, diese Daten über die Internetleitung zurückzuholen, da dies ggf. sehr lange dauern kann. Stattdessen sollte der Dienstleister eine Möglichkeit bieten, Ihnen die bei ihm gelagerten Daten unkompliziert und vor allem schnell über alternative Methoden zugänglich zu machen. Eine Variante bestünde im Zusenden einer Festplatte mit dem gewünschten Inhalt per Kurier.

Wie auch immer, Sie müssen diesen erweiterten Zeitaufwand für die Rücksicherung in Ihrem Backupkonzept berücksichtigen.

4.5   Image vs. klassisches Backup

Parallel zum dateibasierenden Backup, das wir mit Backup Exec erstellen, bieten einige Hersteller (wie z. B. Symantec) Software an, um Datensicherungen von ganzen Festplatten eines Servers dadurch zu erstellen, dass ein Snapshot (Image) des gewünschten Datenträgers erstellt wird, der dann über das Netzwerk transportiert und an einem sicheren Speicherplatz abgelegt wird.

Der große Vorteil dieser Methode der Sicherung gegenüber dem klassischen Backup liegt in ihrer ungleich höheren Performance. Darüber hinaus sind die meisten dieser Images heute hardwareunabhängig. Daher kann ein Image, das von Servertyp A erstellt wurde, auf einer Maschine vom Typ B wiederhergestellt werden und der Server wird von den zurückgesicherten Daten starten können. Dies gelingt dadurch, dass die Wiederherstellung mittels eines Startdatenträgers erfolgt, der es erlaubt, die für den Systemstart notwendigen Gerätetreiber nach zu installieren, sofern diese in den zurückgesicherten Daten nicht enthalten sind. Es lassen sich üblicherweise auch Änderungen an den zurückgesicherten Dateien vornehmen, bevor der Server das erste Mal von seinen wiederhergestellten Festplatten startet.

Leider ist auch diese Sicherungsmethode, bei allen Vorteilen, nicht die berühmte eierlegende Wollmilchsau. Zum einen lassen sich die Imagedateien in vielen Fällen zwar auf Festplatten speichern, nicht aber auf Bändern ablegen. Hierfür ist dann eine weitere Software, wie z. B.

Backup Exec, erforderlich. Zum anderen werden, wie erwähnt, die Snapshots kompletter Datenträger in einem Stück gesichert. Dies ist bei den Betriebssystemplatten eines Servers möglich, stellt aber für die Sicherung eines u. U. mehrere Terabyte großen Datenvolumes eines Fileservers keine ernsthafte Alternative zur Datensicherung dar.

Durch die immer weiter voranschreitende Virtualisierung nimmt die Verbreitung von imagebasierenden Sicherungssystemen stetig weiter ab. Schließlich werden bei der Sicherung virtueller Server mit Backup Exec ebenfalls die kompletten Datenträger gesichert, so dass eine schnelle Rücksicherung möglich ist. Und hardwareunabhängiges Wiederherstellen ist aufgrund der Virtualisierung nicht mehr notwendig.

Bitte beachten Sie zum Thema Sicherung virtueller Maschinen auch die Hinweise in Kapitel 25 „Virtuelle Systeme" auf Seite 272.

Hinweis:
An dieser Stelle möchte ich einen dringende Anmerkung machen: Kommen Sie bitte niemals auf die Idee, Ihre Windows Domänencontroller mits einer imagebasierten Technologie wiederherzustellen zu wollen. Aufgrund der Struktur des Active Directory führt dies unwiederbringlich zu irreparablen Fehlern in der Datenbank. Ich bin mir bewusst, dass es Möglichkeiten gibt, einen Domänencontroller aus einem Snapshot bzw. einem Image wiederherzustellen. Ich weiß aber auch, dass diese Möglichkeit sehr risikobehaftet ist und von Microsoft weder empfohlen noch unterstützt wird.

Hinweise von Microsoft zum Thema „Domain Controller Recovery" finden Sie u. a. auf der folgenden Website:
http://technet.microsoft.com/en-us/library/cc535164.aspx

4.6 S-ATA vs. Nearline SAS Festplatten

Nearline SAS-Festplatten oder SAS Midline-Festplatten, wie sie bei einigen Herstellern genannt werden, sind Enterprise S-ATA-Festplatten mit SAS Schnittstelle, die u. a. die folgenden Vorteile gegenüber „normalen" S-ATA-Festplatten haben:

- Dual-Port-Anschlüsse zum Anschluss an redundante Speicherpfade
- Möglichkeit des Anschlusses an mehrere Computer
- Volles SCSI Befehlsset
- Bis zu 20% schnellere Schnittstelle als S-ATA

(Wikipedia ("Serial Attached SCSI"), 2013)

4.7 Agent vs. Offlinesicherung

Wenn Sie für die Datensicherung einer Ressource den jeweiligen Agenten von Backup Exec nutzen, wird diese Ressource online gesichert. Das bedeutet, dass der Zugriff auf die Ressource während der Datensicherung weiterhin möglich ist.

Nutzen Sie den Agenten nicht, können Sie einige Ressourcen nur offline sichern. In diesem Fall muss die Ressource, z. B. eine Datenbank, zuerst heruntergefahren werden, bevor Sie die Sicherung durchführen können.

Einige Datenbanken verfügen über eigene Methoden, die Inhalte in Sicherungsdateien auf eine lokale Festplatte oder einen Netzwerkpfad zu speichern.

Diese Dateien können dann in die reguläre Sicherung mit Backup Exec aufgenommen werden.

Auch wenn Sie mit dieser Methode ggf. Geld sparen, sollten Sie bedenken, dass damit nicht nur das Backup- und das Restore-Fenster vergrößert werden, sondern auch speziell beim Restore u. U. mehrere Personen involviert werden müssen, um das Knowhow für die einzelnen Schritte zu bekommen.

4.8 Deduplizieren vs. Platte

Auch wenn die Deduplizierung eine hervorragende Möglichkeit darstellt, um Speicherplatz für die Datensicherung zu sparen, wird dies durch geringeren Datendurchsatz erkauft, sowohl beim Sichern, als auch beim Wiederherstellen.

Sie müssen davon ausgehen, dass das Schreiben in einen Deduplizierungsspeicher ungefähr dreimal so lange dauert, wie in einen klassischen Backup-To-Disk-Ordner auf derselben Hardware.

Damit verlängert sich automatisch auch Ihr Backupfenster ungefähr um den Faktor drei.

Hinweis:
Beachten Sie hier bitte auch die Details zur clientseitigen Deduplizierung im Kapitel 6.4.2 „Clientseitige Deduplizierung" auf Seite 57.

Erschwerend kommt hinzu, dass Sie, je nach Leistungsdaten der verwendeten Hardware, weniger parallele Datenströme in einen Deduplizierungsspeicher schreiben können als in einen klassischen Backup-To-Disk-Ordner.

Das Lesen aus einem Deduplizierungsordner benötigt ebenfalls deutlich länger als aus einem klassischen Backup-To-Disk-Ordner. Hier müssen Sie mit dem Faktor drei bis fünf rechnen.

Bitte beachten Sie, dass Sie diesen Faktor nicht nur für eine etwaige Wiederherstellung berücksichtigen müssen, sondern auch für das Erstellen einer Band-Kopie und dem Überprüfen der gesicherten Daten nach dem Backup.

Im Detail: Nehmen wir an, dass Sie eine Vollsicherung durchgeführt haben, die eine Deduplizierungsrate von 1:5 erreicht hat. Dann werden zwar nur 20% des Datenvolumens der Sicherung wirklich in den Deduplizierungsspeicher geschrieben, um aber eine Bandkopie der gerade gesicherten Daten zu erzeugen, müssen 100% der Daten aus dem Deduplizierungsspeicher „ausgepackt", zusammengesetzt und anschließend auf Band geschrieben werden.

Dasselbe gilt auch für den Fall, dass Sie die Überprüfung nach der Sicherung aktiviert haben. Auch hier würden zwar nur die 20% geschrieben werden, die Überprüfung muss aber alle Daten einlesen, was die Auftragslaufzeit nennenswert verlängert.

Darüber hinaus habe ich beobachtet, dass der Versuch, gleichzeitig in einen Deduplizierungsordner zu schreiben und daraus zu lesen, für die meisten Storages so viel Last bedeutet, dass der Sicherungsdurchsatz fast vollständig zusammenbricht.

4.9   Backup vs. Archivierung

Ich erlebe es immer wieder, dass die Datensicherung mit einer Archivierung gleichgestellt bzw. als solche verwendet wird.

Dabei handelt es sich um zwei vollständig unterschiedliche Themen, die nicht miteinander vermischt oder sogar verwechselt werden sollten.

Die Datensicherung dient dem Zweck, das Unternehmen vor den Folgeschäden eines Hardware- oder Softwareausfalls bzw. einem Bedienungsfehler zu schützen. Es wird dafür gesorgt, dass mit Hilfe einer Kopie der Daten der operative Betrieb nach einem Störfall möglichst schnell und mit möglichst geringem Datenverlust wieder aufgenommen werden kann.

Die Archivierung hingegen dient dazu, definierte Datenstände über einen langen Zeitraum so vorzuhalten, dass zu Recherchezwecken auch zu einem deutlich späteren Zeitraum, meist viele Jahre später, darauf zurückgegriffen werden kann.

Ein weiterer Grund für das Einrichten von Archivsystemen besteht in der Idee, die teuren produktiven Serversysteme nur den für den täglichen Betrieb notwendigen Datenbestand vorhalten zu lassen und diejenigen Daten auf preiswertere Speicher auszulagern, auf die nur selten oder u. U. gar nicht mehr zugegriffen wird.

In vielen Fällen werden Archivsysteme auch zur revisionssicheren Ablage bestimmter Informationen eingeführt.

Speziell in letzterem Fall unterliegen diese Systeme strengen Richtlinien.

Backup Exec ist eine Software für die Datensicherung und bietet keine Möglichkeit einer revisionssicheren Archivierung.

Teil 2: Datensicherung mit Backup Exec

5   Jumpstart - Einrichten von Backup Exec in Stichwörtern

In diesem Kapitel werde ich das Einrichten von Backup Exec von Grund auf im Schnelldurchlauf erklären. Die Details zu den einzelnen Schritten lassen sich in den zugehörigen Kapiteln nachlesen.

> **Hinweis:**
> *Sollten Sie das allererste Mal mit Backup Exec zu tun haben, tun Sie sich den Gefallen und überspringen Sie dieses Kapitel. Nicht, dass Backup Exec superschwierig einzurichten ist, aber die Vergangenheit hat gezeigt, dass die meisten Installationsprobleme dann auftreten, wenn die einrichtende Person die technischen Grundlagen der Software nicht wirklich verinnerlicht hatte. Daher meine Bitte, dass Sie, sollten Sie noch keine Erfahrung mit der Software haben, zuerst die anderen Kapitel dieses Buchs lesen, bevor Sie u. U. später hierher zurückkommen.*

So, nun aber los.

Sie haben den Server gekauft, ihn mit dem Plattenstapel verbunden, die Bandbibliothek angeschlossen und das alles mit Strom versorgt? Hervorragend.

Installieren Sie zuerst das Betriebssystem auf dem Server und patchen Sie ihn anschließend bis zum aktuellen Stand durch.

Während die Installation läuft, können Sie schon einmal die Bandbibliothek konfigurieren und mit Bändern bestücken. Denken Sie beim Einrichten an die Konfiguration der Mailslots. Beachten Sie hierzu die Hinweise im Kapitel 13 „Der Umgang mit der Hardware" auf Seite 106.

Außerdem haben Sie an dieser Stelle genug Zeit, die für den Betrieb von Backup Exec erforderlichen Benutzerkonten im Active Directory anzulegen. Hinweise hierzu enthalten die Kapitel 15.3 „Voraussetzungen Dienstkonten" auf Seite 131 und 17.1 „So richten Sie ein Dienstkonto ein" auf Seite 167.

Wenn der Server einsatzfähig ist, sollten Sie im nächsten Schritt das Storage konfigurieren. (Sollte das Storage eigenständig zu konfigurieren sein, kann dieser Schritt natürlich vorgezogen werden.)

Erstellen Sie die für die Sicherung benötigten Arrays. Ich persönlich bevorzuge das gute alte RAID 5, da es schneller ist als RAID 6 und deutlich mehr nutzbaren Plattenplatz bringt, als RAID 10. Bitte alle Arrays immer mit 64 KB Blockgröße („Stripe Size") einrichten. Beachten Sie hierzu auch die Hinweise im Kapitel 13.3 „Plattensysteme" auf Seite 110.

Wenn nötig, präsentieren Sie die erstellen Volumes anschließend dem Server.

Wechseln Sie auf dem Server in die Datenträgerverwaltung, initialisieren Sie die neu erschienenen Laufwerke und formatieren Sie sie (ebenfalls mit 64 KB Blockgröße!). Denken Sie daran, dass Laufwerke, die größer als 2 Terabyte sind oder werden, als GPT angelegt werden müssen, da MBR-Festplatten maximal 2 Terabyte groß werden können.

Legen Sie auf dem neu erstellten Volume, das Sie für Backup-To-Disk vorgesehen haben, folgende fünf Ordner an: CATALOGS, LOGFILES, GRT-TEMP, RESTORE und SDR.

Hinweis:
Ich meine hier wirklich das Volume, das Sie für Backup-To-Disk vorgesehen haben, nicht das, auf dem Sie später einen Deduplizierungsspeicher einrichten möchten. Auf dem Volume, das Sie für Deduplizierung verwenden, sollten Sie keinerlei andere Daten ablegen.

Installieren Sie nun Backup Exec auf dem Server. Aus diversen Gründen (z. B. der durchaus verbesserungswürdigen Übersetzung der grafischen Oberfläche) würde ich immer empfehlen, die Software auf Englisch zu installieren, aber das ist Geschmackssache.

Wenn die Installation abgeschlossen ist, starten Sie zuerst LiveUpdate, um die neuesten Hotfixes zu installieren und starten Sie nach deren Installation den Server neu.

Hinweis:
Es kann vorkommen, dass Sie mehrere Durchläufe von LiveUpdate brauchen, um alle Patches zu installieren. Sie sollten daher nach dem Neustart des Servers LiveUpdate erneut starten, um sicherzustellen, dass keine weiteren Hotfixes zur Verfügung stehen.

Starten Sie das BEUtility im Programmverzeichnis von Backup Exec und verschieben Sie das Katalog- und das Logfile-Verzeichnis in die eben angelegten Ordner auf Ihrem Backup-To-Disk-Laufwerk. Hinweise hierzu erhalten Sie im Kapitel 17.6.3 „Verschieben von Auftragsprotokollen" auf Seite 192.

Nachdem das alles erledigt ist, starten Sie Backup Exec und wechseln Sie in die Registerkarte Storage.

Richten Sie zuerst den Backup-To-Disk-Ordner ein und konfigurieren Sie im Anschluss die Einstellungen zum Thema SPEICHERPLATZ BIS ZUR MAXIMALEN DATEIGRÖSSE INKREMENTELL IM VORAUS ZUORDNEN und GLEICHZEITIGE SCHREIBZUGRIFFE. Details zu den Einstellungen können Sie dem Kapitel 17.4 „So richten Sie einen herkömmlichen Backup-To-Disk-Ordner ein" auf Seite 182 entnehmen.

Erstellen Sie nun den Deduplizierungsordner auf dem dafür vorgesehenen Volume und konfigurieren Sie nach dem Neustart der Backup Exec-Dienste in den Eigenschaften des Ordners die Anzahl der gleichzeitigen Zugriffe. Hinweise hierzu enthält das Kapitel 17.3 „So erstellen Sie einen Deduplizierungsspeicher" auf Seite 173.

Stellen Sie in den Eigenschaften Ihre(r) Bandlaufwerk(e) die Block- und Puffergröße auf 512 KB ein.

Richten Sie die gewünschten Empfänger für Berichte und Statusmeldungen ein. (Kapitel 18, „Einrichtung der Benachrichtigungsfunktion")

Konfigurieren Sie in den Backup Exec-Settings die folgenden Werte:

Datenbank-Wartung:

- Zeitpunkt auf <ZEITPUNKT KURZ VOR START DES BACKUPS>
- Konsistenzprüfung auf AKTIVIERT
- Datenbankoptimierung auf AKTIVIERT

Simplified Disaster Recovery:

- Pfad auf <BACKUP-TO-DISK-LAUFWERK>\SDR
- Alternativer Pfad auf <NETZWERKFREIGABE EINES ANDEREN SERVERS>\SDR

Speicher:

- Medien-Überschreibschutzebene auf VOLL
- Medien-Überschreiboptionen auf ZUERST WIEDERVERWENDBARE MEDIEN ÜBERSCHREIBEN

Granular Recovery Technology:

- Backup-Pfad auf <BACKUP-TO-DISK-LAUFWERK>\GRT-TEMP
- Restore-Pfad auf <BACKUP-TO-DISK-LAUFWERK>\GRT-TEMP

Hinweise zu den Einstellungen finden Sie im Kapitel 17.6 „Grundlegende Einstellungen" auf Seite 188.

Stellen Sie in den Auftragsstandards die von Ihnen gewünschten Werte ein. Denken Sie hierbei speziell an die Themen ÜBERPRÜFUNG und ADVANCED OPEN FILE. Vergessen Sie hierbei nicht, auch die Standardwerte für die Duplizierungsaufträge festzulegen.

Details hierzu finden Sie im Kapitel 17.7 „Auftragseinstellungen" auf Seite 198.

Hinweis:
Verwenden Sie ruhig ein paar Minuten beim Erstellen der Auftragsstandards und überlegen Sie, welche Einstellungen Ihren Anforderungen am besten gerecht werden. Je mehr Sie hier auf die Details achten und je besser Sie hier die Grundeinstellungen vornehmen, desto einfacher (und schneller) geht Ihnen nachher das Erstellen der Aufträge von der Hand.

Konfigurieren Sie die Reports, die Sie später erhalten möchten. (Details hierzu im Kapitel 19 „Berichte" auf Seite 218)

Erstellen Sie die Sicherungsaufträge und testen Sie diese. Hinweise zu diesem Thema finden Sie im Kapitel 21 „Was wollen Sie sichern und was nicht?" auf Seite 235 und in den nachfolgenden Kapiteln.

6 Backup Exec - Der Aufbau

Das Herzstück der Sicherungsumgebung ist der Backupserver. Auf dieser Maschine wird die eigentliche Backup Exec Installation vorgenommen, und hier sind auch die Sicherungsziele angeschlossen, also die Bandlaufwerke und ggf. die Festplatten. Alle Verwaltungsaufgaben, die mit Backup Exec zu tun haben, werden auf dem Backupserver ausgeführt.

Je nach Größe des Unternehmens, der Anzahl der Standorte und der Menge der zu sichernden Daten kann es sinnvoll sein, mehr als einen Backupserver zum Einsatz zu bringen.

Mit dem Erwerb einer Lizenz von Backup Exec sind Sie in der Lage, den Backupserver selbst und Dateien auf allen direkt angeschlossenen Laufwerken zu sichern. Die Betonung liegt hier auf „Dateien", da lokal installierte Datenbanken (auch die für Backup Exec notwendige SQL-Installation) nicht online mitgesichert werden können.

Über den reinen Backupserver hinaus gibt es in Backup Exec diverse Agenten und Optionen, die die Funktionen des Backupservers erweitern, um auf spezielle Anforderungen reagieren zu können.

Sollten auf einem Server mehrere unterschiedliche Datenbanken installiert sein, die alle online gesichert werden sollen, so sind u. U. auch mehrere Lizenzen für dieselbe Hardware notwendig.

> *Hinweis*:
> *Die Backup Exec-Datenbank wird per Zeitplan automatisch auf die lokale Festplatte des Backupservers gesichert, wodurch sie als einfache Datei in die Sicherung aufgenommen werden kann.*

Diese kostenpflichtigen Agenten und Optionen sollen im Folgenden vorgestellt werden.

6.1 Advanced Disk based Backup Option (ADBO)

Die Advanced Disk based Backup Option (ADBO) ist erforderlich, wenn Sie sogenannte Off-Host-Sicherungen durchführen oder Synthetische Backups erstellen möchten.

> **Hinweis:**
> Bis zur Version 2010 von Backup Exec konnten Sie die ADBO noch
> einzeln erwerben, seit der Version 2012 ist sie Bestandteil der Enterprise
> Server Option (ESO).

Unter dem Begriff Off-Host-Sicherung versteht man das Sichern von
Daten direkt aus dem SAN und nicht über das Netzwerk. Hierbei wird
die Systemlast, die die Datensicherung normalerweise auf dem
Quellserver erzeugen würde, auf den Backupserver verlagert.

In der Praxis bedeutet dies, dass der Backupserver dem Agenten auf
dem Quellserver signalisiert, dass von einem bestimmten Datenträger
des Quellservers eine Sicherung erzeugt werden soll und zwar per Off-
Host-Technologie. Daraufhin kontaktiert der Agent auf dem Quellserver
den dafür notwendigen Snapshot-Provider (i.d.R. einen Hardware
Snapshot-Provider), der von dem Datenträger einen Spiegel erzeugt. Ist
dieser Spiegel fertiggestellt und synchron, wird die Verbindung
zwischen dem Originaldatenträger und dem Spiegel aufgebrochen und
der Spiegel wird als eigenständiges Volume im SAN abgelegt.
Anschließend meldet der Snapshot-Provider dem Agenten auf dem
Quellserver, unter welcher Adresse im SAN der Spiegel zu finden ist,
und der Agent gibt diese Information an den Backupserver weiter. Der
Backupserver lädt nun den im SAN liegenden Spiegel als zusätzlichen
lokalen Datenträger und sichert anschließend die Daten „lokal". Ist die
Sicherung abgeschlossen, wird der Spiegel wieder vernichtet.

Voraussetzung für die Anwendung dieser Technologie ist neben dem
Besitz der ESO-Lizenz und einem SAN, an das alle beteiligten Server
angeschlossen sind, auch die Existenz eines Snapshot-Providers, der
eine Technik mitbringt, die das Auftrennen des Spiegels und das
Bereitstellen des Spiegels für einen anderen Server unterstützt. Die
meisten Hardware-Hersteller von Unternehmenslösungen im
Speicherbereich stellen solche Produkte zur Verfügung. Außerdem
müssen alle an der Datensicherung beteiligten Maschinen dasselbe
Betriebssystem verwenden, ansonsten kann es vorkommen, dass der
Backup-Server den Inhalt der bereitgestellten Snapshots nicht lesen
kann.

Dazu ein Bespiel:

Im ersten Bild sehen Sie den Datenstrom bei einem klassischen Backup:

1. Der Backupserver nimmt Kontakt mit dem zu sichernden Server auf.
2. Der Quellserver liest die Daten von seinen SAN-Festplatten und
3. transportiert sie über das Netzwerk zum Backupserver, der sie
4. auf die, ebenfalls im SAN befindliche, Tape-Library schreibt.

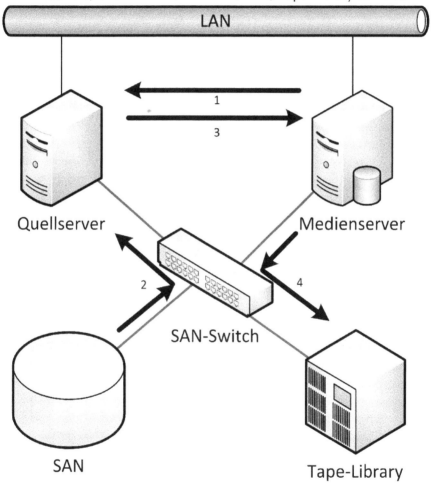

Bei einer Off-Host-Sicherung ändert sich das Bild:

1. Der Backupserver nimmt Kontakt mit dem zu sichernden Server auf.
2. Der Quellserver lässt im SAN einen Snapshot der Daten erstellen und diesen als eigenständiges Volume bereitstellen
3. Der Backupserver verbindet den bereitgestellten Snapshot und sichert die nun lokalen Daten auf die Tape-Library.

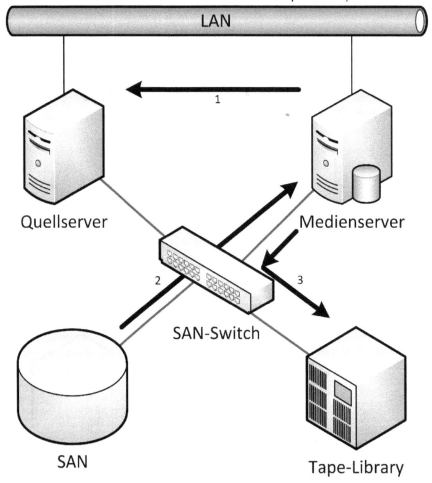

Damit reduzieren Sie nicht nur die Last der Datensicherung für das Netzwerk, sondern sparen in den meisten Fällen auch noch einiges an Zeit, da die Sicherung aus dem SAN schneller ist als über das Netzwerk.

Als „Synthetisches Backup" bezeichnet Symantec Datensicherungen, bei denen aus einem Vollbackup und inkrementellen Sicherungen ein weiteres Vollbackup errechnet wird, anstatt die Daten dafür wieder über das Netzwerk zu kopieren.

Die Vorgehensweise im Detail sieht so aus:

Es wird einmalig ein Vollbackup aller zu sichernden Server erstellt, das in einem Backup-To-Disk-Ordner abgelegt wird. Anschließend wird das Backup auf Band ausgelagert.
Am kommenden Tag wird eine inkrementelle Sicherung der Server durchgeführt und ebenfalls im Backup-To-Disk-Ordner abgelegt.
Ebenso am darauffolgenden Tag und jeden weiteren Tag, die ganze Woche über.
Der Unterschied zu einer klassischen Sicherung fällt erst nach einer Woche auf: Während bei einem „normalen" Backup nach einer Woche wieder eine Vollsicherung durchgeführt wird, wird beim Synthetischen Backup auch an diesem Tag eine inkrementelle Sicherung erzeugt.
Ist diese abgeschlossen, startet allerdings ein spezieller Auftrag auf dem Backupserver. Dieser rechnet das erste erstellte inkrementelle Backup in das Vollbackup hinein, d.h. Dateien, die im inkrementellen Backup existieren aber im Vollbackup nicht, werden ins Vollbackup kopiert.
Dateien, die im inkrementellen Backup in einer anderen Version vorliegen, überschreiben die Dateien in der Vollsicherung. Der Clou: Dateien, die im Vollbackup vorliegen, die aber zum Zeitpunkt der inkrementellen Sicherung auf dem Backupserver nicht mehr existierten, werden aus dem Vollbackup gelöscht. Nachdem dieser für das erste inkrementelle Backup abgeschlossen wurde, wird der Vorgang mit dem zweiten inkrementellen Backup wiederholt. Dann mit dem dritten usw., bis alle inkrementellen Sicherungen in das Vollbackup „hineingerechnet" sind.
Zu diesem Zeitpunkt hat das Vollbackup im Backup-To-Disk-Ordner exakt denselben Inhalt, als wenn die Dateien über das Netzwerk kopiert worden wären. Da die Daten aber eben künstlich „erzeugt" wurden, spricht Symantec von einem Synthetischen Backup.

Einer der großen Vorteile des Synthetischen Backups liegt - neben der sehr geringen Netzwerklast durch das Nichtvorhandensein von Vollbackups - sicherlich in der Tatsache, dass man sehr kurzfristig zu jedem beliebigen Zeitpunkt ein Vollbackup der gesicherten Daten erzeugen kann, um so das Wiederherstellen eines oder mehrerer Server zu beschleunigen.

Hierzu ein Beispiel: Stellen Sie sich vor, an einem Freitagvormittag fällt Ihnen von einem wichtigen Server ein kompletter Datenträger aus. Ein Hardwareschaden, ein Virenbefall, was auch immer die Ursache war, Sie müssen den ganzen Datenträger wiederherstellen.

Normalerweise müssten Sie jetzt das Vollbackup des letzten Freitags wieder einspielen und danach alle inkrementellen Sicherungen der vergangenen Woche.

Wenn Sie für den Server Synthetische Backups aktiviert haben, können Sie jetzt den Auftrag zum Berechnen des Synthetischen Backups starten: Er erzeugt Ihnen aus dem existierenden synthetischen Vollbackup des vergangenen Wochenendes und den seither erstellten inkrementellen Sicherungen ein neues (ebenfalls synthetisches) Vollbackup von Donnerstagabend. Wenn Sie die Hardwarereparatur Ihres Servers abgeschlossen haben, spielen Sie eben dieses Backup zurück und haben in nur einem Durchlauf die kompletten Daten wiederhergestellt. Danach läuft abends wieder die inkrementelle Sicherung und zum geplanten Zeitpunkt die Berechnung des (synthetischen) Vollbackups.

> **Hinweis:**
> Andere Hersteller bezeichnen diese Technologie auch als „incremental forever".

Die Technologie des Synthetischen Backups wird heute nur noch sehr selten verwendet, da sie nur für Dateisicherungen verfügbar war und durch den Siegeszug der Deduplizierung im Datensicherungsumfeld nicht mehr benötigt wird.

> **Hinweis:**
> Es ist ein weitverbreiteter Irrtum, dass die ADBO für die Datensicherung auf Festplattensysteme erforderlich ist. Das ist nicht so; im Gegenteil, für Backup-To-Disk ist neben dem Backupserver keine weitere Lizenz erforderlich.
> Die ADBO ist ebenfalls nicht erforderlich, um virtuelle Maschinen von VMware vSphere-Servern direkt aus dem SAN zu sichern. Alle hierfür erforderlichen Technologien in Backup Exec werden mit dem" Agenten für VMware und Hyper-V" freigeschaltet.

Fragen zur Lizenzierung der Agenten und Optionen werden detailliert im Kapitel 29 „Lizenzierung von Backup Exec" ab Seite 320 behandelt.

6.2 Advanced Open File Option (AOFO)

Die Advanced Open File Option (AOFO) stellt eine Snapshot-Technologie zur Verfügung, um Windows Server zu sichern. Damit ermöglicht sie es, Server auch dann vollständig zu sichern, wenn sich auf dem Server zum Zeitpunkt der Sicherung geöffnete Dateien befinden.

Die AOFO ist seit der Version 12 von Backup Exec kostenlos und wird hier nur der Vollständigkeit halber aufgeführt.

Hinweis:
Die AOFO sollte nicht verwendet werden, wenn Sie Datenbanken wie z. B. Microsoft Exchange Server und Microsoft SQL Server mit dem dazugehörigen Agenten von Backup Exec sichern.
Auch beim Sichern virtueller Maschinen sollten Sie die AOFO deaktivieren.

Fragen zur Lizenzierung der Agenten und Optionen werden detailliert im Kapitel 29 „Lizenzierung von Backup Exec" ab Seite 320 behandelt.

6.3 Central Admin Server Option (CASO)

Die Central Admin Server Option (CASO) stellt eine zentrale Verwaltungsmöglichkeit für mehrere Backup Exec Server dar. Hierbei wird ein Server zum Central Admin Server (CAS) ernannt, während alle anderen Server zu sogenannten Verwalteten Backup Exec Servern „degradiert" werden. Der CAS übernimmt in der Folge alle Aufgaben des Geräte- und Medienmanagements und hält die Kataloge für alle Sicherungen bereit, egal von welchem Backupserver der Umgebung diese durchgeführt wurden. Außerdem stellt der CAS die zentrale Datenbank bereit, in der alle Auftragsdefinitionen vorgehalten werden.

Wird ein Auftrag geplant, gibt es in den Auftragsoptionen auf der Registerkarte „Speicher" eine zusätzliche Auswahl, in der festgelegt werden kann, welcher Backupserver die Sicherung übernehmen soll. Wird keine besondere Auswahl vorgenommen, entscheidet der CAS zum Zeitpunkt des Auftragsstarts, welchem Backupserver er den Auftrag zuweist.

Die CASO kommt oftmals in Umgebungen mit verteilten Standorten zum Einsatz, bei denen die Administration der Datensicherung zentral erfolgt, sowie in Unternehmen, die aufgrund ihrer Größe mehrere Backupserver parallel zum Einsatz bringen wollen oder müssen.

In letzterem Szenario wird die CASO oftmals zusammen mit der SAN Shared Storage Option (SSO) zum Einsatz gebracht. Diese Kombination bringt die Möglichkeit mit sich, dass mehrere Backupserver auf dieselben Bandgeräte zugreifen können. Damit entsteht automatisch eine Lastverteilungs- und Hochverfügbarkeitsinfrastruktur, da es in dieser Konstellation möglich ist, Daten, die von Backupserver A gesichert wurden, mit Backupserver B wiederherzustellen.

Der Vorteil der Kombination CASO/SSO gegenüber einer Clusterinstallation von Backup Exec liegt darin, dass alle Backupserver gleichzeitig aktiv sein können, während in einem Microsoft-Cluster nur ein Aktiv-/Passiv-Betrieb möglich ist.

Bitte beachten Sie bei der Einrichtung einer CAS-Umgebung folgende Hinweise:

1. Der CAS muss zuerst installiert werden, alle Verwalteten Backup-Server können erst danach konfiguriert werden.
2. Verwenden Sie entweder auf allen Backupservern dasselbe Dienstkonto oder sorgen Sie dafür, dass die Dienstkonten der Verwalteten Backupserver auf dem CAS über lokale Administrationsrechte verfügen. Ebenso muss auch das Dienstkonto des CAS auf allen Verwalteten Backupservern über administrative Rechte verfügen.

   Sollten Sie (entgegen meiner Empfehlung) die Backup Exec-Datenbank nicht lokal auf dem CAS vorhalten, sondern auf einem separaten SQL-Server, müssen die Dienstkonten aller Backupserver auch auf dem SQL-Server lokale Administrationsrechte haben.

   Beachten Sie zum Thema Ablageort der Datenbank bitte die Hinweise in Kapitel 15.4 „Wohin mit der Datenbank?" auf Seite 131.

   Sollten Sie es vergessen haben, diese lokalen Adminrechte einzurichten, bekommen Sie bei dem Versuch, einen Verwalteten Medienserver einzurichten, die Fehlermeldung, dass der angegebene CAS kein funktionierender Central Admin Server sei.
3. Wenn Sie die Grundkonfiguration von Backup Exec dahingehend verändern, dass Sie z.B. ein anderes Verzeichnis zur Ablage der Logfiles angeben, muss dieses Verzeichnis auf allen Backup-Servern existieren, ansonsten können die

betroffenen Verwalteten Backupserver die Logfiles nicht generieren.

Lizenziert werden sowohl CASO, als auch SSO über den Erwerb der Enterprise Server Option (ESO).

Fragen zur Lizenzierung der Agenten und Optionen werden detailliert im Kapitel 29 „Lizenzierung von Backup Exec" ab Seite 320 behandelt.

Hinweis:
Wenn die Geräte-Informationen auf Ihrem Central Admin Server (CAS)
nur zögerlich angezeigt werden, können Sie folgendes tun:
Öffnen Sie die Registrierung auf dem Central Admin Server und wechseln
Sie in den folgenden Ordner:
HKEY_LOCAL_MACHINE\SOFTWARE\SYMANTEC\BACKUP EXEC FOR
WINDOWS\BACKUP EXEC\ENGINE\MISC.
Setzen Sie den Registry-Wert DELAYBEFOREMOUNTTIME auf „0".
Starten Sie den Server neu.
Beachten Sie aber bitte, dass diese Änderung ggf. dazu führt, dass mehr
Daten zwischen dem CAS und den MBES Maschinen ausgetauscht
werden.

6.4 Deduplizierung (Dedup)

Die Deduplizierungs-Option von Backup Exec stellt Technologien bereit, um Speicherplatz im Backup-To-Disk-Umfeld zu sparen. Darüber hinaus ist es auch möglich, die Deduplizierungs-Option so einzusetzen, dass die Netzwerklast während des Backups verringert wird.

Die für den Einsatz der Deduplizierungs-Option erforderlichen Hardwarevoraussetzungen sind im Detail:

- Mindestens ein Vierkern-Prozessor oder zwei Zweikern-Prozessoren.
- Acht Gigabyte freier Arbeitsspeicher für bis zu fünf Terabyte Deduplizungsspeicherplatz und weitere 1,5 Gigabyte RAM pro weiterem Terabyte Speicherplatz.
- Ein dedizierter Datenträger, auf dem der Deduplizierungsspeicher angelegt wird oder ein unterstütztes OpenStorage-Technologie (OST)-Speichergerät.

> **Hinweis:**
> Aktuell unterstützt Backup Exec maximal 32 Terabyte an
> Deduplizierungsspeicher und einen Deduplizierungsspeicher pro
> Backupserver.

Die Deduplizierungs-Option von Backup Exec unterstützt drei
verschiedene Methoden der Deduplizierung:

6.4.1 Serverseitige Deduplizierung

Bei der serverseitigen Deduplizierung werden von den Remote Agenten
auf den Quellservern alle Daten zum Backupserver übertragen wie bei
einer klassischen Datensicherung.

Der Backupserver nimmt die angelieferten Daten und zerlegt sie in
Datenpakete von 128kB Größe. Über jedes Paket wird eine eindeutige
Prüfsumme gebildet und in einer speziellen Datenbank hinterlegt.

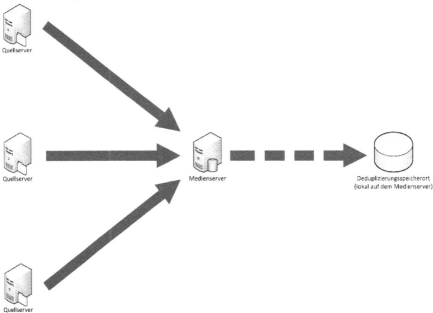

Wird nun ein Datenpaket angeliefert, dessen Prüfsumme bereits in der
Datenbank vorhanden ist, wird das Datenpaket verworfen und nur ein
Verweis auf das bereits vorhandene Paket mit derselben Prüfsumme in
der Datenbank hinterlegt. Dabei spielt der Typ der Originaldatei keine
Rolle. Es ist also gleichgültig, ob es sich hierbei um eine Datei aus dem
Betriebssystem, eine Office-Datei oder einen Videofilm handelt.

Die Methode, die Dateien in kleine Pakete zu zerlegen, führt zu einer deutlich höheren Platzersparnis, als wenn die Deduplizierung auf Dateiebene durchgeführt würde.

Aufgrund der Tatsache, dass die Remote Agenten alle Dateien zum Backupserver übertragen müssen, wird bei der serverseitigen Deduplizierung keine Netzwerkbandbreite gespart. Auch das Backupfenster verkleinert sich nicht.

Dafür müssen die Clients keinen speziellen Anforderungen genügen, sie können also praktisch alle Daten mit der serverseitigen Deduplizierung sichern.

> **Hinweis:**
> *Bitte beachten Sie, dass Daten, die von NDMP-Filern gesichert werden (NetApp, EMC, etc.) nicht dedupliziert werden können. Details hierzu erfahren Sie im Kapitel 6.7 „NDMP Option" auf Seite 71.*

6.4.2   Clientseitige Deduplizierung

Bei der clientseitigen Deduplizierung fragt der Quellserver vor dem Übertragen eines Datenpakets beim Backupserver an, ob das Paket dort schon bekannt ist, oder ob es übertragen werden soll. Somit werden nur einmalige Datenpakete übertragen. Dieses Frage- und Antwortspiel dauert beim ersten Sicherungslauf durchaus eine Weile. Beim nächsten Sicherungslauf des Servers schickt der Backupserver ein Paket aus Prüfsummen zum sichernden Quellserver, das die Antworten auf alle im letzten Durchlauf angefragten Pakete enthält. Damit kann der Quellserver diese Pakete bereits lokal „aussortieren" und fragt nur noch neue Datenpakete beim Backupserver an. Damit wird ab dem zweiten Durchlauf sowohl die notwendige Bandbreite im Netzwerk reduziert, als auch das Backupfenster verkleinert.

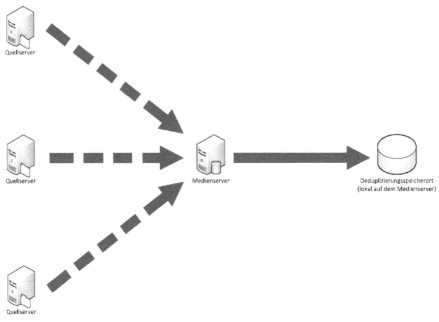

Quellserver

Quellserver

Quellserver

Medienserver

Deduplizierungsspeicherort
(lokal auf dem Medienserver)

Allerdings hat auch die clientseitige Deduplizierung einen Nachteil: Die Quellserver müssen mit ausreichend Hardware-Ressourcen bestückt sein, um die für die Deduplizierung notwendigen Berechnungen durchführen zu können. Wir sprechen hier zwar nicht davon, dass diese Maschinen genauso ausgestattet werden sollen wie der Backupserver, aber das Berechnen der Prüfsummen während der Sicherungen geschieht im RAM des Quellservers. Insofern sollten die Maschinen zumindest über ausreichend freien Arbeitsspeicher verfügen.

Außerdem erfordert die clientseitige Deduplizierung einen installierten Agenten auf dem Quellserver. Damit kann diese Methode z. B. nicht in VMware-Umgebungen zum Einsatz gebracht werden, da auf den ESX-Servern keine Agenten installiert werden können.

6.4.3   Deduplizierung mit einem OST-Gerät

Die Abkürzung OST steht für Open Storage Technology. Hinter diesem Begriff steht eine Technologie, die in Zusammenarbeit diverser Storage-Hersteller entstanden ist.

Bei der Deduplizierung bei Verwendung eines OST-kompatiblen Speichergeräts übertragen die Quellserver ihre Daten nicht zum Backupserver, sondern direkt an das im Netzwerk erreichbare OST-Gerät. Ausschließlich die Katalogdaten, die Backup Exec für eine

Wiederherstellung der Daten benötigt, werden an den Backupserver übertragen.

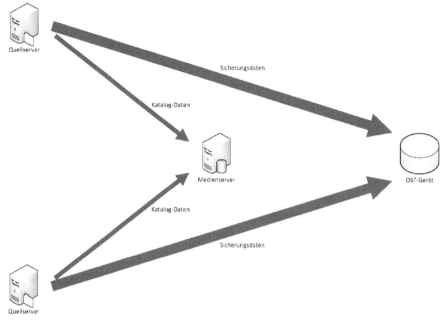

Der Vorteil dieser Methode ist, dass der Speicher im OST-Gerät, zumindest aus Sicht von Backup Exec, unbeschränkt groß sein kann, also nicht den Beschränkungen unterliegt, die für Deduplizierungsspeicher auf dem Backupserver selbst gelten.

6.4.4 Optimierte Duplizierung

Als „Optimierte Duplizierung" bezeichnet Symantec das Kopieren deduplizierter Daten von einem Deduplizierungsspeicher zum anderen bzw. von einem OST-Gerät auf ein anderes.

Hinweis:
Um die Optimierte Duplizierung nutzen zu können, müssen Quellspeicher und Zielspeicher vom selben Typ sein. Sie können also z. B. je einen Deduplizierungsspeicher in Backup Exec erstellen. Sie können auch auf beiden Seiten ein OST-Gerät desselben Herstellers verwenden. Sie können aber weder OST-Geräte unterschiedlicher Hersteller „mischen", noch ein OST-Gerät mit einem Deduplizierungsspeicher in Backup Exec.

Die Idee hierbei ist einfach und genial zugleich und löst die Backup-Probleme so einiger Umgebungen, die ich in den vergangenen Jahren kennengelernt habe. Und zwar die Problematik, dass die Server eines Unternehmens nicht alle in der Zentrale der Firma stehen, sondern teilweise auf die einzelnen Niederlassungen verteilt sind, so dass sich unternehmensrelevante Daten in den Außenstellen befinden.

In vielen Fällen besteht die Problematik dieses Szenarios darin, dass sich in den Außenstellen keine IT-Mitarbeiter befinden, die die Datensicherung lokal betreuen könnten. Zusätzlich handelt es sich meist um Datenmengen, die aufgrund zu schmaler WAN-Leitungen nicht von der Zentrale aus mitgesichert werden können.

Jetzt gibt es schon seit Jahren den Ansatz, diese Daten aus Gründen der Datensicherung in die Firmenzentrale zu kopieren. Hierbei kommen häufig Technologien wie das Distributed Filesystem (DFS) von Microsoft zum Einsatz, das die Daten im laufenden Betrieb überträgt, so dass es kein Backupfenster im herkömmlichen Sinn mehr gibt. Die so in die Zentrale kopierten Daten werden dann dort mitgesichert.

Dieser Ansatz hat zwei entscheidende Nachteile: Zum einen können so ausschließlich Fileserver gesichert werden, da DFS nicht dazu in der Lage ist, Datenbanken, Betriebssysteme und ähnliche Daten zu sichern. Zum anderen stellt sich die Frage, wie das Wiederherstellen größerer Datenmengen z. B. nach einem Hardwareschaden in der Außenstelle vonstattengehen soll. Hierzu ist DFS schlicht das falsche Tool.

Und hier kommt die Optimierte Duplizierung von Backup Exec ins Spiel:
Zuerst wird in der Außenstelle ein Backupserver aufgebaut, der die dort vorhandenen Server auf einen lokalen Deduplizierungsspeicher sichert. Anschließend wird über einen Kopierauftrag der soeben gesicherte und deduplizierte Datenbestand über die WAN-Strecke in die Zentrale auf den Deduplizierungsspeicher eines dort bestehenden Backupservers übertragen. Da hier nur die deduplizierten Daten übertragen werden, ist die notwendige Bandbreite der WAN-Leitung deutlich kleiner als bei einem klassischen Backup.

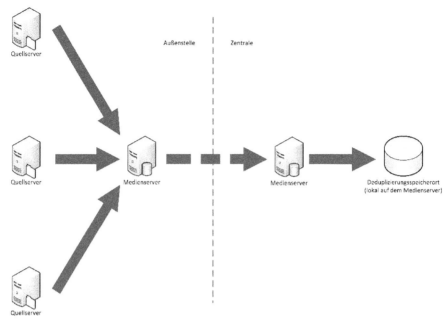

Voraussetzung für die Optimierte Duplizierung ist der Einsatz der Central Admin Server Option, da diese die Möglichkeit bietet, Deduplizierungsspeicher eines Servers für den Zugriff anderer Backupserver im Netzwerk freizugeben.

6.4.5 Kopieren deduplizierter Daten auf Magnetbänder

Daten, die von Backup Exec in einen Deduplizierungsspeicher geschrieben wurden, können per Kopierauftrag auf Bänder dupliziert werden. Hierbei werden die einzelnen Datensegmente wieder zu vollständigen Dateien zusammengesetzt. Erst der fertige Datenstrom, der exakt den Daten auf den Quellservern entspricht, wird auf die Bänder kopiert. Dies hat den Vorteil, dass die Daten direkt vom Band wiederhergestellt werden können, ohne dass sie vorher auf lokale Festplatten des Backupservers zurückgesichert werden müssen (Single Pass Restore).

> **Hinweis:**
> Im Gegensatz zum Duplizieren von Daten aus einem klassischen Backup-To-Disk-Ordner dauert das Kopieren der Daten von einem Deduplizierungsspeicher auf Band erheblich länger.

6.4.6 Wie viel Speicherplatz lässt sich durch Deduplizierung einsparen?

Die wohl spannendste Frage im Vorfeld der Anschaffung der Deduplizierungs-Option für Backup Exec ist die nach der dadurch zu erwartenden Speicherplatzersparnis.

Üblicher Weise kann von einer Ersparnis von 70-80% ausgegangen werden, jedoch sind diese Zahlen abhängig von der Art der zu sichernden Daten und der verwendeten Sicherungsmethode. Stellen Sie sich vor, Sie erstellten von einem Server täglich ein Vollbackup. Dann übertragen Sie jeden Tag auch diejenigen Daten, die sich nicht geändert haben. Damit erreichen Sie eine hohe Deduplizierungsrate. Erstellen Sie von demselben Server nur einmal im Monat eine Gesamtsicherung und ansonsten täglich inkrementelle Sicherungen, übertragen Sie nur neu erstellte bzw. geänderte Dateien. Die Wahrscheinlichkeit, dass hierbei unbekannte Dateiblöcke zum Backupserver übertragen werden, ist also deutlich höher. Außerdem werden die nicht geänderten Dateien nicht übertragen. Damit sinkt die zu sichernde Datenmenge, aber die prozentuale Einsparung durch Deduplizierung sinkt ebenfalls.

Bisher war man an daher auf Schätzungen angewiesen, die in den meisten Fällen nur wenig aussagekräftig waren.

Inzwischen hat Symantec ein Tool entwickelt, das registrierten Partnern unter dem Namen „Backup Exec Deduplication Assessment Tool (BEDAT)" kostenfrei zur Verfügung gestellt wird.

Das Deduplication Assessment Tool durchsucht die von Ihnen gewünschten Server und berechnet, welche Einsparungen durch den Einsatz der Deduplizierungs-Option erreicht werden können. Hierbei wird berücksichtigt, welche Form der Datensicherung Sie in Ihrem Unternehmen anstreben.

> **Hinweis für Symantec-Partner:**
> *Das Deduplication Assessment Tool kann direkt ausgeführt und muss nicht installiert werden.*

Nach dem Start des Programms und dem Akzeptieren des Lizenzvertrags überprüft das Tool zuerst, ob eine neuere Version der Software bereitgestellt wurde und lädt diese gegebenenfalls herunter.

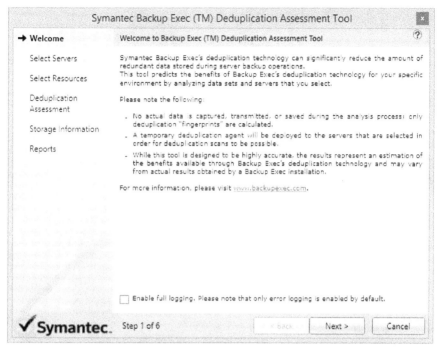

Dann müssen Sie angeben, welche Server das Tool durchsuchen soll. Dabei haben Sie sowohl die Möglichkeit, die Namen der Server manuell anzugeben, als auch das bestehende Netzwerk zu durchsuchen, um die Server aus einer Liste auszuwählen. Klicken Sie hierzu auf die Schaltfläche **ADD SERVER**.

> **Hinweis für Endkunden:**
> *Symantec stellt das Tool, wie bereits erwähnt, nur registrierten Partnern zur Verfügung. Sollten Sie dieses Buch als Endkunde in den Händen halten und Interesse an einer solchen „Voruntersuchung" Ihres IT-Systems in Bezug auf Deduplizierung haben, können Sie sich gerne an mich wenden. Ich führe diese Untersuchung gerne bei Ihnen durch.*

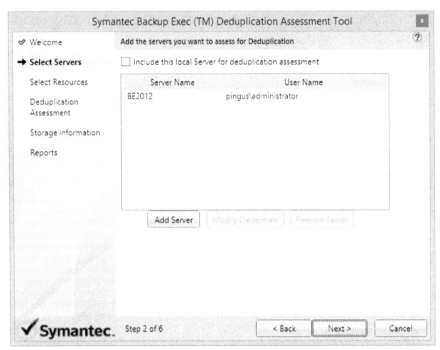

Sollte der Benutzer, unter dessen Namen Sie das Tool ausführen, auf den angegebenen Servern keine Rechte haben, die Ressourcen zu analysieren, können Sie die Server in der Liste markieren und durch Klick auf die Schaltfläche **MODIFY CREDENTIALS** andere Anmeldeinformationen angeben.

Anschließend bekommen Sie eine Übersicht der Ressourcen der ausgewählten Server in der Art, wie Sie sie von Backup Exec kennen:

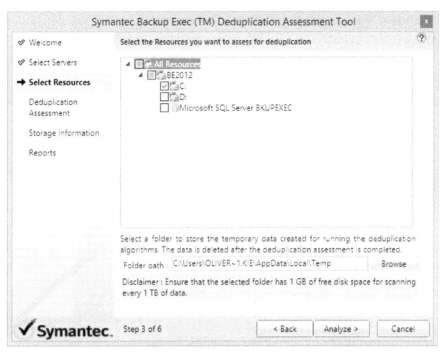

Wählen Sie hier die Datenträger aus, für die Sie die Auswertung haben möchten, und klicken Sie auf **ANALYZE**, um die Prüfung zu starten:

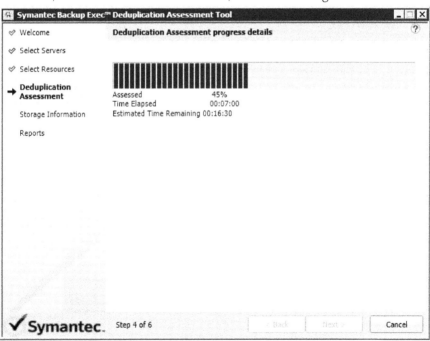

Nachdem alle von Ihnen gewählten Ressourcen überprüft wurden, müssen Sie im nächsten Dialogfenster einstellen, welche Sicherungsmethodik Sie verwenden möchten und wie lange die gesicherten Daten aufbewahrt werden sollen:

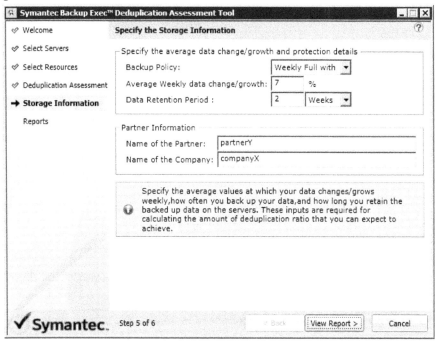

Nachdem Sie hier alle Werte eingetragen haben, klicken Sie auf **VIEW REPORT**, um die Auswertung anzusehen.

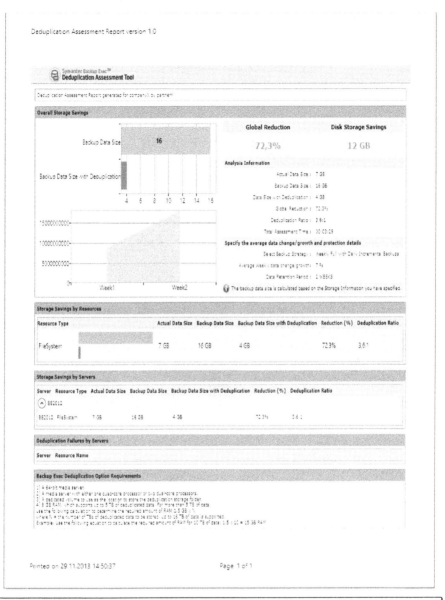

Deduplication Assessment Report version 1.0

Symantec Backup Exec™
Deduplication Assessment Tool

Deduplication Assessment Report generated for company by partner

Overall Storage Savings

	Global Reduction	Disk Storage Savings
	72,3%	12 GB

Analysis Information

Actual Data Size : 7 GB
Backup Data Size : 16 GB
Data Size with Deduplication : 4 GB
Global Reduction : 72.3%
Deduplication Ratio : 3.6:1
Total Assessment Time : 00:03:29

Specify the average data change/growth and protection details

Selected Backup Strategy : Weekly Full with Daily Incremental Backups
Average Weekly data change/growth : 7 %
Data Retention Period : 2 WEEKS

The backup data size is calculated based on the Storage Information you have specified.

Storage Savings by Resources

Resource Type		Actual Data Size	Backup Data Size	Backup Data Size with Deduplication	Reduction (%)	Deduplication Ratio
FileSystem		7 GB	16 GB	4 GB	72.3%	3.6:1

Storage Savings by Servers

Server	Resource Type	Actual Data Size	Backup Data Size	Backup Data Size with Deduplication	Reduction (%)	Deduplication Ratio
BE2012						
BE2012	FileSystem	7 GB	16 GB	4 GB	72.3%	3.6:1

Deduplication Failures by Servers

Server	Resource Name

Backup Exec Deduplication Option Requirements

1) A 64-bit media server.
2) A media server with either one quad-core processor or two dual-core processors.
3) A dedicated volume to use as the location to store the deduplication storage folder.
4) 8 GB RAM. Which supports up to 5 TB of deduplicated data. For more than 5 TB of data,
use the following equation to determine the required amount of RAM: 1.5 GB x N
where N is the number of TBs of deduplicated data to be stored, up to 16 TB of data is supported.
Example: Use the following equation to calculate the required amount of RAM for 10 TB of data: 1.5 x 10 = 15 GB RAM

Printed on 29.11.2013 14:50:37   Page 1 of 1

Hinweis:
Sie können den Bericht an dieser Stelle speichern oder ausdrucken.

Fragen zur Lizenzierung der Agenten und Optionen werden detailliert im Kapitel 29 „Lizenzierung von Backup Exec" ab Seite 320 behandelt.

6.4.7 Welche Datentypen sollten Sie nicht deduplizieren?

Es gibt ein paar Datentypen, die sich nicht oder nur sehr schlecht deduplizieren lassen. Hierzu zählen alle Mediendateien, wie z. B. Videos, Bilder und Audiodateien und ganz besonders Exchange Logfiles. Speziell letztere fallen oft in sehr großen Mengen an und „verstopfen" Ihnen den Deduplizierungsspeicher.

Auch Daten, die von NDMP-Filern (NetApp, EMC, etc.) gesichert werden, lassen sich mit Backup Exec nicht deduplizieren, da die Software das Datenformat nicht lesen kann.

Damit Ihnen die Speicher nicht unnötig schnell volllaufen, empfehle ich Ihnen, Sicherungen der oben genannten Datentypen entweder direkt auf Band oder in einen klassischen Backup-To-Disk-Ordner laufen zu lassen.

6.5 Library Expansion Option (LEO)

Die Library Expansion Option (LEO) wird benötigt, wenn Sie Bandbibliotheken mit mehreren Laufwerken verwenden. Das erste Laufwerk innerhalb einer Bibliothek ist kostenlos zu betreiben, für jedes weitere Laufwerk benötigen Sie eine Lizenz, ansonsten deaktiviert Backup Exec den Zugriff auf das Laufwerk.

Zur Verdeutlichung: Betreiben Sie eine Bandbibliothek mit vier Laufwerken, benötigen Sie drei LEOs. Haben Sie zwei Libraries mit je zwei Laufwerken im Einsatz, benötigen Sie zwei LEOs.

Hinweis:
Die Anzahl eigenständiger Bandlaufwerke - also Laufwerke, die sich nicht innerhalb einer Bandbibliothek befinden – die Sie mit Backup Exec gleichzeitig betreiben können, ist beliebig, ohne dass Sie dafür eine Lizenz zu benötigen.

Fragen zur Lizenzierung der Agenten und Optionen werden detailliert im Kapitel 29 „Lizenzierung von Backup Exec" ab Seite 320 behandelt.

6.6 Simplified Disaster Recovery Option (SDR)

Die „Simplified Disaster Recovery Option" (SDR) war bis zur Version 2010 von Backup Exec unter dem Namen „Intelligent Disaster Recovery Option" (IDR) bekannt.

Die SDR-Option stellt Technologien bereit, um das Wiederherstellen kompletter Server nach einem Ausfall auf derselben oder einer anderen Hardware zu vereinfachen und zu beschleunigen.

> **Hinweis:**
> *Wie Sie Sicherungsauswahlen erstellen, die Ihnen eine Notfallwiederherstellung mittels SDR ermöglichen, erfahren Sie im Kapitel 21.1 „Die Auswahlliste" auf Seite 235.*
> *Bitte beachten Sie, dass in der aktuellen Version von Backup Exec die SDR-Funktionalität für Windows 2012 nicht angeboten wird. Der Eintrag bleibt also immer grau, unabhängig davon, was Sie an der Sicherungsauswahl ändern.*

6.6.1 Die Grundeinrichtung von SDR

Zuerst wird für jeden mit SDR zu sichernden Server eine Beschreibungsdatei angelegt, in der die Hardware-Konfiguration des Servers und der angeschlossenen Geräte festgehalten wird. Hierzu zählen u. a. die Partitionsinformationen und Volume-IDs der Festplatten. Außerdem steht in der Datei auch, von welchem Backupserver wann welche Sicherung dieses Quellservers auf welches Medium durchgeführt wurde.

Diese Dateien werden zum einen auf dem Backupserver selbst abgelegt, zum anderen an einem vom Administrator zu definierenden Ort, sinnvollerweise auf einem anderen Server im Netzwerk.

Die Einstellungen hierzu finden Sie wie folgt: Klicken Sie auf den BACKUP EXEC-BUTTON und wählen Sie im Menü den Eintrag KONFIGURATION UND EINSTELLUNGEN - BACKUP EXEC-EINSTELLUNGEN aus. Wechseln Sie hier in die Registerkarte SIMPLIFIED DISASTER RECOVERY und stellen Sie die Pfade nach Ihren Wünschen ein:

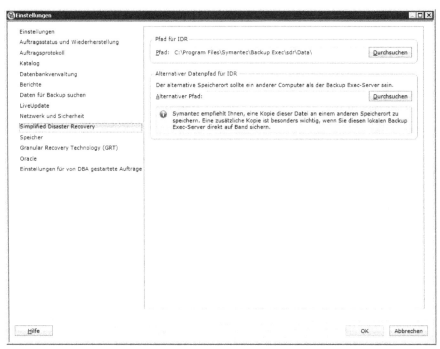

Wenn Sie nun in den Sicherungsaufträgen für die Server eine SDR-taugliche Auswahlliste erstellt haben, werden nachdem eine Sicherung erfolgreich durchgeführt wurde automatisch von Backup Exec die für den Server abgelegten SDR-Dateien aktualisiert, so dass dort immer die Informationen über die zuletzt durchgeführten Sicherungen hinterlegt sind.

6.6.2 Die Wiederherstellungs-CD

Unabhängig von diesen Dingen, die der Backupserver automatisch und ohne Ihr Zutun durchführt, gibt es einen Vorbereitungsschritt, der einmalig für jeden von Ihnen betriebenem Servertyp durchgeführt werden muss: Das Erstellen des startfähigen Mediums für das Disaster-Recovery.

Sie erstellen dieses Medium über einen Assistenten in Backup Exec. Klicken Sie zum Starten dieses Assistenten auf den **BACKUP EXEC-BUTTON**, und wählen Sie im Menü den Eintrag **KONFIGURATION UND EINSTELLUNGEN - SDR-DATENTRÄGER ERSTELLEN** aus.

Im nun gestarteten Assistenten wählen Sie zuerst aus, welcher Backupserver für die Server zuständig ist, die Sie per SDR sichern möchten. Anschließend wählen Sie die Server aus, für die Sie die SDR-

Datenerfassung einstellen möchten. Im nächsten Schritt prüft Backup Exec, ob die von Ihnen ausgewählten Server Hardware-Komponenten verwenden, für die in der SDR-CD noch keine Treiber vorhanden sind. Sollte solche Hardware gefunden werden, bekommen Sie die Möglichkeit, fehlende Treiber in die SDR-CD aufzunehmen.

Abschließend können Sie noch konfigurieren, ob die Server, die von der SDR-CD gestartet werden, automatisch ihre Netzwerkkomponenten aktivieren sollen oder nicht. Außerdem können Sie im letzten Schritt die Zeitzone angeben, die das von der SDR-CD gestartete Windows PE annehmen soll.

> *Hinweis:*
> *Unterschätzen Sie diesen letzten Punkt nicht. Wenn Sie hier nichts konfigurieren, startet das Windows PE mit der Zeitzone „Pacific Time (GMT -8)", was dazu führen kann, dass Sie bei der Auswahl der wiederherzustellenden Medien in Panik verfallen, weil diese ggf. mit einem falschen Datum angezeigt werden, und Sie den Eindruck haben, dass Sie vom Vortag keine Datensicherung hätten...*

Nachdem Sie den Assistenten haben durchlaufen lassen, müssen Sie die erzeugte .ISO-Datei auf einen Datenträger brennen.

> **Aus der Praxis:**
> Ich empfehle grundsätzlich, die Funktion solcher Rettungsmethoden zu testen. Auch wenn Sie keine Möglichkeit haben, das eigentliche Wiederherstellen eines kompletten Servers von der leeren Festplatte an zu testen, sollten Sie doch zumindest jeden Servertyp einmal von dem soeben erzeugten SDR-Datenträger starten. So können Sie sicherstellen, dass sowohl die Treiber für die Speicher-Controller, als auch die für die Netzwerkkarten ordnungsgemäß funktionieren.

6.7   NDMP Option

Die NDMP-Option bringt die Funktion mit, Daten von einem NDMP-Filer zu sichern. Hierbei besteht die Möglichkeit, die Daten des Filers direkt auf Tape sichern zu lassen. Technisch bedeutet dies, dass der Filer direkt auf die Band-Bibliothek zugreift und Backup Exec ausschließlich die Metadaten der Sicherung meldet. Damit können Sie von Backup Exec aus das Wiederherstellen gelöschter Dateien auf dem Filer anstoßen. In der Realität werden die Daten aber direkt vom Band zurück auf den Filer kopiert.

Wenn Sie darüber nachdenken sich einen NDMP-Filer anzuschaffen, sollten Sie aus Sicht der Datensicherung folgende Punkte wissen:

1. Backup Exec ist nicht in der Lage, den NDMP-Datenstrom zu lesen, der für die Sicherung bzw. Wiederherstellung erzeugt wird. Damit können von Backup Exec keine Details über die zu sichernde Datenmenge oder die übersprungenen oder defekten Dateien geliefert werden. Diese Angaben stehen bei NDMP-Sicherungen immer auf „0".

2. Backup Exec unterstützt in Zusammenarbeit mit NDMP-Filern keine expliziten Ausschlüsse. Haben Sie also ein Verzeichnis zum Sichern oder Wiederherstellen markiert, wird das gesamte Verzeichnis samt enthaltener Dateien und Unterverzeichnisse gesichert. Auch dann, wenn Sie einzelne Unterverzeichnisse oder Dateien explizit ausgeschlossen haben.

3. Es ist mit Backup Exec nicht möglich, Dateien per Umleitung auf z. B. einen Windows- oder Linux-Server wiederherzustellen, die per NDMP gesichert wurden.

4. Ein Restore ist ausschließlich auf einen NDMP-Filer möglich, der denselben NDMP-„Dialekt" spricht wie die Maschine, von der die Datensicherung erstellt wurde.

5. Wenn Sie auf dem Filer Snapshot der dort vorgehaltenen Daten erzeugen, werden diese für Backup Exec transparent dargestellt. Im Klartext bedeutet dies folgendes: Stellen Sie sich vor, Sie haben ein Volume auf einem NDMP-Filer, auf dem 30 GB Daten liegen. Nun erstellen Sie mit Bordmitteln des Filers einen Snapshot dieses Volumes, der, sagen wir, 5 MB groß ist. Sichern Sie nun diesen Snapshot mit Backup Exec, wird der Filer diesen Snapshot so darstellen, dass Backup Exec das komplette Volume sieht. Sie erhalten also eine Sicherung des Volumes mit dem Stand vom Zeitpunkt der Erstellung des Snapshots.
Beachten Sie dies bitte vor allem dann, wenn Sie auf dem Filer mehrere Snapshot-Versionen vorhalten. Sichern Sie dann das Snapshot-Verzeichnis des Volumes, bekommen für jeden vorgehaltenen Snapshot eine Vollsicherung des Volumes erstellt.

> **Hinweis:**
> Ein Firmware-Upgrade eines NDMP-Filers kann seinen „Dialekt" bereits
> so verändern, dass es Restore-inkompatibel zu den auf dieser Hardware
> aber mit der ehemaligen Firmware erstellten Datensicherungen wird. Das
> ist besonders wichtig im Hinblick auf mögliche Notfallwiederherstellung.

Fragen zur Lizenzierung der Agenten und Optionen werden detailliert
im Kapitel 29 „Lizenzierung von Backup Exec" ab Seite 320 behandelt.

6.8 Remote Agent für Windows (RAWS)

Der Remote Agent für Windows Systeme dient dazu, die
Kommunikation zwischen der zu sichernden Maschine und dem
Backupserver zu ermöglichen und die vom Backupserver abgesetzten
Befehle auf dem lokalen Computer umzusetzen.

Der Remote Agent für Windows Systeme bietet die Möglichkeiten,
sowohl das lokale Dateisystem des Servers, als auch die
Betriebssystemdaten und den Systemstatus zu sichern.

Fragen zur Lizenzierung der Agenten und Optionen werden detailliert
im Kapitel 29 „Lizenzierung von Backup Exec" ab Seite 320 behandelt.

> **Hinweis:**
> Der Remote Agent für Windows kann auch auf Windows Client
> Betriebssystemen, wie Windows XP, Vista und Windows 7 installiert
> werden. Damit sind Sie in der Lage, auch Workstations zu sichern, auf
> denen sich wichtige Daten befinden.

6.9 Remote Agent für Linux (RALUS)

Der Remote Agent für Linux hat dieselben Funktionen wie der für
Windows-Systeme, er stellt die Kommunikation mit dem Backupserver
her.

Fragen zur Lizenzierung der Agenten und Optionen werden detailliert
im Kapitel 29 „Lizenzierung von Backup Exec" ab Seite 320 behandelt.

6.10 Remote Agent für Macintosh (RAMS)

Der Remote Agent für Macintosh-Rechner hat dieselben Funktionen
wie der für Windows-Systeme, er stellt die Kommunikation mit dem
Backupserver her.

Fragen zur Lizenzierung der Agenten und Optionen werden detailliert
im Kapitel 29 „Lizenzierung von Backup Exec" ab Seite 320 behandelt.

6.11 Active Directory

Der Agent für Active Directory ermöglicht das granulare Wiederherstellen einzelner Objekte und Attribute innerhalb des Active Directory aus der Datensicherung des Systemstatus eines Domänencontrollers. Hierbei können einzelne Objekte bzw. deren Eigenschaften im laufenden Betrieb wiederhergestellt werden. Es ist also nicht notwendig, den Domänencontroller im Verzeichnisdienst-Wiederherstellungsmodus zu starten, um die Rücksicherung durchführen zu können.

> **Hinweis:**
> *Für die vollständige Wiederherstellung eines defekten Domänencontrollers bzw. für eine autorisierende Wiederherstellung des Active Directory müssen Sie nach wie vor den Domänencontroller im Verzeichnisdienst-Wiederherstellungsmodus starten.*
> *Für das „Vollbackup" des Active Directory ohne GRT-Funktion benötigen Sie nur den Remote Agent für Windows, da sich die Informationen des Active Directory im Systemstatus des Domain Controllers befinden.*

Fragen zur Lizenzierung der Agenten und Optionen werden detailliert im Kapitel 29 „Lizenzierung von Backup Exec" ab Seite 320 behandelt.

6.12 Exchange

Der Exchange-Agent ermöglicht die Onlinesicherung der Exchange Informationsspeicher, d.h. während der Sicherung kann von den Clients uneingeschränkt auf die Daten zugegriffen werden.

Außerdem ermöglicht der Agent das Wiederherstellen einzelner Objekte innerhalb der Datenbanken, wie z. B. ein einzelnes Postfach oder auch nur eine bestimmte E-Mail. Auch dieses granulare Restore erfolgt online, d.h. ebenfalls ohne Unterbrechung für die Clients. Eine Ausnahme stellt natürlich das Wiederherstellen der gesamten Datenbank dar, was aus offensichtlichen Gründen nicht online erfolgen kann; schließlich muss die Datenbank-Datei selbst überschrieben werden, was nicht möglich ist, solange sie nicht offline geschaltet wurde.

> **Hinweis:**
>
> Um Exchange Server der Versionen 2007 bzw. 2010 mit aktivierter Granular Recovery Technology (GRT)-Option sichern zu können, was der Standard ist, müssen zum einen auf allen Mailbox-Servern Ihrer Exchange-Umgebung die „Microsoft Exchange Server MAPI Client and Collaboration Data Objects 1.2.1" in der aktuellen Version installiert sein.
> Zum anderen müssen Sie auf dem Backupserver die Exchange-Verwaltungs-Tools installieren - und zwar in exakt der Version, die auch auf Ihren Exchange-Servern läuft.

Legen Sie hierzu das Installationsmedium Ihres Exchange-Servers in den Backupserver ein, und starten Sie die Installation. Wählen Sie als Installationsart **BENUTZERDEFINIERT** und aktivieren Sie im Auswahlfenster für die zu installierenden Optionen nur den letzten Eintrag (**EXCHANGE MANAGEMENT TOOLS**). Lassen Sie danach die Installation durchlaufen, und starten Sie den Server neu.

Sollten Sie auf Ihren Exchange Servern ein Service Pack einspielen, tun Sie dies bitte auch auf dem Backupserver, da sonst in vielen Fällen Fehler bei der Datensicherung der Exchange-Umgebung auftreten.

> **Hinweis:**
>
> Sollten Sie eine hochverfügbare Exchange-Umgebung betreiben, also einen Mailbox-Cluster unter Exchange 2007 oder eine DAG-Umgebung unter Exchange 2010, werden die Datenbanken nicht als Ressource der Exchange Server aufgelistet. Sie finden sie bei einer Exchange 2007-Umgebung als Ressource unterhalb des Servereintrags der virtuellen Clusterressource und in einer 2010er Umgebung als gesonderten Ressourceneintrag **DATABASE AVAILABILITY GROUPS.**

Fragen zur Lizenzierung der Agenten und Optionen werden detailliert im Kapitel 29 „Lizenzierung von Backup Exec" ab Seite 320 behandelt.

6.13 Lotus Domino

Der Domino-Agent ermöglicht die Onlinesicherung der Domino Datenbanken, d.h. während des Sicherns kann von den Clients uneingeschränkt auf die Daten zugegriffen werden.
Ansonsten ähnelt die Funktion dieses Agenten stark der des Exchange-Agenten.

Fragen zur Lizenzierung der Agenten und Optionen werden detailliert im Kapitel 29 „Lizenzierung von Backup Exec" ab Seite 320 behandelt.

6.14 SharePoint

Der SharePoint-Agent ermöglicht die Onlinesicherung der Datenbanken, d.h. während des Sicherns kann von den Clients uneingeschränkt auf die Daten zugegriffen werden. Hierbei werden sowohl einzelne SharePoint-Server unterstützt, als auch SharePoint-Farmen, in denen mehrere Server auf dieselbe Datenbank zugreifen.

Außerdem unterstützt der Agent das Rücksichern einzelner Objekte, wie z. B. Listen, Dokumente und Websites aus der Datenbanksicherung. Auch dieses granulare Restore erfolgt online, d.h. ebenfalls ohne Unterbrechung für die Clients. Eine Ausnahme stellt natürlich das Wiederherstellen der gesamten Datenbank dar, was aus offensichtlichen Gründen nicht online erfolgen kann.

> *Hinweis:*
> *Die Ressourcen von SharePoint Servern tauchen nicht als Auswahl unterhalb der jeweiligen Server auf, sondern werden in einer dedizierten Ressourcengruppe „SharePoint Farmen" angezeigt.*

Fragen zur Lizenzierung der Agenten und Optionen werden detailliert im Kapitel 29 „Lizenzierung von Backup Exec" ab Seite 320 behandelt.

6.15 SQL

Der SQL-Agent ermöglicht die Onlinesicherung der SQL Datenbanken, d.h. während des Sicherns kann von den Clients uneingeschränkt auf die Daten zugegriffen werden.

Außerdem unterstützt der Agent das Rücksichern einzelner Objekte, wie z. B. Point-in-Time-Wiederherstellungen aus der Datenbanksicherung heraus. Auch das granulare Restore findet online statt, sodass die Zugriffe der Clients auf die Datenbanken nicht unterbrochen werden. Eine Ausnahme stellt natürlich das

Wiederherstellen der gesamten Datenbank dar, was aus offensichtlichen Gründen nicht online erfolgen kann.

Ebenso ist es u. U. notwendig, eine wiederhergestellte Datenbank offline zu halten, wenn z. B. noch Transaktionsprotokolle zurückgesichert werden sollen, was nach der Onlineschalten der Datenbank nicht mehr möglich ist.

Eine häufig gestellte Frage ist die, ob es notwendig ist, direkt nach dem Vollbackup einer SQL-Datenbank eine Logfile-Sicherung durchzuführen, um eine Point-in-Time-Wiederherstellung zu ermöglichen. Das ist nicht notwendig: Backup Exec sichert, anders als ein Maintenance-Plan innerhalb von SQL, bei einem Vollbackup auch das Logfile mit. Damit kann auch ein Vollbackup als Quelle für ein Point-in-Time-Restore dienen.

> **Hinweis:**
> *Das Vollbackup für SQL-Datenbanken von Backup Exec sichert zwar das Logfile mit, kürzt dieses aber nicht. Achten Sie also bitte darauf, zusätzlich zur Vollsicherung auch inkrementelle Sicherungen zu definieren, um das Logfile zu kürzen. Sonst läuft Ihnen u. U. die Festplatte mit dem Logfile voll.*

6.16 Oracle

Der Oracle-Agent stellt im Grunde genommen dieselbe Funktion für Oracle-Datenbanken zur Verfügung wie der SQL-Agent für Microsoft SQL-Datenbanken.

Allerdings ist die Konfiguration des Agenten etwas komplizierter, da Oracle ein eigenes Berechtigungskonzept verwendet und der Agent sozusagen zwischen den Oracle-Berechtigungen und den von Backup Exec verwendeten Windows-Konten übersetzen muss.

Fragen zur Lizenzierung der Agenten und Optionen werden detailliert im Kapitel 29 „Lizenzierung von Backup Exec" ab Seite 320 behandelt.

6.17 Enterprise Vault

Der Enterprise Vault Agent dient dazu, die komplette Enterprise Vault-Umgebung zu sichern. Hierzu ist es in erster Linie erforderlich, dass auf allen zur Enterprise Vault-Umgebung gehörenden Servern ein Remote-Agent installiert ist. Wenn Sie den Agenten auf dem Enterprise Vault Server starten, erscheint parallel zum Servereintrag in Backup Exec ein weiterer Eintrag mit der Bezeichnung **Directory auf <Name des SQL-Servers>**.

Um die Enterprise Vault-Umgebung zu sichern, müssen Sie für diesen speziellen Eintrag in der Serverliste die gewünschten Sicherungen konfigurieren.

Dadurch sorgt Backup Exec dafür, dass sowohl alle notwendigen Datenbanken, als auch die Dateiverzeichnisse gesichert werden.

> **Hinweis:**
> *Beachten Sie bitte, dass der Enterprise Vault-Agent von Backup Exec 2012 keine granulare Wiederherstellung einzelner Archivobjekte unterstützt.*

Fragen zur Lizenzierung der Agenten und Optionen werden detailliert im Kapitel 29 „Lizenzierung von Backup Exec" ab Seite 320 behandelt.

6.18 Virtualisierung

Der Agent für VMware und Hyper-V ermöglicht es, virtuelle Maschinen beider Plattformen „von außen" zu sichern. Dazu lässt Backup Exec vom Hypervisor einen Snapshot der virtuellen Maschine erstellen und sichert diesen anschließend. Da der Snapshot sowohl die Konfiguration, als auch die virtuellen Festplatten und den RAM-Inhalt der Maschine beinhaltet, können Sie die komplette virtuelle Maschine wiederherstellen.

Darüber hinaus unterstützt Backup Exec für beide Plattformen das Erstellen von GRT-tauglichen Sicherungen. Es besteht also die Möglichkeit, aus dem gesicherten Snapshot der virtuellen Maschine einzelne Dateien und sogar Applikationsobjekte, wie z. B. eine einzelne Email eines virtuellen Exchange-Servers wiederherzustellen.

Das Kapitel 25 „Virtuelle Systeme" ab Seite 272 beschäftigt sich im Detail mit diesen Themen und zeigt die Besonderheiten auf, die beim Sichern virtueller Systeme zu beachten sind.

Fragen zur Lizenzierung der Agenten und Optionen werden detailliert im Kapitel 29 „Lizenzierung von Backup Exec" ab Seite 320 behandelt.

7 Die Backup Exec Appliance

Seit einiger Zeit gibt es Backup Exec auch als Appliance. Es handelt sich um dedizierte Hardware, auf der Backup Exec bereits vorinstalliert ist und die alles beinhaltet, was Sie für die Datensicherung benötigen.

Die 1HE hohe Appliance besteht aus den folgenden Komponenten:

- 2x SSD im RAID 1 für das Betriebssystem und die Software
- 4x SAS-HDD im RAID 5 für die Sicherungsdaten und Datenbanken (~5,5 TB netto)
- 1x Microsoft Windows 2008 R2 Storage Server
- 1x Backup Exec Backupserver
- Je nachdem, welches Lizenzpaket Sie beim Kauf der Appliance gewählt haben, stehen Ihnen unterschiedliche Agenten und Optionen von Backup Exec zur Verfügung

Fragen zur Lizenzierung der Agenten und Optionen werden detailliert im Kapitel 29 „Lizenzierung von Backup Exec" ab Seite 320 behandelt.

Die Appliance wird in vorinstalliertem Zustand ausgeliefert und ist sozusagen „schlüsselfertig". Sie müssen nur noch das Gerät anschließen und über einen Webbrowser die notwendigen Informationen zu Ihrem Netzwerk angeben.

Dazu liegt der Maschine eine Setup-Anleitung bei, die die Einzelschritte zur Inbetriebnahme im Detail erläutert.

Zusammengefasst sind folgende Schritte nötig:

- Anschließen eines Computers an die Netzwerkschnittstelle ETH0 der Appliance
- Starten eines Webbrowsers und Aufrufen der Adresse 172.16.111.111
- Durchlaufen des Setup-Assistenten
- Neustart der Appliance zur Übernahme der Einstellungen

Beim Aufnehmen in die Domäne sollten Sie darauf achten, folgende Daten in die Felder des Assistenten einzutragen:

Feld des Assistenten	Einzutragender Wert	Beispiel
„Set New Host Name"	<Zukünftiger Rechnername der Appliance>	BE-3600
„Domain"	<NetBIOS-Name der Domäne>	Domain
„Domain Name Suffix"	<FQDN der Domäne>	Domain.local
„Domain User Name"	<Name des Domänen-Accounts, der für den Start der BE-Dienste verwendet werden soll>	Backupservice
„Domain Password"	<Passwort des zu verwendenden Domänen-Accounts>	**********

Nachdem Sie die Maschine in Ihre Domäne aufgenommen haben, steht Ihnen Backup Exec in vollem Umfang zur Verfügung.

Ein paar Hinweise zu Fragen, die mir im Zusammenhang mit der Appliance immer wieder gestellt werden:

- Der Zugriff auf die Appliance ist ausschließlich über einen Webbrowser möglich.
- Sie haben (bis auf wenige Ausnahmen) keinen erlaubten Zugriff auf das der Appliance zugrunde liegende Betriebssystem.
- Für die Appliance notwendige Windows Updates werden automatisch installiert.
  Hierfür, ebenso wie für LiveUpdate, benötigt die Maschine einen Internetzugang.
- Die Appliance unterstützt keine Proxy-Konfiguration.
- Im Falle eines Hardware-Defekts erfolgt der Support wie folgt:
  Netzteile und Festplatten sind Hotplug-Komponenten, die von Symantec einzeln verschickt werden.
  Sollte eine andere Komponente defekt sein, wird Symantec die komplette Appliance (ohne Festplatten) tauschen.

Sie bekommen in diesem Fall ein Ersatzgerät vorab zugeschickt, in das Sie Ihre bestehenden Festplatten einbauen. Die defekte Maschine schicken Sie anschließend an Symantec zurück.

- Die Appliance unterstützt Bandlaufwerke und Bibliotheken über den integrierten SAS-Controller. Die Anzahl der unterstützten Laufwerke ist abhängig von der Version Ihrer Appliance.

Beachten Sie bitte zusätzlich folgende Dinge:

- Installieren Sie keine redundanten Seriennummern auf der Appliance. Ich habe bereits vor dem Problem gestanden, dass eine weitere Deduplizierungs-Lizenz auf einer Appliance installiert wurde, die mit der vorinstallierten kollidierte. Das Ergebnis war, dass die Appliance gar keine Deduplizierungs-Lizenz mehr „fand" und damit die Funktion einstellte.

- Lassen Sie nicht mehr als sechs Aufträge parallel laufen. Diverse Versuche haben ergeben, die Appliance eine höhere Anzahl paralleler Jobs nicht sinnvoll verarbeiten kann.

8 Technologien in Backup Exec

8.1 Granulare Wiederherstellungstechnologie (Granular Recovery Technology - GRT)

Die granulare Wiederherstellungstechnik (GRT) von Backup Exec ist eine der Schlüsselfunktionen der Software und dient dem Zurückspielen einzelner Objekte aus einer großen Datei, die ich hier als Containerdatei bezeichnen will.

Sie können sich das so ähnlich wie ein ZIP-Archiv vorstellen: Das Archiv selbst ist zwar eine einzelne Datei, kann aber diverse Einzeldateien und Ordner beinhalten. Um eine Datei, die in dem Archiv enthalten ist, zu öffnen, müssen Sie die komplette Archivdatei öffnen und dann die gewünschte Einzeldatei extrahieren.

Etwa so funktioniert die GRT-Funktion von Backup Exec. Nur dass hier keine ZIP-Dateien geöffnet werden, um daraus Einzelobjekte zu entnehmen, sondern zum Beispiel Exchange-Datenbanken, virtuelle Festplatten, die Verzeichnisdatenbank des Active Directory oder Datenbanken von SQL und SharePoint. Aus all diesen Containern können dann einzelne Bestandteile extrahiert werden, beispielsweise eine einzelne E-Mail aus einer Exchange-Datenbank oder ein Benutzerobjekt aus dem Active Directory.

Damit dies möglich ist, muss (wieder ähnlich wie beim ZIP-Archiv) die komplette Containerdatei geladen werden, was nur funktioniert, wenn sie auf einer aus Sicht des Backupservers lokalen Festplatte liegt. Befindet sich die Datei z. B. auf einem Magnetband, muss sie erst vom Band zurückgelesen werden, bevor die Zieldatei aus dem Container extrahiert werden kann. Dafür wird entsprechend viel freier Speicherplatz auf dem Backupserver benötigt.

> **Hinweis:**
> In den allgemeinen Programmeinstellungen können Sie in der Registerkarte GRANULAR RESTORE TECHNOLOGY (GRT) festlegen, wo diese temporären Dateien gestaffelt werden sollen.

Behalten Sie diese Information also im Hinterkopf, wenn Sie die Größe Ihrer Systeme dimensionieren, die solche Containerdateien beinhalten. Die Datenbankgrößen von Exchange Servern und SharePoint Servern und insbesondere die Größe virtueller Festplatten sollen hier als Beispiele genannt werden.

Besonders interessant wird das Berechnen des auf dem Backupserver vorzuhaltenden freien Speicherplatzes im Falle von verschachtelten Containerdaten. Stellen Sie sich vor, Sie installieren Ihren Exchange Server in einer virtuellen Umgebung. Dann müssen Sie, um eine einzelne versehentlich gelöschte E-Mail von Band wiederherstellen zu können auf dem Backupserver nicht nur Speicherplatz in der Größe der Exchange Datenbank zur Verfügung haben, sondern in der Größe der virtuellen Festplatte. Denn Backup Exec kann die Exchange Datenbank gar nicht vom Band zurücksichern, da sie sich ja in einer weiteren Containerdatei befindet, der virtuellen Festplatte.

9 Was ist neu in Backup Exec 2012?

In diesem Kapitel möchte ich Ihnen gerne ein paar Dinge vorstellen, die in Backup Exec 2012 neu dazugekommen sind bzw. die sich gegenüber den vorhergehenden Versionen deutlich verändert haben. Diese Liste ist sicherlich nicht vollständig. Wenn Sie eine vollständige Auflistung der Änderungen und Neuerungen sehen möchten, schauen Sie bitte im Administrationshandbuch von Backup Exec nach (dort im ersten Kapitel).

9.1 Richtlinien (Policies)

Die spannendste Neuigkeit zuerst: In Backup Exec gibt es keine Richtlinien mehr.
Ja, Sie haben richtig gelesen: Richtlinien sind passé.

Wie bereits erwähnt, hat sich die komplette Logik in Backup Exec verändert, und dazu gehört auch der Wegfall des richtlinienbasierten Ansatzes zum Sichern von Ressourcen.

An dessen Stelle ist ein serverbasierter Ansatz getreten. Jeder Server wird also in Backup Exec 2012 gesondert betrachtet und einzeln gesichert.

Als ich dies zum ersten Mal hörte, war ich ähnlich entsetzt, wie Sie es jetzt vermutlich sind. Keine Trennung von Auswahllisten und Sicherungslogik mehr?
Aber keine Sorge, nachdem sich der erste Schock gelegt und ich mich bereit erklärt hatte, diesen Schritt zu akzeptieren, wurde mir schnell deutlich, dass dieser neue Ansatz Möglichkeiten eröffnet, die wir im alten Modell nie hatten und die dort nie abzubilden gewesen wären. Aber eines nach dem anderen. Zuerst sollten Sie tief durchatmen und versuchen, mir zu glauben, dass Sie die guten alten Richtlinien schon nach kurzer Zeit nicht mehr vermissen werden.

Jetzt zur guten Nachricht: Irgendwie gibt es die Richtlinien doch noch, auch wenn Sie niemand mehr so nennt. Wenn Sie in Backup Exec 2012 einen Sicherungsauftrag für einen Server erstellen und alle Einstellungen vorgenommen haben, erstellt die Software für diesen Server mehrere Aufträge, die in einer Art Gruppe zusammengefasst werden. Die Policies haben sich also nur verändert: Wir haben jetzt für jeden Server (mindestens) eine Policy und nicht mehr eine für viele

Server. Dennoch bietet Backup Exec 2012 Ihnen die Möglichkeit, die Einstellungen mehrerer Server gleichzeitig zu bearbeiten.

Doch dazu später mehr.

9.2 Verändertes Medienmanagement

Der nächste gravierende Schnitt, den Symantec in der Version 2012 vorgenommen hat, ist der Wegfall der Mediensätze für alle festplattenbasierten Sicherungsziele. Mediensätze gibt es also nur noch für Tapes. Auch hier war ich zuerst sehr skeptisch, wurde aber schnell eines Besseren belehrt: Wir haben nun die Möglichkeit, die Aufbewahrungszeiträume unserer Backup-Sätze pro Auftrag zu definieren und nicht mehr nur pro Mediensatz. Schick, oder? Auch darauf gehen wir später natürlich im Detail ein.

9.3 Backup-To-Disk

In Backup Exec 2012 wird nur ein Backup-To-Disk-Ordner pro Datenträger unterstützt. Dabei ist es egal, ob es sich um einen Deduplizierungsspeicher oder einen klassischen Backup-To-Disk-Ordner handelt.

Sollten Sie bisher mehrere Disk-Speicher auf einem Datenträger verwendet haben, wird nach dem Upgrade auf Backup Exec 2012 nur noch derjenige funktionieren, dessen Name alphabetisch an erster Stelle steht.
Auf alle anderen bereits existierenden Backup-To-Disk-Ordner wird nur noch lesender Zugriff gewährt.

Es ist also dringend anzuraten, das Speicherkonzept Ihrer Backup-Umgebung zu überdenken und ggf. weitgehende Eingriffe in das System vorzunehmen, bevor Sie ein Upgrade auf die neue Version in Betracht ziehen. Aber, Sie ahnen es sicherlich schon, auch hierzu später mehr.

9.4 Kapazitätsüberwachung

Backup Exec 2012 überwacht permanent den zur Verfügung stehenden Speicherplatz auf allen angeschlossenen Sicherungsgeräten und stellt diesen grafisch dar. So erhalten Sie jederzeit einen schnellen Überblick der Auslastung Ihrer Speicherziele.

9.5 Teilbackups in Hyper-V-Umgebungen

Die neue Version von Backup Exec unterstützt jetzt (endlich) die differentielle bzw. inkrementelle Sicherung von Hyper-V-Umgebungen. Damit sollten einige Probleme aus diesem Umfeld der Vergangenheit angehören, und der Agent für Hyper-V ist nun dem für VMware fast ebenbürtig. Ich sage fast, weil wir nach wie vor die Hyper-V-Umgebungen ausschließlich über Netzwerk sichern können und nicht direkt aus dem SAN heraus. Dies ist aber eine Einschränkung von Seiten Microsofts, für die Symantec nichts kann und die aktuell auch nicht zu ändern ist. Seien wir gespannt, was die nächste Generation des Hyper-V mit sich bringen wird…

Eine weitere Neuerung von Backup Exec 2012 in Bezug auf Hyper-V-Sicherungen besteht darin, dass jetzt nur noch die verwendeten Blöcke innerhalb der virtuellen Festplatten gesichert werden und nicht mehr die kompletten VHD-Dateien.

9.6 Verbesserte Wiederherstellung von virtuellen Maschinen unter VMware

Der Agent für VMware unterstützt jetzt u. a. das automatische Update auf die neueste Hardware-Version, die vom Zielsystem unterstützt wird, bis inklusive Hardware Version 8.

9.7 Konvertierung in virtuelle Maschinen

Backup Exec 2012 bietet die Möglichkeit, entweder während einer oder direkt im Anschluss an eine Sicherung eines Servers eine virtuelle Maschine zu erstellen. Ebenso ist es möglich, eine virtuelle Maschine basierend auf bestehenden Backupdaten zu erstellen. Diese Funktion unterstützt sowohl VMware- als auch Hyper-V-Umgebungen als Konvertierungsziel.

Voraussetzung für die Konvertierung ist eine Sicherung, die den Anforderungen für SIMPLIFIED DISASTER RECOVERY (SDR) genügt. Es müssen also alle kritischen Laufwerke und der Systemstatus enthalten sein.

> **Hinweis:**
> Details zum Thema SDR finden Sie im Kapitel 6.6 „Simplified Disaster Recovery Option (SDR)" auf Seite 69.

Um einen Sicherungssatz in eine virtuelle Maschine zu konvertieren, führen Sie die folgenden Schritte durch:

Klicken Sie in der Registerkarte **BACKUP UND WIEDERHERSTELLUNG** auf die Schaltfläche **KONVERTIEREN** im Bereich **VIRTUALISIERUNG**.

Daraufhin öffnet sich ein Assistent, in dem Sie zum einen auswählen können, welchen Sicherungslauf Sie konvertieren wollen. Zum anderen nehmen Sie hier die Konvertierungseinstellungen vor, indem Sie auf der rechten Seite des Assistenten auf die Schaltfläche **BEARBEITEN** klicken.

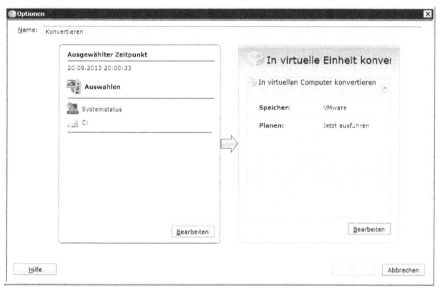

Die Registerkarten **PLANEN** und **BENACHRICHTIGUNG** entsprechen denen der normalen Sicherungsaufträge, daher werde ich hier nicht näher darauf eingehen.

In der Registerkarte **KONVERTIERUNG** geben Sie zuerst an, ob als Konvertierungsziel ein VMware ESX-Server oder ein Hyper-V-Server genutzt werden soll. Je nachdem, was Sie hier auswählen, ändert sich die Darstellung des Dialogfensters.

9.7.1 Konvertierung mit VMware als Ziel

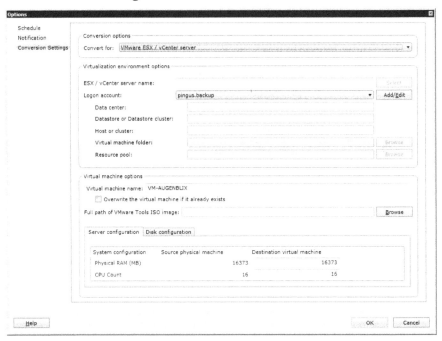

Geben Sie zuerst den Namen des ESX-Servers bzw. des vCenter Servers an, auf dem Backup Exec die virtuelle Maschine erstellen soll, und wählen Sie den dazu passenden Logon-Account aus.

Anschließend durchsuchen Sie die ESX-Umgebung, wählen das Data Center und darin den zu verwendenden Data Store aus.

Geben Sie nun einen Namen für die zukünftige virtuelle Maschine an, und bestimmen Sie, ob eine eventuell bereits existierende Maschine desselben Namens überschrieben werden soll.

Als nächstes geben Sie an, wo Backup Exec das ISO Image mit den VMware-Tools findet und überprüfen die vorgeschlagene Hardware-Konfiguration in Bezug auf RAM, CPUs und Festplattenkonfiguration.

Klicken Sie anschließend auf **OK**. Dadurch gelangen Sie wieder in den Konvertierungsauftrag zurück.

Klicken Sie hier wieder auf **OK**, um den Job zum von Ihnen angegebenen Zeitpunkt zu starten.

> **Hinweis:**
> Eventuell ist es Ihnen bereits aufgefallen: Sie können in den
> Konvertierungseinstellungen keine Netzwerk-Konfiguration für die VM
> angeben.
> Diese Einstellung müssen Sie nach dem Erstellen der VM manuell
> vornehmen, ansonsten startet die virtuelle Maschine ohne
> Netzwerkverbindung.

9.7.2 Konvertierung mit Hyper-V als Ziel

Auch hier geben Sie zuerst an, auf welchen Hyper-V-Server bzw. - Cluster konvertiert werden soll. Anschließend wählen Sie den Speicher aus, auf dem die virtuelle Maschine erstellt werden soll und geben den Logon-Account an, den Backup Exec für das Konvertieren verwenden soll.

Danach definieren Sie den Namen für die zukünftige VM und geben den Pfad an, in dem Backup Exec das ISO Image mit den Hyper-V Integration Services findet.

Zu guter Letzt überprüfen Sie die Konfiguration der zukünftigen VM in Bezug auf RAM, CPUs und Festplatten und bestätigen Ihre Angaben durch Klick auf **OK**.

Dadurch gelangen Sie zurück in den Konvertierungsauftrag. Klicken Sie hier wieder auf **OK**, um den Auftrag zur definierten Zeit zu starten.

> *Hinweis:*
> *Sie können in den Konvertierungseinstellungen keine Netzwerk-*
> *Konfiguration für die VM angeben.*
> *Diese Einstellung müssen Sie nach dem Erstellen der VM manuell*
> *vornehmen, ansonsten startet die virtuelle Maschine ohne*
> *Netzwerkverbindung.*

9.8 Wiederherstellung von Exchange-Postfächern in PST-Dateien

Backup Exec 2012 unterstützt jetzt das Wiederherstellen von Postfächern bzw. Öffentlichen Ordnern in PST-Dateien. Damit kann ein komplettes Postfach wiederhergestellt werden, ohne dass die ursprüngliche Exchange-Umgebung zur Verfügung stehen muss.

Voraussetzung hierfür ist, dass auf der Zielmaschine Outlook installiert ist.

9.9 LiveUpdate

Eine Neuerung, die längst fällig war, hält mit der Version 2012 endlich Einzug: Wenn mehrere Updates über LiveUpdate eingespielt werden, wird nur noch ein Neustart der Dienste durchgeführt und nicht mehr ein Neustart pro installiertem Update.

Außerdem wird direkt ein Hinweis eingeblendet, wenn die auf dem Backupserver installierten Updates auch für die zu sichernden Server notwendig sind. In diesem Fall können die Updates entweder sofort oder nach einem zu definierenden Zeitplan auf die Remote-Server verteilt werden.

9.10 PowerShell

Die schlechte Neuigkeit zuerst: Das Backup Exec Command Line Interface, **BEMCMD**, gibt es nicht mehr. Die gute Nachricht lautet, dass Backup Exec stattdessen eine Unterstützung für PowerShell namens BACKUP EXEC MANAGEMENT COMMAND LINE INTERFACE (**BEMCLI**) bietet, um von extern gesteuert zu werden.

Damit Sie das PowerShell-Modul nutzen können, muss die Ausführungsrichtlinie der Windows-PowerShell mindestens auf „Remote Signed" gesetzt werden, sonst schlägt das Laden des Moduls fehl.

Um diese Änderung vorzunehmen geben Sie innerhalb der PowerShell
den Befehl

```
Set-ExecutionPolicy RemoteSigned
```

ein.

Alternativ können Sie auch den Registrierungsschlüssel
**HKEY_LOCAL_MACHINE\SOFTWARE\MICROSOFT\POWERSHELL\1\SHEL
LIDS\MICROSOFT.POWERSHELL\EXECUTIONPOLICY** auf **REMOTESIGNED**
setzen.

Um das PowerShell-Modul aufzurufen, gibt es zwei Möglichkeiten:

1. Klicken Sie auf dem Backupserver auf **START - ALLE PROGRAMME
   - SYMANTEC BACKUP EXEC - BACKUP EXEC MANAGEMENT
   COMMAND LINE INTERFACE**.
2. Öffnen Sie ein PowerShell-Fenster auf dem Backupserver, und
   geben Sie folgenden Befehl ein:

```
import-module bemcli
```

Eine Liste der im BEMCLI verfügbaren Befehle und der
dazugehörenden Parameter finden Sie in der BEMCLI-Hilfe, die Sie im
Programmverzeichnis von Backup Exec als BEMCLI.CHM finden.

Hinweis:

*Sollten Sie die Befehle und Parameter lieber in Papierform haben wollen,
öffnen Sie die o.g. Datei, markieren Sie den obersten Eintrag in der
Navigation auf der linken Seite und wählen Sie im Menü den Befehl
Datei / Drucken.*

*Hierbei werden Sie gefragt, ob Sie nur den aktuell markierten Eintrag
oder auch alle Untereinträge drucken wollen. Wählen Sie einfach den
zweiten Punkt aus, und sie erhalten die komplette Befehlsreferenz.*

---

10 Neuigkeiten in Backup Exec 2012 SP2

Das Servicepack 2 für Backup Exec 2012 bringt - neben jeder Menge Fehlerbehebungen - weitere Neuigkeiten mit sich, was die Unterstützung von Applikationen und Plattformen betrifft. Diese stelle ich nun kurz vor:

10.1 Unterstützung von Windows 2012

Die wohl wichtigste Neuerung im Servicepack 2 liegt in der Unterstützung von Windows Server 2012. Allerdings nur für die Installation des Agenten, nicht für den Backupserver selbst.

Nachdem Sie das Servicepack installiert und den Backupserver durchgestartet haben, können Sie nun also Agenten auch auf Server mit Windows 2012 verteilen. Dies geschieht auf dieselbe Art und Weise, wie bei allen anderen Windows-Servern auch. Details hierzu finden Sie im Kapitel 15.7 „So verteilen Sie die Agenten auf die zu sichernden Server" auf Seite 153.

> *Hinweis:*
> *Beachten Sie bitte, dass der Remote-Agent auf Windows 2012-Servern derzeit noch zwei Einschränkungen unterliegt: zum einen wird kein SDR unterstützt, zum anderen kann die Startpartition des Servers (oft auch als „Bitlocker-Partition" bezeichnet) nicht mitgesichert werden, es sei denn, Sie vergeben einen Laufwerksbuchstaben für die Partition.*

Folgende Funktionen von Windows Server 2012 werden mit Backup Exec 2012 SP2 unterstützt:

- Deduplikation: Unter Windows Server 2012 deduplizierte Datenträger können gesichert werden, werden allerdings im nicht deduplizierten Zustand gesichert und können auch nur auf ein nicht dedupliziertes Ziel wiederhergestellt werden.
- Windows Recovery-Volume (WinRE): Die von Windows während der Installation erstellte Notfall-Bootumgebung kann jetzt mitgesichert werden.
- Native 4k-Festplatten: Festplatten im „Advanced Format", auch als „Native 4k-Festplatten" bekannt, werden jetzt sowohl für die Sicherung als auch für die Wiederherstellung unterstützt.
- Resilient Filesystem (ReFS): Das neue Datenträgerformat, das Microsoft mit Windows Server 2012 eingeführt hat, um große

Volumes verwalten zu können, wird von Backup Exec 2012 SP2 voll unterstützt.

- Hyper-V 3.0: Die neue Version der Virtualisierungsumgebung kann mit Backup Exec 2012 SP2 gesichert und wiederhergestellt werden. Weitere Informationen zum Thema Sicherung von Hyper-V 3.0 finden Sie im Kapitel 25.9 „Sichern virtueller Systemen unter Hyper-V" auf Seite 290.

10.2 Unterstützung für VMware vSphere 5.1

Mit dem Servicepack 2 für Backup Exec kommt der Support sowohl für ESX als auch für vCenter, jeweils in der Version 5.1.

10.3 Unterstützung von SQL Server 2008 R2 SP2 und SQL Server 2012 SP1

Mit dem Servicepack kommt auch die Unterstützung für die neueste Version des Microsoft SQL-Servers.

An der Sicherungsmethode in Bezug auf SQL ändert sich nichts. Weitere Hinweise zur Sicherung von SQL-Servern finden Sie im Kapitel 6.15 „SQL" auf Seite 76.

10.4 Unterstützung von Exchange Server 2010 SP3 und Exchange Server 2013

Neben der Unterstützung des aktuellen Servicepacks für Exchange 2010 bringt das Servicepack 2 für Backup Exec 2012 auch den Support für die neueste Exchange Server Version mit.

Dies allerdings mit einer wichtigen Einschränkung: Für Exchange 2013 gibt es mit Backup Exec 2012 SP2 keine Unterstützung für GRT. Sie können also aus einer bestehenden Sicherung nur ganze Datenbanken zurücksichern, keine einzelnen Postfächer oder Bestandteile derselben.

Hinweis:
Selbstverständlich können Sie jedoch die Datenbank mit den wiederherzustellenden Postfächern oder Elementen auf dem Exchange Server wiederherstellen und als Recovery-Datenbank in den Exchange einbinden, um mit Bordmitteln des Exchange Servers die Einzelelemente herauszukopieren.

10.5 Unterstützung von SharePoint Server 2013

Das Servicepack 2 für Backup Exec 2012 bringt die Unterstützung von Microsofts SharePoint Server 2013 mit, allerdings - ähnlich wie beim Exchange Server 2013 - mit der Einschränkung, dass GRT nicht funktioniert.

11 Neuigkeiten in Backup Exec 2010 SP3

Gleichzeitig mit dem Erscheinen des Servicepacks 2 für Backup Exec 2012 veröffentlicht Symantec auf das Servicepack 3 für Backup Exec 2010. Dieses bringt einige der Neuigkeiten mit sich, die auch das Servicepack 2 für Backup Exec 2012 bringt. Diese möchte ich kurz vorstellen:

11.1 Unterstützung von Windows 2012

Die wohl wichtigste Neuerung im Servicepack 3 liegt in der Unterstützung von Windows Server 2012. Allerdings nur für die Installation des Agenten, nicht für den Backupserverselbst.

Nachdem Sie das Servicepack installiert und den Backupserver durchgestartet haben, können Sie nun also Agenten auch auf Server mit Windows Server 2012 verteilen. Dies geschieht auf dieselbe Art und Weise, wie bei allen anderen Windows-Servern auch. Details hierzu finden Sie im Kapitel 15.7 „So verteilen Sie die Agenten auf die zu sichernden Server" auf Seite 153.

Hinweis:
Beachten Sie bitte, dass der Remote-Agent auf Windows 2012-Servern derzeit noch zwei Einschränkungen unterliegt: zum einen wird kein SDR unterstützt, zum anderen kann die Startpartition des Servers (oft auch als „Bitlocker-Partition" bezeichnet) nicht mitgesichert werden, es sei denn, Sie vergeben einen Laufwerksbuchstaben für die Partition.

Folgende Funktionen von Windows Server 2012 werden mit Backup Exec 2010 SP3 unterstützt:

- Deduplikation: Unter Windows Server 2012 deduplizierte Datenträger können gesichert werden, werden allerdings im nicht deduplizierten Zustand gesichert und können auch nur auf ein nicht dedupliziertes Ziel wiederhergestellt werden.
- Native 4k-Festplatten: Festplatten im „Advanced Format", auch als „Native 4k-Festplatten" bekannt, werden jetzt sowohl für die Sicherung als auch für die Wiederherstellung unterstützt.
- Resilient Filesystem (ReFS): Das neue Datenträgerformat, das Microsoft mit Windows Server 2012 eingeführt hat, um große Volumes verwalten zu können, wird von Backup Exec 2010 SP3 voll unterstützt.

- Hyper-V 3.0: Die neue Version der Virtualisierungsumgebung kann mit Backup Exec 2010 SP3 gesichert und wiederhergestellt werden.
  Dies allerdings mit einer wichtigen Einschränkung: Für Hyper-V 3.0 gibt es mit Backup Exec 2010 SP3 keine Unterstützung für GRT. Sie können also aus einer bestehenden Sicherung nur ganze virtuelle Maschinen bzw. Festplatten zurücksichern, keine einzelnen Dateien oder Applikationsbestandteile.
  Weitere Informationen zum Thema Sicherung von Hyper-V 3.0 finden Sie im Kapitel 25.9 „Sichern virtueller Systemen unter Hyper-V" auf Seite 290.

11.2 Unterstützung für VMware vSphere 5.1

Mit dem Servicepack 3 für Backup Exec 2010 kommt der Support sowohl für ESX als auch für vCenter, jeweils in der Version 5.1.

11.3 Unterstützung von SQL Server 2008 R2 SP1, SP2 und SQL Server 2012 SP1

Mit dem Servicepack kommt auch die Unterstützung für die neueste Version des Microsoft SQL-Servers.

An der Sicherungsmethode in Bezug auf SQL ändert sich nichts. Weitere Hinweise zur Sicherung von SQL-Servern finden Sie im Kapitel 6.15 „SQL" auf Seite 76.

11.4 Unterstützung von Exchange Server 2010 SP3

Backup Exec 2010 Servicepack 3 unterstützt das Servicepack 3 von Exchange Server 2010.

12 Einrichtungsszenarien für Backup Exec

In diesem Kapitel zeige ich an einigen Beispielen auf, wie Backup Exec für unterschiedliche Einsatzzwecke konfiguriert werden kann.

12.1 Backup Exec und virtuelle Small Business Server

In der Vergangenheit gab es immer wieder die Frage, wie man Backup Exec in einem SBS-Netzwerk konfigurieren solle, wenn der SBS als virtuelle Maschine aufgesetzt wurde.
Begründet wurde die Frage durch die Tatsache, dass man an eine virtuelle Maschine keine Bandlaufwerke „anschließen" kann.
Daher war immer die Frage, ob es nicht eine Lösung wäre, den Backup Exec Backupserver auf dem physikalischen Host zu installieren. Leider war dies bis zur Backup Exec Version 2010 R1 nicht möglich, da sich die Small Business Server Version von Backup Exec nur direkt auf dem SBS installieren ließ. Man wäre also gezwungen gewesen, nicht nur den Backupserver zu kaufen, sondern zusätzlich den Exchange-, den SQL- und den SharePoint-Agenten, um den SBS quasi von außen zu sichern. Damit war diese Version preislich nicht mehr attraktiv.

Um es kurz zu machen, Symantec hat mit der Version 2010 R2 von Backup Exec das Lizenzmodell zum Thema SBS geändert: Sie dürfen (und können) die SBS-Variante von Backup Exec nun auch auf dem physikalischen Host installieren, auf dem der SBS als virtuelle Maschine läuft.
Voraussetzung ist, dass der virtuelle SBS während der Installation von Backup Exec laufen und vom physikalischen Host aus erreichbar sein muss, damit die Installationsroutine die Eingabe des SBS-Lizenzschlüssels akzeptiert.

12.2 Backup Exec ohne Bandlaufwerk

Viele kleine Unternehmen, mit denen ich in den vergangenen Jahren zu tun hatte, scheuen die Anschaffung von Bandlaufwerken bzw. Libraries. Dies lag zum einen an den verhältnismäßig hohen Anschaffungskosten für diese Geräte und zum anderen am Verwaltungsaufwand, der sich aus dem täglichen Betrieb eines bandbasierten Backupsystems ergibt. (Bänder wechseln etc.)

In Backup Exec 2012 gibt es nun eine Alternative, die Unternehmen entgegen kommt, die vor diesem Problem stehen.

Die Lösung, von der ich spreche, besteht in der Möglichkeit, die Daten nicht mehr auf Bänder auszulagern, sondern auf Speicherplatz bei einem Dienstleister.

Ich sehe bereits Ihr entsetztes Gesicht vor mir: Ich soll meine Daten aus der Hand geben und irgendwo ins Internet hochladen?

Keine Sorge, ich gehöre zu der Gruppe von Menschen - wie die meisten von Ihnen sicherlich auch -, die das Internet definitiv nicht als sicheren Speicherort für Daten ansehen.

Vielmehr geht es hier um die Idee, dass ein Dienstleister Ihres Vertrauens Ihnen Speicherplatz zur Verfügung stellt. Auf diesen Speicherplatz kopiert Ihr lokaler Backupserver die gesicherten Daten. Damit erfüllen Sie die Anforderungen an eine Datensicherung, die die Backups in einem gesonderten Brandschutzbereich aufbewahrt, haben aber keinen Verwaltungsaufwand mit Bändern.

Wenn Sie jetzt Bedenken wegen der hierzu notwendigen Bandbreite Ihrer Internetleitung haben, kann ich Sie beruhigen. Wir sprechen in diesem Szenario nicht davon, die kompletten Dateien Ihres täglichen Backups zum Anbieter zu kopieren, sondern über die sogenannte „Optimierte Duplizierung" nur diejenigen Datenblöcke, die sich wirklich verändert haben.

Hinweis:
Genaue Details zu diesem Thema finden Sie im Kapitel 6.4.4 „Optimierte Duplizierung" auf Seite 59.

12.3 Backup Exec in größeren Umgebungen

Wenn in Ihrem Unternehmen die zu sichernde Datenmenge steigt, werden Sie irgendwann vor der Situation stehen, dass Ihr Backupserver die Sicherung nicht mehr innerhalb des vorgegebenen Sicherungszeitfensters beenden kann.
Sie können nun natürlich die Datenmenge reduzieren, was aber sicherlich keine gute Idee ist.

Viel eher sollten Sie darüber nachdenken, einen weiteren Backupserver zum Einsatz zu bringen um dadurch eine Art Lastverteilung zu erreichen.

Dieser zweite Backupserver erhält seinen eigenen Deduplizierungsspeicher und ggf. Zugriff auf Ihre Bandbibliothek. Damit kann der neue Server parallel zum ersten arbeiten. Damit die

Verwaltung der beiden Server vereinfacht wird, sollten Sie an dieser Stelle eine Enterprise Server Option (ESO) kaufen und einen Central Admin Server zum Einsatz bringen.

12.4 Backup Exec in verteilten Umgebungen

Der Aufbau einer zentralen Datensicherung, die die Systeme mehrerer Standorte abdeckt, ist eine Aufgabe, die einiger Vorbereitung bedarf.

Im ersten Schritt ist festzulegen, welcher der Firmenstandorte als Mittelpunkt der Datensicherung dienen soll. In vielen Fällen wird dies aus rein organisatorischen Gründen die Zentrale des Unternehmens sein. Es gibt aber u. U. auch Gründe, die Datensicherung ganz bewusst an einen anderen Standort zu verlegen. Hierbei sind Attribute zu beachten wie die Anbindung der Standorte an die weiterführende Infrastruktur. Außerdem: Welche Leitungskapazitäten stehen zur Verfügung? Gibt es redundante Verbindungen? Welche Datenmengen müssen in welcher Zeit gesichert werden?

Ist die Frage des Standorts geklärt, gilt es herauszufinden, welche Datentypen sich an den entfernten Standorten befinden, ob diese wirklich dort vorgehalten werden müssen und wenn ja, welche Anforderungen an eine Sicherung dieser Daten dann für den jeweiligen Standort bestehen.

Hierbei spielen sicherlich auch Überlegungen eine Rolle, die die strategische Ausrichtung der IT im Unternehmen betreffen. So kann es u. U. sinnvoll sein, einzelne Außenstellen auf Terminalserver umzustellen, die sich in der Zentrale befinden. Damit wird das lokale Vorhalten von Daten in der Außenstelle unnötig, und es ist dort auch keine Datensicherung mehr notwendig.

Steht fest, welche Daten in welcher Außenstelle anfallen und wie diese gesichert werden sollen, kann über das Anschaffen bzw. Einrichten der Sicherungs-Hard- und -Software nachgedacht werden. Prinzipiell gelten hier ähnliche Voraussetzungen wie beider Sicherungsumgebung für den zentralen Standort des Unternehmens. Allerdings wird es in vielen Fällen so sein, dass sich in den dezentralen Niederlassungen der Firma kein IT-Personal befindet und dass die Datensicherung daher nicht lokal betreut werden kann.

> **Aus der Praxis:**
> In vielen Fällen erweist sich schon das tägliche Wechseln der
> Magnetbänder für die Datensicherung in den Außenstellen als
> unlösbares Problem. Daher fällt die Sicherung an diesen Standorten
> überdurchschnittlich oft aus, wodurch irgendwann die Frage nach dem
> Sinn der Sicherung gestellt werden muss.

Es ist daher sinnvoll, beim Planen der Datensicherung von Außenstellen
über ein Modell nachzudenken, bei dem keine lokale Intervention
notwendig ist, um den Erfolg der Datensicherung zu gewährleisten.
Damit fällt das lokale Sichern auf Magnetbändern aus, es wird also eine
andere Möglichkeit benötigt, um ein Auslagern der Daten
durchzuführen.

Hierbei kommt es u. a. an auf die Größe der entfernten Niederlassung,
die Menge der dort vorgehaltenen Daten, sowie Art und Bandbreite der
Anbindung an die Zentrale des Unternehmens.

Betrachten wir diese unterschiedlichen Sicherungsansätze einmal im
Detail:

12.4.1 Entfernte Remote Agenten

Sollte sich die Datenmenge am entfernten Standort gering sein und auf
wenige Server beschränken, kann es eine Variante sein, auf diesem
Server / diesen Servern schlicht einen Remote-Agenten zu installieren
und ihn bzw. sie in die reguläre Sicherung Ihres Hauptstandorts mit
aufzunehmen.

Wirklich sinnvoll ist dies aber nur bei Verwenden der clientseitigen
Deduplizierung. Lesen Sie hierzu die Hinweise im Kapitel 6.4.2
„Clientseitige Deduplizierung" auf Seite 57.

12.4.2 Zentrale Datensicherung mit verwalteten Backupservern

Sind die in den Außenstellen zu sichernden Datenmengen jedoch
größer, wird der Ansatz der entfernten Remote-Agenten schnell an
seine Grenzen stoßen.

Gehen wir im folgenden Beispiel einmal davon aus, dass in den zu
sichernden Standorten nennenswert viele Daten liegen, Sie aber über
kein IT-Personal an diesen Standorten verfügen.

In diesem Fall sollten Sie darüber nachdenken, an jedem Standort einen
Backupserver aufzubauen, der ohne lokale Betreuung betrieben
werden kann. Damit fällt der Einsatz von Bandlaufwerken aus, da

niemand vor Ort ist, der sich zuverlässig um das Wechseln der Bänder kümmern kann.

Für diesen Zweck hat Symantec ein Verfahren entwickelt, das sich „Optimierte Duplizierung" nennt. Ohne hier alle Details erklären zu wollen - Sie finden diese im Kapitel 6.4.4 „Optimierte Duplizierung" auf Seite 59 - hier trotzdem kurz die Idee dahinter:

Am entfernten Standort wird ein Backupserver aufgebaut, der die dort befindlichen Ressourcen in einen Deduplizierungsspeicher sichert. Anschließend werden die bereits deduplizierten Daten über die WAN-Leitung zum Hauptstandort kopiert und dort ebenfalls in einem Deduplizierungsspeicher abgelegt. Damit wird WAN-Leitung so gering wie möglich belastet.

In diesem Beispiel müssen Sie einen Central Admin Server installieren, auf dem die Aufträge für alle Standorte erstellt und überwacht werden. Damit ist an den Backupservern in den Außenstellen kein Eingriff erforderlich.

Nur durch den Einsatz der CASO ist ein gemeinsamer Zugriff über das Netzwerk auf die Deduplizierungsspeicher der anderen Backupserver möglich.

12.4.3 Zentrales Monitoring, dezentrales Management

Sollten Sie in Ihren Außenstellen über eigenes IT-Personal verfügen, könnte der folgende Ansatz vielleicht für Sie interessant sein:

Installieren Sie an jedem Standort einen Backupserver, und betrachten Sie alle Standorte als eigenständige, voneinander unabhängige Einheiten.

Dieser Ansatz ist sicherlich derjenige mit dem größten Aufwand an Personal und Ressourcen. Es kann aber durchaus sein, dass dieser Ansatz dennoch sinnvoll ist. So mag es u. U. der einzige Ansatz sein, wenn der zu betrachtende Standort sehr groß ist und Sie, aus welchen Gründen auch immer, die Verantwortung für die Datensicherung des Standorts nicht übernehmen können, wollen oder dürfen.

Sollten Sie in diesem Szenario den Wunsch haben, zumindest eine zentrale Überwachung Ihrer Backup-Umgebungen zu erhalten, besteht die Möglichkeit, einen Central Admin Server (CAS) zu installieren und alle Backupserver in Managed Backup Exec Server (MBES) umzuwandeln.

Sie haben dabei die Möglichkeit, den CAS nur zu Monitoring-Zwecken zu verwenden und das Erstellen und Betreuen von Aufträgen nach wie vor dezentral durchzuführen.

Details dazu finden Sie im Kapitel 6.3 „Central Admin Server Option (CASO)" auf Seite 53.

12.4.4 Einsatz von Hardware-Lösungen zur Optimierung von WAN-Leitungen

Es gibt eine Möglichkeit, die Datenübertragung zwischen den einzelnen Standorten zu optimieren, den ich hier aber nur kurz anreißen möchte, weil es über den Rahmen dieses Buchs hinausginge, alle Details zu erläutern.

Ich spreche vom Einsatz so genannter WAN-Beschleuniger.

Diese Geräte verwenden eine Art Deduplikation von IP-Paketen. Dabei arbeiten die Geräte paarweise zusammen und lernen anhand der von ihnen übermittelten Daten, welche Datensequenzen häufiger transportiert werden. Solch eine Sequenz wird von dem Gerät auf der sendenden Seite durch eine Variable ersetzt. Auf der Zielseite wird die Variable wieder in die ursprüngliche Datensequenz zurückgewandelt. Auf diese Weise wird die zwischen den beiden Standorten zu übermittelnde Datenmenge deutlich reduziert.

Diese Geräte verfügen zusätzlich noch über viele andere Technologien, um die Datenmenge zu verringern. Doch wie gesagt, das würde den Rahmen dieses Buches sprengen.

Wenn Sie weitere Details zu diesen Systemen erfahren möchten, kann ich Ihnen folgenden Wikipedia-Artikel empfehlen: http://de.wikipedia.org/wiki/WAN-Optimierung

12.5 Backup Exec in Umgebungen mit erhöhten Anforderungen an Geschwindigkeit

Wenn Sie in Ihrem Unternehmen strenge Anforderungen an die Performance Ihrer Backup-Umgebung haben, werden Sie feststellen, dass der große Vorteil der Deduplizierungsspeicher das Einsparen von Speicherplatz für die Datensicherung ist.
Ein entscheidender Nachteil ist jedoch, dass die Performance dieser Geräte spätestens dann nachlässt, wenn Sie versuchen, gleichzeitig darauf zu schreiben und zu lesen.

Damit stellen sich Deduplizierungsspeicher in größeren Umgebungen immer öfter als ungeeignet heraus, um sowohl als primäres Speicherziel zu dienen, als auch als Quelle für eine Datenduplizierung auf Band. Sollten Sie diesen Punkt erreicht haben (oder absehen können, dass diese Problematik auf Sie zukommt) könnte Sie das folgende Konfigurationsmodell interessieren:

Sie konfigurieren Ihren Backupserver so, dass er über mindestens zwei Datenlaufwerke verfügt. Auf dem einen legen Sie einen klassischen Backup-To-Disk-Ordner an, auf dem anderen einen Deduplizierungsspeicher.

Als primäres Speicherziel für Ihre täglichen Datensicherungen verwenden Sie den klassischen Backup-To-Disk-Ordner, heben die Daten hier aber nur für beispielsweise zwei Tage auf. Innerhalb dieses Zeitraums kopieren Sie die eingegangenen Daten in den Deduplizierungsspeicher, um sie dort für ein paar Wochen für die Wiederherstellung vorzuhalten.

Ressourcen, für die Sie keine schnelle Rücksicherung benötigen oder für die Sie die Clientseitige Deduplizierung verwenden wollen oder müssen, lassen Sie direkt in den Deduplizierungsspeicher sichern. Als Beispiel muss hier wieder mein geliebtes Installations-Verzeichnis herhalten.

Parallel dazu kopieren Sie die Daten zusätzlich auf Ihre Library und lagern die verwendeten Bänder in einem anderen Brandabschnitt oder sogar außerhalb Ihres Unternehmens auf:

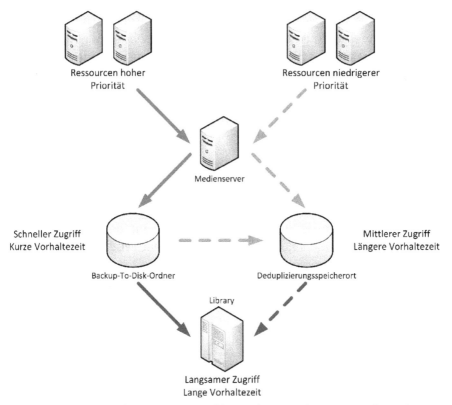

Ressourcen hoher
Priorität

Ressourcen niedrigerer
Priorität

Medienserver

Schneller Zugriff
Kurze Vorhaltezeit

Mittlerer Zugriff
Längere Vorhaltezeit

Backup-To-Disk-Ordner

Deduplizierungsspeicherort

Library

Langsamer Zugriff
Lange Vorhaltezeit

Vorteil: Der Datendurchsatz eines klassischen Backup-To-Disk-Ordners ist ungefähr dreimal so hoch, wie der eines Deduplizierungsspeichers auf derselben Hardware. Damit stellt das Kopieren der Daten auf Band keine große Herausforderung mehr dar, ebenso wenig wie das schnelle Zurückspielen gerade gelöschter Dateien. Für den erweiterten Sicherungszeitraum von einigen Wochen steht Ihnen der Deduplizierungsspeicher zur Verfügung, so dass Sie nur im wirklichen Notfall oder für das Wiederherstellen vor langer Zeit gelöschter Dateien auf Ihre Magnetbänder zurückgreifen müssen.

Nachteil: Sie haben für den Speicherplatz Ihrer Backup-Umgebung deutlich höhere Anschaffungskosten.

12.6 Backup Exec in hochverfügbar

Wie bereits festgestellt, gehört die Datensicherung zu den unternehmenskritischen Anwendungen. Daher machen sich immer mehr Firmen Gedanken darüber, die Datensicherung an sich abzusichern bzw. deren Verfügbarkeit zu erhöhen.

Eine der Varianten hierzu ist die Möglichkeit, Backup Exec in einem Cluster zu betreiben. Ohne an dieser Stelle zu tief in das Thema Cluster einsteigen zu wollen, sei gesagt, dass Sie Backup Exec in einem klassischen Microsoft Failover Cluster betreiben können.

Sie benötigen dafür mindestens zwei Maschinen mit clusterfähigem Betriebssystem und einen gemeinsam nutzbaren Speicherbereich, auf dem die Datenbank von Backup Exec und etwaige Backup-To-Disk-Ordner abgelegt werden können.

Weitere Details zur Installation von Backup Exec im Cluster finden Sie im Admin-Handbuch von Backup Exec.

13 Der Umgang mit der Hardware

13.1 Bandlaufwerke

Bandlaufwerke stellen auch in der heutigen Zeit noch das wohl wichtigste Sicherungsgerät dar. Zum einen haben die Magnetbänder, die in den Bandlaufwerken verwendet werden, einen sehr niedrigen Preis pro Terabyte, zum anderen sind die Geräte sehr robust, zuverlässig und langlebig.

Allerdings haben sie auch ihre Nachteile: Da Magnetbänder nur sequentiell gelesen und geschrieben werden können, kann beim Einsatz von Backup Exec immer nur ein Datenstrom gleichzeitig verarbeitet werden.

Etwaige weitere Aufträge werden in eine Warteschlange eingereiht und nach Freiwerden des Laufwerks der Reihe nach abgearbeitet.

Außerdem haben Magnetbänder im Gegensatz zu Festplatten sehr lange Positionierungszeiten zum Auffinden einzelner Dateien auf dem Medium.

Während bei einer Festplatte innerhalb von Sekundenbruchteilen jeder beliebige Sektor angesprochen werden kann, sind bei Magnetbändern oft mehrere Minuten Wartens erforderlich, bis das Band zu der Stelle gespult wurde, an der sich die gesuchten Daten befinden.

Ein weiterer Nachteil von Bandlaufwerken besteht in der Tatsache, dass die Laufwerke nur mit einer festgelegten Geschwindigkeit schreiben können.

Reißt der Datenstrom während des Schreibvorgangs ab, hält das Laufwerk an und spult bis zum letzten geschriebenen Datensatz zurück. An dieser Position wartet es, bis der interne Puffer wieder mit ausreichend Daten gefüllt wurde und schreibt dann weiter.

Je schneller das Bandlaufwerk, desto schneller müssen also auch die Daten angeliefert werden, um ein permanentes Schreiben des Laufwerks, das sogenannte „Streaming" zu ermöglichen.

Daher führte der Umstand der immer schneller werdenden Bandlaufwerke schon vor Jahren zu der Situation, dass es nicht mehr möglich war, die Datensicherung über Gigabit-Netzwerke zu betreiben und dabei das Bandlaufwerk am Schreiben zu halten.

Aus dieser Situation gab es zwei Auswege: Verbreitern der Bandbreite der internen Netzwerke auf z. B. 10-GBit oder Zwischenspeichern der

Daten auf lokalen Datenträgern des Backupservers, um sie anschließend mit hoher Geschwindigkeit an das Bandlaufwerk geben zu können.

Da die Verbreiterung der Netzwerke das Problem nur verschoben, nicht aber gelöst hätte, entschieden sich sowohl die Hersteller der Sicherungssysteme, als auch die Endkunden dafür, ein zweistufiges Sicherungsmodell zu etablieren.

Dieses Prinzip der Sicherung von Festplatte auf Festplatte auf Band, auch Backup-To-Disk-To-Tape (B2D2T) genannt, stellt heute praktisch den Standard der Datensicherung dar.

13.1.1 Performance-Tuning für Bandlaufwerke

Seit einigen Jahren unterstützt Backup Exec die Verwendung von Treibern für Bandlaufwerke, die im Benutzermodus laufen. Im Gegensatz zu Treibern im Kernelmodus, die eine maximale Blockgröße von 64KB ermöglichten, können die Benutzermodus-Treiber bis zu 1MB Blockgrößen verkraften.

Die besten Ergebnisse, also den besten Datendurchsatz, bei der Verwendung von LTO 4 und 5 habe ich mit 512KB Blockgröße und ebenfalls 512KB Puffergröße gemacht.

Hinweis:
Wenn Sie die zu verwendende Blockgröße ändern, wird es bei Wiederherstellungsaufträgen von Bändern mit den alten Einstellungen (64KB) zu Problemen kommen.
Sie sollten daher die Umstellung auf die höheren Werte zu einem Zeitpunkt durchführen, an den Sie sich erinnern können, beispielsweise an einem Jahreswechsel.
Sollten Sie zu einem späteren Zeitpunkt einen Wiederherstellungsauftrag von Bändern ausführen müssen, die vor diesem Stichtag beschrieben wurden, ändern Sie einfach die Block- und Puffergröße auf 64KB, machen die Wiederherstellung und stellen anschließend - vor dem nächsten Sicherungsauftrag - wieder den „richtigen" Wert ein.

13.2 Bandbibliotheken (Libraries)

Bandbibliotheken sind Systeme, die aus drei Gerätegruppen bestehen. Erstens den Bandschächten, einfachen Regalfächern, in die die Medien einsortiert werden. Zweitens einem oder mehreren Bandlaufwerken, die sich im Inneren der Bibliothek befinden und drittens einem mobilen

Greifarm, der die Medien aus ihren Schächten in die Laufwerke und zurück transportiert. All diese Geräte werden über eine Logik gesteuert, die von außen Befehle entgegennehmen kann. Dadurch ist eine Software wie Backup Exec in der Lage, ein bestimmtes Band in ein definiertes Laufwerk einlegen zu lassen, um anschließend Daten auf dieses Medium zu schreiben.

Bandbibliotheken gibt es in den unterschiedlichsten Größen und Bauformen, von kleinen Autoloadern mit einem Laufwerk und acht Bandschächten bis hin zu Geräten mit einigen hundert Laufwerken und zehntausenden Bandschächten.

13.2.1 Verwaltungsaufgaben im Zusammenhang mit Libraries

Beim Verwenden von Bandbibliotheken gibt es ein paar Aufgaben, die im Folgenden beschrieben werden sollen:

- Import: Das Einlegen von Bändern in eine Bandbibliothek erfolgt über Import-Aufträge. Dabei werden die Bänder, die sich im Ladeschacht der Bibliothek befinden, in freie Bandschächte transportiert.
- Export: Beim Export werden Bänder aus ihren Schächten in den Ladeschacht der Bibliothek verschoben, damit sie vom Administrator aus dem System entfernt werden können, um sie z. B. in einen Tresor zu verbringen.
- Reinigen: Die Bandlaufwerke verschmutzen mit der Zeit durch Abrieb der Bänder oder Staub in der Umgebungsluft. Daher müssen sie ab und an gereinigt werden.
  Die Reinigung kann entweder über die Firmware der Bandbibliothek selbst erfolgen oder Sie können in Backup Exec einen Reinigungsauftrag erstellen, der diese Funktion übernimmt.

Aus der Praxis:
Ich persönlich ziehe die Reinigungsfunktion der Bandbibliotheken einem Sicherungsauftrag in Backup Exec vor. Dies liegt daran, dass die Bibliothek das Laufwerk dann reinigt, wenn das Laufwerk einen bestimmten Verschmutzungsgrad feststellt und die Reinigung anfordert. Im Gegensatz dazu kann ein Sicherungsauftrag in Backup Exec nur zeitgesteuert eingerichtet werden. Daher kann es dazu kommen, dass Sie das Laufwerk zu häufig reinigen, was zu einem schnellen Verschleiß des Reinigungsbands führt oder dass die Reinigung zu selten erfolgt, was u. U. Schreib- oder Lesefehler auf den Medien zur Folge haben kann.

Hinweis:
Die hardwareseitige Reinigung hat auch einen Nachteil: Sie kann zu einem Auftragsabbruch in Backup Exec führen, wenn die Reinigung während eines Auftrags angefordert und durchgeführt wird.

- Sperren und Entsperren: Bandbibliotheken sind standardmäßig gegen unrechtmäßigen Zugriff von außen dadurch geschützt, dass alle Magazine verriegelt werden, wenn das System arbeitsbereit ist. Beim Start von Backup Exec übernimmt die Software die Steuerung der elektronischen Verriegelung. In einigen Situationen kann es aber hilfreich sein, die Bibliothek zu öffnen, z. B. um eine größere Anzahl Medien einzulegen. Dazu kann in Backup Exec der Befehl „Entsperren" abgesetzt werden, woraufhin die Magazine an der Bibliothek selbst entriegelt und herausgezogen werden können.
  Nachdem der Eingriff durchgeführt und die Magazine wieder in die Bibliothek eingesetzt wurden, muss in Backup Exec der Befehl „Sperren" abgesetzt werden, damit die logische Kontrolle wieder übernommen wird.

Hinweis:
Im entsperrten Zustand kann Backup Exec nicht dafür garantieren, dass sein logisches Inventar der Library, also die Information, in welchem Schacht sich welches Band befindet, aktuell ist. Daher ist es nach einer Entsperrung der Bibliothek notwendig, einen Inventarisierungsauftrag laufen zu lassen.

13.2.2 Partitionieren von Wechslern

Sie können in Backup Exec die Bandschächte ihrer Bandbibliothek in mehrere Gruppen, sogenannten Partitionen zusammenfassen. Jede dieser Partitionen können Sie anschließend als Sicherungsziel für Ihre Aufträge festlegen.

In den meisten Fällen wird die Unterteilung durchgeführt, weil die Administratoren den Wunsch verspüren, wissen zu wollen, auf welchem Medium sich welche Sicherung befindet. Daher werden z. B. die Vollbackups auf die „linken" und die inkrementellen Sicherungen auf die „rechten" Bänder in der Bibliothek geleitet, oder es besteht sogar eine Partition für die Sicherung jedes Wochentags.

Ich persönlich kann mich mit dem Partitionieren von Bibliotheken nicht anfreunden, da dies meines Erachtens zu viele Nachteile mit sich bringt:

- Backup Exec verwendet bei einem Auftrag nur Medien, die sich im Zielgerät befinden. Im Falle einer partitionierten Bandbibliothek sind das die Bänder innerhalb der zugewiesenen Partition. Sollte innerhalb der Partition kein Band gefunden werden, an das angehangen werden oder das überschrieben werden kann, wird der Auftrag abgebrochen. Das gilt übrigens auch, wenn in einer anderen Partition noch freie Medien vorliegen.
- Sie können einem Auftrag nur ein Zielgerät zuweisen. Haben Sie nun unterschiedliche Partitionen für die Sicherungen am Montag und Dienstag erstellt, müssen Sie für jeden Wochentag einen eigenen Sicherungsauftrag erstellen.

13.3 Plattensysteme

13.3.1 Blockgrößen oder „das richtige Format"

Um im späteren Betrieb der Backup-Umgebung die größtmögliche Performance zu erreichen, müssen einige Dinge bereits bei der Grundeinrichtung beachtet werden.

Hierzu zählt die Einrichtung der Datenträger, bei der die richtige Blockgröße gewählt werden muss. Wo genau Sie diese einstellen, ist von Ihrem Hardwareanbieter abhängig. Prinzipiell sollten Sie aber darauf achten, sowohl auf Ebene der Festplatten-Arrays, als auch bei der Einrichtung LUNs und letztendlich beim Formatieren unter Windows übereinstimmende Einstellungen vorzunehmen.

Da wir im Backup-To-Disk-Umfeld ausschließlich mit großen Dateien umgehen müssen, ist es sinnvoll, ausreichend große Blöcke zu wählen. Falsch dimensionierte Blöcke wären an dieser Stelle eher hinderlich.

Selbst in einem von Backup Exec erstellten Deduplizierungsspeicher sind die einzelnen Dateisegmente 128kB groß. Stellen Sie daher sowohl bei der Einrichtung Ihrer Hardware, als auch unter Windows eine Blockgröße von 64k ein. Da Windows keine größeren Blöcke kennt, ist es nicht sinnvoll, auf Hardware-Ebene einen höheren Wert einzustellen; Sie würden dadurch nur Plattenplatz verschenken.

Außerdem sollten Sie die Datenträger, auf denen Sie die Sicherungsdaten ablegen, bei der Initialisierung unter Windows als GPT-Datenträger anlegen. Nur dann haben Sie die Möglichkeit, Datenträger mit mehr als zwei Terabyte zu verwenden.

13.3.2 Deduplizierungs-Ordner

Deduplizierungs-Ordner stellen das standardmäßige Sicherungsziel von Backup Exec 2012 dar. Voraussetzung für ihren Einsatz ist die Existenz einer Lizenz für die Deduplizierungs-Option.

Sie können pro Backupserver genau einen Deduplizierungs-Ordner erstellen. Der Ordner muss auf einem lokalen Plattensystem des Backupservers erstellt werden (DAS oder SAN), und der maximale Speicherbereich ist auf 32 Terabyte festgelegt.

Die für die Verwaltung der Prüfsummen der einzelnen Datensegmente erforderliche Datenbank wird von Backup Exec automatisch innerhalb der Verzeichnisstruktur des Deduplizierungs-Ordners erstellt.

> **Hinweis:**
> *Bitte beachten Sie, dass Backup Exec einen Deduplizierungsspeicher auf maximal 95% des freien Speichers der Festplatte ausdehnt. Sie sollten also die Platte immer größer erstellen, als der von Ihnen für die Deduplizierung vorgesehene Speicherplatz.*

Wenn Sie vorhaben, mehr als nur ein paar Gigabyte an Daten in Ihrem Deduplizierungsspeicher abzulegen und u. U. sogar mit mehreren Aufträgen gleichzeitig auf diesen zugreifen zu wollen, sollten Sie hier auf den Einsatz schneller Festplatten achten.

Bedenken Sie bei der Dimensionierung des Deduplizierungsspeichers bitte folgendes: Jeder schreibende Zugriff auf den Speicher erfordert eine Datenbankabfrage, ob sich das zu schreibende Element bereits im

Speicher befindet oder nicht. Da wir hier von kleinen Blöcken (128 kB) sprechen, wird die Anzahl dieser Datenbank-Abfragen ziemlich hoch sein.

Greifen Sie lesend auf den Deduplizierungsspeicher zu, hat dies normalerweise einen der folgenden Gründe: Sie möchten Ihre Daten auf ein zweites Gerät kopieren, z. B. auf Band. Alternativ stehen Sie vor einer Wiederherstellung von Dateien aus dem Deduplizierungsspeicher.

In beiden Fällen müssen die im Speicher befindlichen Dateien zuerst zusammengesetzt werden. Im Klartext wird eine Datenbank-Abfrage gestartet, aus welchen Blöcken sich die gewünschte Datei zusammensetzt. Dann wird ermittelt, in welchen Containerdateien sich die gesuchten Blöcke befinden. Nun werden diese Container geöffnet und die Blöcke ausgelesen.

Erst nachdem alle diese Schritte erfolgt sind, kann die Datei an das Zielsystem übermittelt werden.

Wenn Sie dies im Hinterkopf behalten, werden Sie verstehen, warum ich Ihnen dringend ans Herz lege, Ihre Deduplizierungsspeicher auf schnelle Festplatten zu legen und die Volumes dieser Speicher idealerweise auch auf möglichst viele Spindeln zu verteilen, um die höchstmögliche Geschwindigkeit zu erreichen.

Natürlich kostet das Geld. Aber schließlich sparen Sie durch die Verwendung des Deduplizierungsspeichers viel Geld bei der Hardwarebeschaffung.

13.3.3 Backup-To-Disk-Ordner

Zusätzlich zu den Deduplizierungs-Ordnern werden klassische Backup-To-Disk-Ordner in Backup Exec 2012 weiterhin unterstützt.

Backup Exec verwaltet Backup-To-Disk-Ordner so, als ob es sich bei Ihnen um physikalische Bandbibliotheken handelte. Um dies zu verdeutlichen, schauen wir uns die Konfigurationseinstellungen eines Backup-To-Disk-Ordners einmal im Detail an:

Die wichtigsten zwei Dinge, die Sie hier einstellen können, sind die Folgenden:

- Die maximale Dateigröße der Backup-To-Disk-Dateien (.BKF-Dateien). Dies entspricht der Größe der Bänder in einer Bandbibliothek
- Die Anzahl der gleichzeitig zugelassenen Vorgänge, was der Anzahl der Bandlaufwerke in einer Bandbibliothek entspricht.

Einerseits wird jede .BKF-Datei von Backup Exec so behandelt, als ob es sich um eine Bandkassette handelte. Andererseits wird, ebenso wie bei Magnetbändern, ein neues Medium geladen, wenn das aktuell verwendete voll ist. Daher ist es nicht erforderlich, die Größe der Sicherungsdateien an die Größe Ihrer Sicherungsaufträge anzupassen.

Über den Konfigurationspunkt SPEICHERPLATZ BIS ZUR MAXIMALEN DATEIGRÖSSE INKREMENTELL IM VORAUS ZUORDNEN können Sie definieren, ob (und falls ja, in welchen Schritten) Backup Exec die zu erstellenden .BKF-Dateien schon bei der Erstellung mit einer definierten Größe einrichten soll. Ist dieser Punkt auf DEAKTIVIERT gesetzt, werden die Dateien „leer" erzeugt und wachsen einfach analog der Menge der gesicherten Daten an.

Aktivieren Sie diese Option, werden die Dateien in der hier vorgegebenen Größe erstellt und in den hier angegebenen Schritten vergrößert, bis sie die Maximalgröße erreichen.

Hintergrund dieser Einstellung ist, dass das automatische Wachstum der Dateien dazu führt, dass die Dateien alle eine unterschiedliche Größe haben. Zumindest, bis sie die maximale Größe erreicht haben. Diese unterschiedlichen Größen führen wiederum dazu, dass eine neu zu erstellende Datei eine ältere (zum Überschreiben freigegebene) Datei nicht eins zu eins ersetzt, sondern größer sein kann. In diesem Fall wird die Datei fragmentiert, also in mehreren Teilen auf der Festplatte abgelegt. Haben Sie im Laufe der Zeit viele solcher fragmentierten Dateien in Ihrem Backup-To-Disk-Ordner, bremsen diese Dateien durch die häufigen Suchzeiten der Festplatten das Gesamtsystem aus.

13.4 Freigeben von Speichergeräten

Vorausgesetzt, Sie verwenden die Central Admin Server Option (CASO), können Sie Backup-To-Disk-Geräte und Deduplizierungsspeicher freigeben, so dass andere Backupserver über das Netzwerk auf diese zugreifen können.
Diese Freigabe hat nichts mit den von Windows bekannten Netzwerkfreigaben zu tun.

Nachdem ein Speichergerät freigegeben wurde, können Sie in den Eigenschaften des Geräts eintragen, welche Backupserver auf das Gerät zugreifen dürfen.

Außerdem wird die Freigabe auch dann verwendet, wenn Sie einen Backup-Auftrag konfigurieren und dabei die Option „Clientseitige Deduplizierung" auswählen.

In jedem Fall müssen nach dem Hinzufügen eines Servers zu einer Freigabe die Backup Exec-Dienste des Servers neugestartet werden, der die Freigabe bereitstellt. Erst dadurch wird die Freigabe für den gerade hinzugefügten Server aktiv.

Sie benötigen solch eine Freigabe zum Beispiel, um eine optimierte Duplizierung durchzuführen. In diesem Fall muss der Server, der als primäres Ziel der Sicherung dient, auf den Deduplizierungsspeicher des Servers zugreifen, auf dem die Kopie abgelegt werden soll.

Weitere Hinweise zum Thema Optimierte Duplizierung finden Sie im Kapitel 6.4.4 „Optimierte Duplizierung" auf Seite 59.

14 Was Sie über den Umgang mit Medien wissen sollten

Backup Exec hat ein ausgeklügeltes System zur Verwaltung von Medien. Dies stellt sicher, dass die von Ihnen gesicherten Daten vor versehentlichem Löschen oder Überschreiben geschützt sind und optimiert die Auslastung der Medien.

Im Folgenden erfahren Sie, wie Sie dieses Medienmanagement so einrichten, dass es Ihren Anforderungen genügt.

14.1 Mediensätze

Um austauschbare Medien wie z. B. Magnetbänder zu verwalten, werden in Backup Exec Mediensätze angelegt. In einem Mediensatz werden diejenigen Medien zusammengefasst, für die dieselben Einstellungen bezüglich Aufbewahrungsfristen und Anhängezeiträumen gelten.

Jedem Auftrag, der auf Magnetbänder schreiben soll, wird neben dem zu verwendenden Gerät auch ein Mediensatz zugewiesen. Damit wird sichergestellt, dass die Daten, die von dem betreffenden Auftrag gesichert werden, für den geplanten Zeitraum aufbewahrt und nicht von einem anderen Auftrag überschrieben werden können.

Nach welchen Kriterien Backup Exec entscheidet, welches Medium für einen Sicherungsauftrag herangezogen wird, können Sie im Kapitel 14.6 „So sucht Backup Exec nach überschreibbaren Medien (Symantec, 2011)" auf Seite 122 nachlesen.

Zwei vordefinierte Mediensätze möchte ich im Folgenden erläutern, da sie für die folgenden Kapitel wichtig sind.

14.1.1 Temporäre Medien

Als Temporäre Medien bezeichnet Backup Exec alle diejenigen Medien, die entweder noch nie verwendet wurden oder die der Administrator als leer definiert hat. Wenn Sie also fabrikneue Bänder auspacken und in Ihre Bandbibliothek einlegen, wird Backup Exec sie bei der nächsten Inventarisierung dem Mediensatz TEMPORÄRE MEDIEN hinzufügen.

Sie können aber auch Medien, deren Inhalt Sie nicht mehr benötigen, per Drag & Drop in den Mediensatz TEMPORÄRE MEDIEN bewegen. Damit geben Sie die Medien zum Überschreiben frei.

> **Hinweis:**
> Solange die Medien noch nicht überschrieben wurden, können sie immer noch zur Wiederherstellung verwendet werden.

Temporäre Medien können von jedem Sicherungsauftrag angefordert werden. Wenn dies passiert, wird das entsprechende Medium in den von diesem Auftrag verwendeten Mediensatz verschoben.

14.1.2 Importierte Medien

Medien, auf denen sich Daten befinden, die nicht von der Backup Exec Installation stammen, vor der Sie gerade sitzen, werden als Importierte Medien bezeichnet.

Importierte Medien können zwar gelesen, aber nicht überschrieben werden.

14.2 Der Anhängezeitraum

Der Anhängezeitraum definiert, wie lange Daten auf ein Medium geschrieben werden dürfen, auf dem sich bereits Daten befinden. Die neuen Daten werden dabei hinter die vorhandenen Daten auf das Band geschrieben, also „angehängt".
Der Anhängezeitraum beginnt, wenn ein Medium zum ersten Mal beschrieben bzw. überschrieben wird. Für die Entscheidung, ob ein Auftrag ein Medium zum Anhängen verwenden darf, ist ausschließlich der Startzeitpunkt des Auftrags, nicht aber dessen Laufzeit entscheidend.

14.3 Der Überschreibschutzzeitraum

Der Überschreibschutzzeitraum definiert, wie lange Daten auf einem Medium vor dem Überschreiben geschützt werden.
Der Überschreibschutz beginnt in dem Moment, in dem ein Sicherungsauftrag abgeschlossen ist und gilt nicht für das Medium, sondern für den Datensatz, der soeben auf das Medium geschrieben wurde.

Hinweis:

Backup Exec registriert, welche Sicherungsaufträge auf anderen Aufträgen basieren, wie z. B. inkrementelle Sicherungen auf dem dazugehörenden Vollbackup. Um die Wiederherstellung von Daten zu ermöglichen, deren Sicherungsauftrag auf einem anderen Auftrag basierte, werden die Daten der Basissicherung erst dann zum Überschreiben freigegeben, wenn die Daten aller darauf basierenden Aufträge zum Überschreiben freigegeben wurden.

Sollten Sie also z. B. ein Vollbackup mit einem Aufbewahrungszeitraum von zwei Wochen definiert haben und basierend darauf ein inkrementelles Backup, dessen Daten ebenfalls zwei Wochen aufbewahrt werden sollen, so wird Backup Exec die Daten des Vollbackups erst nach vier Wochen zum Überschreiben freigeben.

14.4 Die Medienüberschreibschutzstufe

Die Medienüberschreibschutzstufe wird in Backup Exec global konfiguriert. Sie definiert, welche Medien von Backup Exec überhaupt überschrieben werden dürfen und setzt, je nach Einstellung, alle definierten Überschreibschutzzeiträume der Mediensätze außer Kraft.

Sie finden die Medienüberschreibschutzstufe in Backup Exec 2012, indem Sie auf den BACKUP EXEC-BUTTON klicken und im Menü den Eintrag KONFIGURATION UND EINSTELLUNGEN - BACKUP EXEC EINSTELLUNGEN wählen.

Wechseln Sie im dadurch geöffneten Dialogfenster in die Registerkarte SPEICHER:

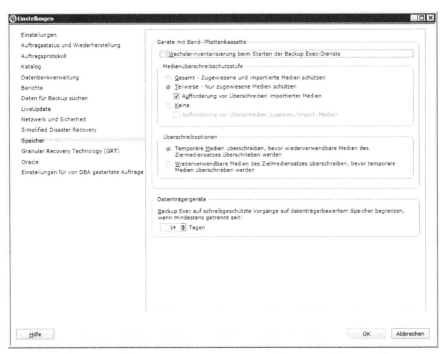

Im Bereich **MEDIENÜBERSCHREIBSCHUTZSTUFE** können Sie nun die
Medienüberschreibschutzstufe festlegen.
Hierbei haben die einzelnen Stufen folgende Bedeutung:

- **GESAMT**: Temporäre Medien können überschrieben werden,
  alle anderen Medien unterliegen den
  Überschreibschutzzeiträumen des Mediensatzes, dem sie
  zugewiesen sind.

- **TEILWEISE**: Temporäre und importierte Medien können
  überschrieben werden, alle anderen Medien unterliegen den
  Überschreibschutzzeiträumen des Mediensatzes, dem sie
  zugewiesen sind.
  Standardmäßig holt Backup Exec vor dem Überschreiben
  importierter Medien eine Bestätigung des Administrators ein,
  indem eine Meldung angezeigt wird. Diese können Sie
  unterbinden, indem Sie das Kontrollkästchen bei
  AUFFORDERUNG VOR DEM ÜBERSCHREIBEN IMPORTIERTER MEDIEN
  deaktivieren.

- **KEINE**: Alle Medien können jederzeit und ohne Rücksicht auf
  Überschreibschutzzeiträume überschrieben werden.
  Standardmäßig holt Backup Exec vor dem Überschreiben

importierter oder einem Mediensatz zugewiesener Medien eine Bestätigung des Administrators ein, indem eine Meldung angezeigt wird. Diese können Sie unterbinden, indem Sie das Kontrollkästchen bei **AUFFORDERUNG VOR DEM ÜBERSCHREIBEN ZUGEWIESENER/IMPORTIERTER** Medien deaktivieren.

> **Hinweis:**
> *Ich empfehle prinzipiell die Einstellung GESAMT zu wählen, da Sie so die größte Sicherheit erhalten, dass Bänder nicht aus Versehen überschrieben werden können.*
> *Besondere Vorsicht ist geboten, wenn Sie die Einstellung KEINE wählen, da in diesem Fall die Medien nicht vor dem Überschreiben geschützt werden.*

14.5 Überschreiboptionen

Die Überschreiboptionen in Backup Exec definieren, welche Medien zuerst verwendet werden sollen, wenn für einen Auftrag sowohl weiterverwendbare (überschreibbare) Medien im Zielmediensatz, als auch temporäre Medien vorhanden sind.

Sie finden die Medienüberschreibschutzstufe in Backup Exec 2012, indem Sie auf den **BACKUP EXEC-BUTTON** klicken und im Menü den Eintrag **KONFIGURATION UND EINSTELLUNGEN - BACKUP EXEC EINSTELLUNGEN** wählen.

Wechseln Sie im dadurch geöffneten Dialogfenster in die Registerkarte **SPEICHER**:

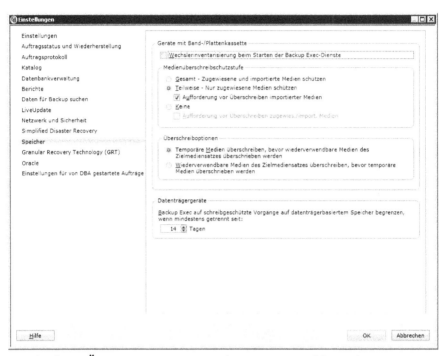

Im Abschnitt **ÜBERSCHREIBOPTIONEN** können Sie wählen, ob zuerst temporäre Medien verwendet werden sollen, oder weiterverwendbare Medien des Zielmediensatzes.

Standardmäßig ist Backup Exec so eingestellt, dass zuerst temporäre Medien verwendet werden. Diese Einstellung ist sicherlich optimal, wenn Sie nur auf Magnetbänder sichern und stammt aus einer Zeit, in der Datensicherung auf Festplatten kein Thema war.

Der Vorteil dieser Einstellung ist, dass Sie implizit eine längere Lebensdauer für Ihre Sicherungsmedien erhalten, da solange temporäre Medien überschrieben werden, bis keine mehr zur Verfügung stehen. Erst dann werden bereits beschriebene Medien, deren Überschreibschutz abgelaufen ist, für die Sicherung herangezogen und überschrieben.

In heutiger Zeit aber, in der die eigentliche Datensicherung üblicherweise auf Festplatten erfolgt und Magnetbänder (fast) ausschließlich als zweite Sicherungsstufe verwendet werden, bringt diese Einstellung eine unschöne Begleiterscheinung mit sich:

Wie bereits erläutert, behandelt Backup Exec einen Backup-To-Disk-Ordner wie eine Bandbibliothek. Die Entsprechung eines temporären

Mediums in einer solchen Bibliothek ist im Festplattenumfeld freier Speicherplatz.

Sollten Sie daher die Überschreiboption in Backup Exec auf dem Standardwert belassen haben, führt dies dazu, dass in Ihrem Backup-To-Disk-Ordner so lange neue Medien angelegt werden, bis die Festplatte vollläuft. Erst danach werden bereits existierende .BKF-Dateien überschrieben.

Dieser Umstand führt sowohl beim Telefonsupport von Symantec, als auch in den einschlägigen Foren immer wieder zu genervten Anfragen von Administratoren, die sich darüber beschweren, dass Backup Exec die erstellten Medien trotz abgelaufenem Überschreibschutz nicht weiterverwendet, sondern permanent neue Medien anlegt. In einigen Fällen fühlen sich die betreffenden Leute dann sogar dazu genötigt, die .BKF-Dateien, die sie als nicht mehr notwendig erachten, von Hand zu löschen, um wieder Speicherplatz im Backup-To-Disk-Ordner freizugeben.

Aus der Praxis:

Daher meine Empfehlung: Sollten Sie, wie viele andere auch, zuerst auf Festplatten sichern und Ihre Magnetbänder nur zum Auslagern der Daten verwenden, stellen Sie die Überschreiboption in Backup Exec bitte auf den Wert WIEDERVERWENDBARE MEDIEN IM ZIELMEDIENSATZ ÜBERSCHREIBEN, BEVOR TEMPORÄRE MEDIEN ÜBERSCHRIEBEN WERDEN . Damit wird Backup Exec diejenigen Medien, deren Überschreibschutz abgelaufen ist, auch weiterverwenden und nur dann neue Medien erstellen, wenn keine weiterverwendbaren Medien vorhanden sind.

Hinweis:

Beachten Sie bitte, dass die oben genannten Punkte auch bei Deduplizierungsspeichern gelten, bei denen ein „Volllaufen" des Speicherplatzes noch deutlich größere Probleme darstellt, als bei herkömmlichen Backup-To-Disk-Ordnern.

14.6 So sucht Backup Exec nach überschreibbaren Medien (Symantec, 2011)

Überschreibschutzstufe und Überschreiboption	Die Medien werden in der folgenden Reihenfolge überschrieben
Vollständig + Temporäre Medien zuerst überschreiben **Hinweis:** *Diese Kombination gewährleistet den bestmöglichen Überschreibschutz*	• Temporäre Medien • Wiederverwendbare Medien im Zielmediensatz • Wiederverwendbare Medien in einem beliebigen Mediensatz
Vollständig + Wiederverwendbare Medien zuerst überschreiben	• Wiederverwendbare Medien im Zielmediensatz • Temporäre Medien • Wiederverwendbare Medien in einem beliebigen Mediensatz
Teilweise + Temporäre Medien zuerst überschreiben	• Temporäre Medien • Wiederverwendbare Medien im Zielmediensatz • Wiederverwendbare Medien in einem beliebigen Mediensatz • Importierte Medien
Teilweise + Wiederverwendbare Medien zuerst überschreiben	• Wiederverwendbare Medien im Zielmediensatz • Temporäre Medien • Wiederverwendbare Medien in einem beliebigen Mediensatz • Importierte Medien
Kein – Kein Überschreibschutz +Temporäre Medien zuerst überschreiben **Warnung:** *Die Auswahl dieser Option wird*	• Temporäre Medien • Wiederverwendbare Medien im Zielmediensatz • Wiederverwendbare Medien in einem beliebigen

nicht empfohlen, da hierdurch Daten nicht vor dem Überschreiben geschützt werden.	Mediensatz • Importierte Medien • Zugewiesene Medien in einem beliebigen Mediensatz
Kein – Kein Überschreibschutz + Wiederverwendbare Medien zuerst überschreiben **Warnung:** *Die Auswahl dieser Option wird nicht empfohlen, da hierdurch Daten nicht vor dem Überschreiben geschützt werden.*	• Wiederverwendbare Medien im Zielmediensatz • Temporäre Medien • Wiederverwendbare Medien in einem beliebigen Mediensatz • Importierte Medien • Zugewiesene Medien in einem beliebigen Mediensatz

Die folgende Grafik verdeutlicht die Mediennutzung je nach gewählter Einstellung noch einmal:

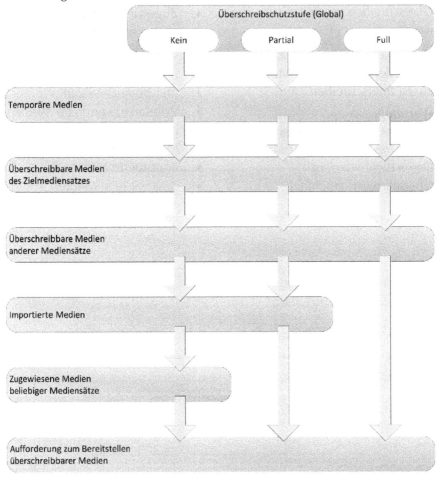

> **Hinweis:**
> Beachten Sie bitte, dass die Reihenfolge der obersten beiden
> Medientypen (*TEMPORÄRE* und *ÜBERSCHREIBBARE MEDIEN DES*
> *ZIELMEDIENSATZES*) u. U. aufgrund von Ihnen vorgenommener
> Änderungen am Medienmanagement vertauscht wird.

14.7 Auslagern von Medien

Der wohl wichtigste Grund für die Verwendung von Magnetbändern als
Sicherungsmedium besteht in der Möglichkeit, die Bänder nach ihrer
Verwendung aus dem Sicherungsgerät entfernen und an einem anderen
Standort aufbewahren zu können.

Ob Sie hierzu einen Tresor in Ihrem Firmengebäude verwenden oder
die Bänder in einem Schließfach bei der Bank oder einem Dienstleister
Ihres Vertrauens hinterlegen, spielt hierbei vorerst keine Rolle. Wichtig
ist nur, dass Sie die Medien so aufbewahren, dass sie gegen möglichst
viele Gefahren, wie Feuer, Wasser, Diebstahl etc. geschützt sind.

Je nachdem, wie viele Ablageorte Sie für Ihre Medien verwenden, kann
die Verwaltung schnell unübersichtlich werden.

Daher können Sie in Backup Exec sogenannte Medienstandorte
definieren und Ihre Medien in der Oberfläche der Software logisch an
den Standort verschieben, wohin Sie die physikalischen Medien
gebracht haben. Fordert Backup Exec dann ein Medium an, das sich
nicht im direkten Zugriff der Software befindet, können Sie anhand der
Eigenschaften des Mediums erkennen, wo sich das Medium befindet.

14.8 Data Lifecycle Management - So gibt Backup Exec Medien wieder frei

Backup Exec ist eine Datensicherungssoftware, so weit klar. Und dass
Sie in Backup Exec definieren können, wie lange Sie die erstellten
Medien aufbewahren möchten, haben wir bereits besprochen, siehe
Kapitel 14.3 „Der Überschreibschutzzeitraum" auf Seite 116.

Was aber passiert eigentlich, wenn der von Ihnen definierte
Überschreibschutzzeitraum abgelaufen ist?

Vereinfacht gesagt, gibt Backup Exec diejenigen Medien, deren
Überschreibschutz abgelaufen ist, zum Überschreiben frei.

In der Vergangenheit wurden hierzu einfach die konfigurierten
Mediensätze herangezogen. Leider hat diese Herangehensweise des

schlichten Freigebens eines Mediums nach Ablauf seines Überschreibschutzes diverse Nachteile:

- Es kann keine Abhängigkeit zwischen Vollsicherungen und Teilbackups berücksichtigt werden. Damit ist es möglich, ein Vollbackup zu löschen bzw. zu überschreiben, obwohl Teilbackups existieren, die nur in Verbindung mit dieser Vollsicherung wiederhergestellt werden können.
- Medien können erst dann zum Überschreiben freigegeben werden, wenn alle darauf befindlichen Daten abgelaufen sind. Befinden sich also auf einem Medium nur inkrementelle Sicherungen mit einer Vorhaltezeit von einer Woche und ein einzelnes Backup, dessen Überschreibschutz für mehrere Jahre definiert wurde, werden alle Teilsicherungen ebenfalls für diese lange Periode aufbewahrt.

Im Falle von Magnetbändern ändert sich diese Vorgehensweise in Backup Exec 2012 nicht. Dies liegt schlicht an der Tatsache, dass Magnetbänder auch in der neuesten Version über Mediensätze verwaltet werden.

Die Verwaltung festplattenbasierter Medien erfolgt alle vier Stunden durch die interne Medienverwaltung von Backup Exec. Zusätzlich wird der Verwaltungsprozess auch dann angestoßen, wenn ein festplattenbasierter Speicher sein vordefiniertes Limit für niedrigen Speicherplatz erreicht.

Das so genannte Data LifeCycle Management stellt sicher, dass möglichst viel plattenbasierter Speicherplatz freigegeben wird, ohne dabei die Integrität der Backups zu gefährden.

Während des Durchlaufs des DLM werden folgende Eigenschaften eines Mediums untersucht:

- Retention (Soll das Medium weiterhin vorgehalten werden?)
- On Hold (Wurde das Medium administrativ gegen Löschen gesperrt?)
- Dependencies (Gibt es Sicherungssätze, die auf dem zu untersuchenden basieren?)
- Handelt es sich um den letzten Sicherungssatz einer Jobdefinition für eine Ressource?

Trifft einer der vier genannten Punkte zu, wird das Medium weiter vorgehalten. Erst wenn alle vier Punkte negativ beantwortet werden können, wird das Medium zum Löschen freigegeben.

> **Hinweis:**
> Um den vierten Punkt („Letzte Kopie") zu deaktivieren, müssen Sie einen Registrierungseintrag auf dem Backupserver anlegen.
> **Die inkorrekte Verwendung des Registrierungs-Editors kann weitreichende Schäden am Betriebssystem und/oder installierten Anwendungen zur Folge haben. Weder Symantec noch die Autoren dieses Buches haften für Änderungen, die Sie an der Registrierung Ihres Computers vornehmen.**
> Navigieren Sie in der Registrierung zum Schlüssel
> **HKEY_LOCAL_MACHINE\SOFTWARE\SYMANTEC\BACKUP EXEC FOR WINDOWS\BACKUP EXEC\SERVER**
> Legen Sie einen neuen Eintrag vom Typ DWORD an und nennen Sie diesen
> **DeleteLastRecoverySetsOnceExpired**
> Ändern Sie den Wert des neuen Eintrags in **1**
> Nachdem Sie diesen Wert angelegt haben, wird Backup Exec Mediensätze auch dann löschen, wenn diese die letzte Sicherung einer Ressource beinhalten, vorausgesetzt, alle anderen Kriterien des DLM werden erfüllt.

Angesichts der oben genannten Punkte sollten Sie Ihre Sicherungsstrategie also auch auf folgende Punkte hin untersuchen:

- Erstellen Sie viele Teilbackups zwischen den Vollsicherungen Ihrer Systeme?
  Wenn ja, wird das DLM von Backup Exec erheblich länger für jeden Durchlauf benötigen, als wenn Sie die Vollsicherungen in regelmäßigen, kurzen Intervallen durchführen.
  Ich bevorzuge hier stets die wöchentliche Vollsicherung.
- Erstellen Sie viele Einzelsicherungen?
  Wie oben bereits erwähnt, prüft das DLM von Backup Exec pro Sicherungssatz, ob dieser „der letzte seiner Art" ist. Medien von Einzelsicherungen werden also per Definition niemals gelöscht, da sie immer die letzte Kopie einer Sicherung darstellen.
- Diese Sicherungssätze müssen Sie also entweder manuell löschen oder das DLM über den genannten Registrierungseintrag „überreden", das für Sie zu tun.

15 So installieren Sie Backup Exec

Im Vorfeld meiner Schulungen zu Backup Exec werde ich regelmäßig gefragt, ob ich dem jeweiligen Schulungsunternehmen die Installationsquellen für Backup Exec zur Verfügung stellen könne, dann würde man die Software bereits vorher installieren.

Diese Anfrage lehne ich jedes Mal aufs Neue ab, da ich die Installation mit den Teilnehmern während der Schulung durchführen möchte.

Denn obwohl Backup Exec eine wirklich gut funktionierende, sauber programmierte Installationsroutine hat, gibt es doch ein paar Dinge, auf die man bereits während der Installation achten sollte. Um diese Dinge und einige weitere Tipps aus der Praxis dreht sich das folgende Kapitel.

15.1 Voraussetzungen Hardware

Zuerst sollten Sie sich Gedanken darüber machen, welche Datenmengen Sie sichern müssen. Wie bereits früher erwähnt, sollten Sie laut aktueller Studien mit einem Zuwachs der Datenmenge von 40% bis 70% pro Jahr rechnen. Das ergibt eine gute Verdoppelung der Datenmenge innerhalb von zwei Jahren. Diese Zahl ist selbstverständlich davon abhängig, wie intensiv Ihr Unternehmen mit digitalen Daten arbeitet und welche Datentypen zum Einsatz kommen, aber als Richtwert können Sie diesen Wert ganz gut nehmen.

Die Lebensdauer von Massenspeichergeräten wie Bandlaufwerke, Libraries etc. wird üblicherweise mit drei bis fünf Jahren angenommen. Daher sollten Sie neu anzuschaffende Geräte entsprechend so dimensionieren, dass Sie den Anforderungen Ihres Unternehmens über diesen Zeitraum gerecht werden können. Zumindest sollte eine nachträgliche Erweiterung möglich sein. So ist es u. U. sinnvoll, eine neue Library eine Nummer größer anzuschaffen, als sie aktuell benötigt wird und dafür nicht die volle Ausstattung mit zu kaufen, sondern z. B. von vier möglichen Laufwerken zu Beginn nur zwei Stück zu ordern und die frei bleibenden Einbaumöglichkeiten erst später zu bestücken.

Aus der Praxis:
Ich erlebe es immer wieder, dass Backupserver aus „Restbeständen"
zusammengebaut werden. In vielen Fällen handelt es sich um
Maschinen, die bis dato als Datenbankserver o.ä. dienten und nun
durch ein neues System ersetzt werden. „Für die Datensicherung reicht
der doch aber lange" ist die übliche Aussage dazu.
Meine Frage ist dann immer dieselbe: Können Sie sich einen Ausfall
Ihres Sicherungssystems leisten? Und wenn ja, können Sie das auch
zum Zeitpunkt einer Wiederherstellung?
Natürlich bin ich mir bewusst, dass auch neue Server ausfallen können.
Und laut Murphys Gesetz (Wikipedia ("Murphys Gesetz"), 2011) werden
sie das sicher auch dann tun, wenn der Administrator das überhaupt
nicht gebrauchen kann.
Dennoch sollten Sie als Backupserver eine Maschine nehmen, die
zuverlässig ihre Arbeit machen wird und für die Sie eine
Garantieerweiterung haben, die eine Reparatur des Systems innerhalb
weniger Stunden sicherstellt.

Achten Sie bei der Auswahl der einzelnen Komponenten Ihres
Backupsystems auch darauf, dass die einzelnen Teile später gut
miteinander funktionieren müssen. So ist es beispielsweise sinnlos, ein
superschnelles Bandlaufwerk zu kaufen, wenn Sie keinen lokalen
Backup-To-Disk Speicher bereitstellen wollen oder können. Sie
bekommen die Daten sowieso nicht in der Geschwindigkeit über das
lokale Netzwerk transportiert, wie sie vom Bandlaufwerk benötigt
werden, um am Stück zu schreiben. Weiteres dazu finden Sie im
Kapitel 13 „Der Umgang mit der Hardware" auf Seite 106.

Wenn Sie vor der Anschaffung eines neuen Backupsystems stehen,
versuchen Sie, die folgenden Punkte zu berücksichtigen:

- Kaufen Sie aktuelle Hardware.
- Kaufen Sie nur Hardware, für die die Kompatibilität mit Backup
  Exec bestätigt ist. (Siehe Hardware-Kompatibilitätsliste unter
  http://entsupport.symantec.com/umi/V-269-2)
- Entscheiden Sie sich für ein Serversystem, das Ihnen den Einbau
  mehrerer Erweiterungskarten bietet.
- Statten Sie die Maschine prozessorseitig mit mindestens vier
  Prozessor-Kernen aus (2x DualCore oder 1x QuadCore).
- Planen Sie eher zu viel RAM ein als zu wenig. Backup Exec war
  schon immer sehr speicherhungrig und wird dies wohl auch

bleiben. Fangen Sie also nicht unter 8GB RAM an.

Beachten Sie an dieser Stelle bitte auch die Hinweise zur Menge des benötigten Arbeitsspeichers bei Verwendung der Deduplizierung im Kapitel 6.4 „Deduplizierung (Dedup)" auf Seite 55.

- Sorgen Sie für ausreichend lokale Festplatten, um die SQL-Datenbank und die Backup-Logfiles getrennt vom Betriebssystem vorhalten zu können.
- Wenn Sie planen, mit Deduplizierung zu arbeiten, beachten Sie bitte, dass der Deduplizierungsspeicher auf einem dedizierten Datenträger angelegt werden muss, auf dem sonst keine weiteren Daten (auch keine weiteren Backup-Ordner) liegen.
- Sichern Sie, wann immer möglich, den Cache Ihrer Storage-Controller mit einem Batterie- oder Flashmodul ab und aktivieren Sie dann (und nur dann) den Schreibcache.
- Verwenden Sie niemals denselben Controller für Festplatten- und Bandspeichersysteme.
- Sorgen Sie dafür, dass die Netzwerkschnittstelle des Backupservers nicht zum Nadelöhr wird. Wenn möglich, setzen Sie auf 10 GBit-Techniken.

15.2   Voraussetzungen Software

In diesem Buch behandeln wir nur die Windows-Version von Backup Exec.

Daher benötigen Sie ein Windows Serverbetriebssystem als Basis für die Installation.

Wenn Sie eine neue Installation planen, sollten Sie mit dem aktuellen von Backup Exec unterstützten Betriebssystem anfangen. Zum Zeitpunkt der Erstellung dieses Buches war dies Windows Server 2008 R2.

Hinweis:

Sollten Sie ein älteres Betriebssystem verwenden wollen oder müssen, beachten Sie bitte folgendes:

Installieren Sie, wenn irgend möglich, immer die 64bit-Version des Betriebssystems. Zum einen können nur die 64bit-Versionen von Windows wirklich sinnvoll mit mehr als 4GB RAM umgehen und zum anderen sind nicht alle Funktionen von Backup Exec auf einem 32bit-System verfügbar.

Sie sollten auf dem Backupserver ein Programm zum Lesen von PDF-Dokumenten installieren, um auf die mitgelieferte Dokumentation zugreifen zu können. Auch für von Ihnen erstellte Reports ist es hilfreich, wenn Sie PDF-Dokumente öffnen können.

15.3   Voraussetzungen Dienstkonten

Backup Exec benötigt ein Benutzerkonto, unter dem die Dienste auf dem Backupserver laufen. Dieses Konto benötigt in der Domäne mindestens Backup-Operator-Rechte. In der Praxis ist das Dienstkonto meistens Mitglied der Domänenadministratoren.
Die hierdurch entstehenden Sicherheitsbedenken zu besprechen, würde den Rahmen dieses Kapitels sprengen.

Ein weiteres Konto wird benötigt, um den Zugriff auf den Deduplizierungsspeicher zu regeln. Dieses Konto sollten Sie ebenfalls vor der Installation im Active Directory anlegen. Dieses Konto braucht in der Domäne keine erweiterten Berechtigungen, es genügt die Mitgliedschaft in der Gruppe „Domänen-Benutzer".

Basierend auf diesem Benutzerkonto erstellt Backup Exec einen lokalen Benutzer, der für die Verwaltung des Deduplizierungsspeichers verwendet wird.

15.4   Wohin mit der Datenbank?

Während der Installation werden Sie gefragt, wo die Datenbank von Backup Exec erzeugt werden soll. Dabei haben Sie die Wahl, entweder vom Installationsassistenten eine lokale SQL Express-Version installieren zu lassen oder einen bereits bestehenden SQL-Server entweder auf der lokalen Maschine oder im Netzwerk anzugeben.

Da die Datenbank von Backup Exec üblicher Weise keine wirklich nennenswerte Größe erreicht, spricht nichts dagegen, die mitgelieferte, kostenlose SQL-Express-Version zum Einsatz zu bringen. Sollten Sie aber Bedenken wegen der Anzahl von SQL-Servern in Ihrem Netzwerk haben, können Sie die Datenbank auch einer bestehenden SQL-Installation hinzufügen.

Beachten Sie dabei bitte, dass die Installationsroutine die Datenbankdienste mehrfach beendet und wieder startet. Sie sollten also im Interesse der anderen Benutzer Ihres SQL-Servers dafür sorgen, dass die Backup Exec-Datenbank in einer eigenen Instanz läuft.

Aus der Praxis:

Sofern Sie keinen hochverfügbaren SQL-Cluster mit ausreichend Ressourcen im Zugriff haben, um die Datenbank von Backup Exec aufzunehmen, empfehle ich, die mitgelieferte SQL-Express-Version zu verwenden.

Dies hat vor allem Verfügbarkeitsgründe: Sollte der entfernte SQL-Server einmal nicht erreichbar sein, sei es wegen einer geplanten oder ungeplanten Downtime des Systems oder wegen eines Netzwerkproblems, können die Backup Exec Dienste auf Ihrem Backupserver nicht starten.

Damit können Sie keine Datensicherung machen.

Und auch keine Wiederherstellung.

Auch nicht vom SQL-Server.

Sie schaffen sich also im schlimmsten Fall ein Henne-Ei-Problem.

(Wikipedia ("Henne-Ei-Problem"), 2011)

15.5 Installation des ersten Backupservers

Nach diesen Vorüberlegungen wollen wir uns jetzt die Installationsroutine anschauen.

Unabhängig davon, ob Sie die Installationsroutine von einer DVD oder einem Download aus dem Internet starten, sehen Sie nach der Auswahl der Installationssprache den folgenden Willkommensbildschirm:

Von diesem Dialogfenster aus können Sie über den Link **ERSTE SCHRITTE** auf die Dokumentation zugreifen.

Über den Link **VOR DER INSTALLATION** gelangen Sie zur Umgebungs-Überprüfung. Dies ist ein Assistent, der prüft, ob Ihre Systemumgebung für die Installation von Backup Exec geeignet ist. Dieser Test, den Sie von hier aus manuell starten können, wird während der Installation zwangsweise durchgeführt.

Der dritte Link **INSTALLATION** bringt Sie zur Auswahl der installierbaren Produkte:

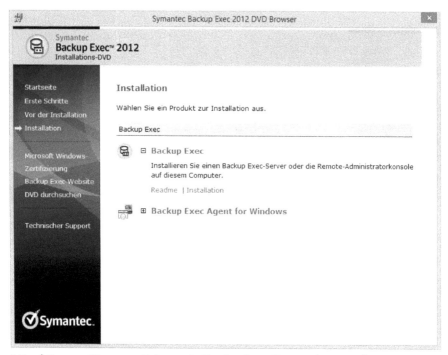

Hier können Sie auswählen, ob Sie Backup Exec oder nur den Remote Agenten installieren wollen.

Klicken Sie auf das **+**-Zeichen links des Eintrags **BACKUP EXEC** und dann auf den Link **INSTALLATION**.

Daraufhin wird die eigentliche Installationsroutine gestartet:

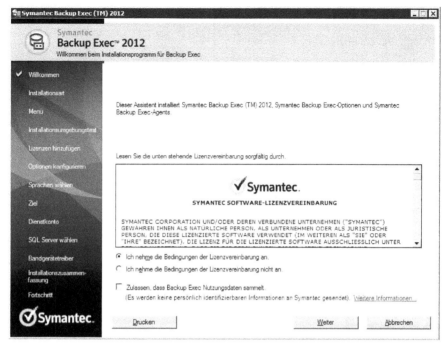

Die Installation von Backup Exec beginnt mit der Anzeige des obligatorischen Lizenzvertrags, den Sie akzeptieren müssen, um die Installation fortsetzen zu können. Nachdem Sie dies getan haben, klicken Sie auf **WEITER**, um zum nächsten Dialogfenster zu gelangen:

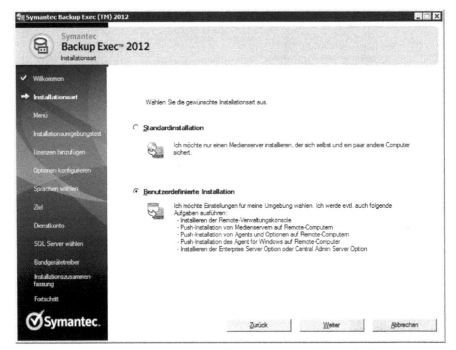

Im Dialogfenster **INSTALLATIONSART** können sie wählen, ob Sie eine Standardinstallation durchführen möchten, bei der Sie nur einige wenige Details angeben müssen, oder ob Sie eine benutzerdefinierte Installation bevorzugen, die Ihnen weitreichende Konfigurationsmöglichkeiten bietet.

Wählen Sie **BENUTZERDEFINIERTE INSTALLATION,** und klicken Sie auf **WEITER**.

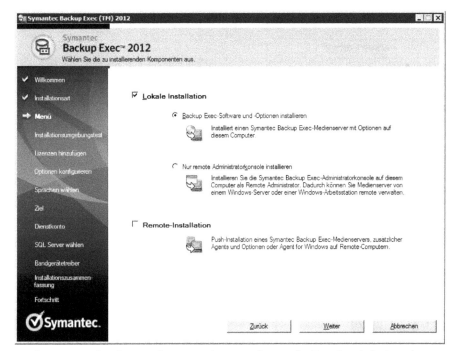

In diesem Dialogfenster können Sie angeben, ob Sie eine lokale oder eine remote Installation durchführen möchten.

Die Auswahl **LOKALE INSTALLATION** wird noch einmal unterteilt in die Optionen, einen Backup Server oder nur die Administrationskonsole zu installieren.

Die Auswahl **REMOTE-INSTALLATION** bietet die Möglichkeiten, Backup Exec Backupserver und Remote Agenten über das Netzwerk auf andere Server zu installieren.

Wenn Sie sich wie ich für die Installation eines lokalen Backupservers entschieden haben, wird als nächstes der Installationsumgebungstest durchgeführt. Hier wird, wie bereits erwähnt, überprüft, ob das lokale System den Anforderungen entspricht, die für die Ausführung von Backup Exec vorgegeben sind.

Im unteren Bereich des Fensters können Sie angeben, wohin der Ergebnis-Report der Umgebungsprüfung gespeichert werden soll.

Im nächsten Dialogfenster können Sie die Lizenzschlüssel eintragen, die Sie für Backup Exec, für Erweiterungsoptionen und Agenten erworben haben:

Hinweis:
Wenn Sie das Produkt zuerst nur testen möchten, klicken Sie in diesem Dialogfenster einfach auf **WEITER**. *In diesem Fall wird eine Evaluierungsversion installiert, die Ihnen 60 Tage lang alle Funktionen von Backup Exec zur Verfügung stellt.*
Durch Eingabe von Lizenzschlüsseln können Sie die Evaluierungsversion jederzeit in eine Vollversion umwandeln. Dabei bleiben alle Konfigurationen und Sicherungsdateien erhalten.

Aus der Praxis:
Wenn Sie im Dialogfenster **LICENSING** ohne die Eingabe eines
Lizenzschlüssels auf **WEITER** klicken, werden alle Optionen und Agenten
von Backup Exec freigeschaltet.
Sie bekommen in diesem Fall einen Warnhinweis angezeigt:

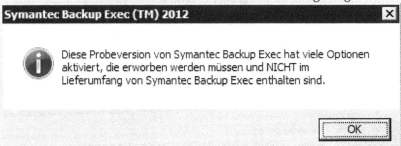

Ab dem Moment, wo Sie den ersten Lizenzschlüssel nachträglich
eingeben, werden alle nicht lizenzierten Optionen und Agenten
deaktiviert. Dies kann dazu führen, dass Sicherungsaufträge, die in der
Evaluierungsversion einwandfrei liefen, nach der Lizenzierung mit
Fehlern abgebrochen werden.
Ein häufig vorkommendes Beispiel hierfür ist die Sicherung des
Backupservers selbst: Während der Evaluierungsphase mit allen
Agenten aktiviert, sehen Sie in der Auswahlliste des lokalen
Backupservers den von Backup Exec installierten SQL-Server und
können diesen auch online sichern. Wenn Sie diese Auswahl getroffen
haben und nachträglich den Lizenzschlüssel für den Backupserver
eintragen, ohne auch einen Schlüssel für einen SQL-Agenten zu
aktivieren, „sieht" Backup Exec den SQL-Server nicht mehr. Da er aber
in der Sicherungsauswahlliste aktiviert ist, bekommen Sie während der
Sicherung einen Fehler mit dem Hinweis, dass auf die Ressource nicht
zugegriffen werden konnte.
Wie Sie den Eintrag für den SQL-Server aus der Auswahlliste entfernen
können, erfahren Sie Im Kapitel 21.3 „Entfernen nicht mehr
existierender Auswahlen" auf Seite 243.
Beachten Sie aber, dass Backup Exec von seiner Datenbank täglich
einen Dump erstellt und diesen im Data-Verzeichnis unterhalb des
Installationsverzeichnisses ablegt.

Unabhängig davon, ob Sie Lizenzschlüssel eingegeben haben, können
Sie im nächsten Dialogfenster auswählen, welche Optionen und
Agenten Sie installieren möchten:

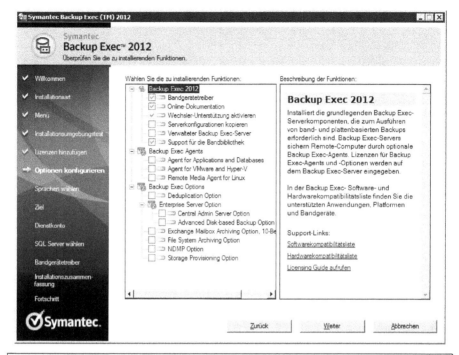

Hinweis:

Optionen und Agenten, für die Sie einen Lizenzschlüssel angegeben haben, werden automatisch ausgewählt.

Das folgende Dialogfenster ist neu mit der Version 2012 zum Installationsassistenten hinzugekommen:

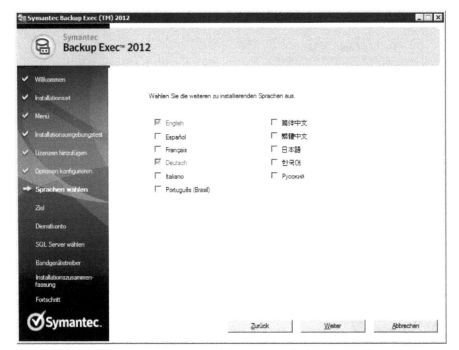

Hier können Sie auswählen, in welchen zusätzlichen Sprachen die Dokumentation installiert werden soll.

> **Hinweis:**
> *Sollten Sie, wie in diesem Beispiel, die Installation in einer anderen Sprache als Englisch gestartet haben, wird das Administratorhandbuch zu Backup Exec auch in der von Ihnen angegebenen Sprache in das Installationsverzeichnis kopiert.*

Im nächsten Dialogfenster können Sie angeben, wohin Backup Exec installiert werden soll:

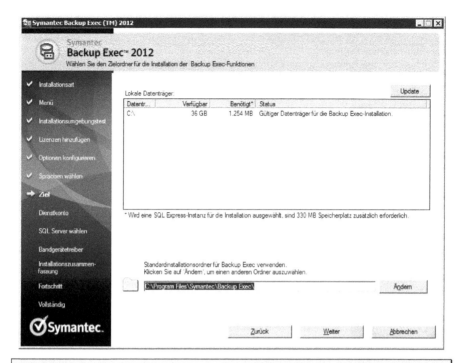

Hinweis:

Die Verzeichnisse für Logfiles und die Sicherungskataloge können Sie im Nachhinein ändern. Somit können Sie Backup Exec nach C:\ installieren, ohne Sorge haben zu müssen, dass Ihnen das Systemlaufwerk vollläuft.

Im nächsten Fenster des Assistenten müssen Sie angeben, mit welchem Konto die Backup Exec Dienste auf dem lokalen Backupserver laufen sollen:

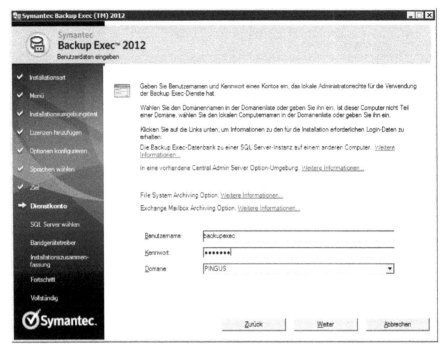

Bitte beachten Sie an dieser Stelle die Hinweise im Kapitel 15.3
„Voraussetzungen Dienstkonten" auf Seite 131.

Nachdem Sie auf **WEITER** geklickt haben, bekommen Sie folgenden
Hinweis angezeigt:

Hier werden Ihnen die erweiterten Berechtigungen angezeigt, die dem
Dienstkonto von Backup Exec eingeräumt werden, damit sowohl die
Sicherung, als auch die Wiederherstellung später ordnungsgemäß laufen
können.

Als nächstes müssen Sie die Entscheidung treffen, ob Sie die kostenlose
SQL-Express-Datenbank installieren möchten, die Backup Exec

mitbringt, oder ob Sie einen im Netzwerk befindlichen SQL-Server verwenden möchten, um die Backup Exec Datenbank bereitzustellen.

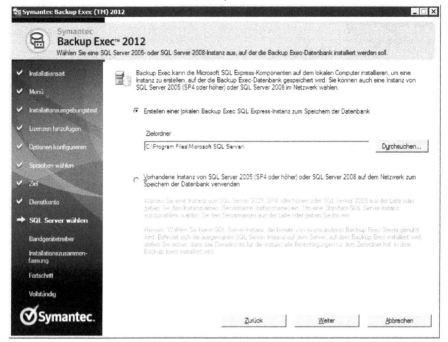

> **Hinweis:**
> *Bitte beachten Sie an dieser Stelle die Hinweise im Kapitel 15.4 „Wohin mit der Datenbank?" auf Seite 131.*

Geben Sie hier den Pfad für die SQL-Installation an, und klicken Sie auf WEITER.

Im nächsten Dialogfenster werden Sie gebeten anzugeben, ob Sie die von Symantec bereitgestellten Treiber für Bandlaufwerke nutzen möchten:

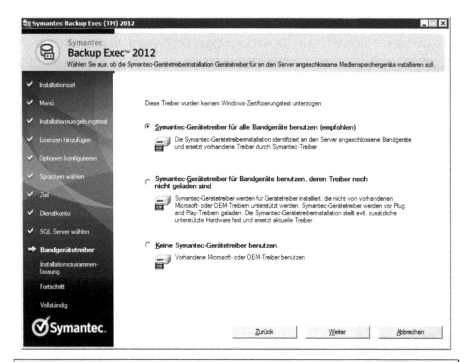

Aus der Praxis:
Ich habe sehr gute Erfahrungen mit den Symantec-Treibern gemacht und bisher nur in einem Fall auf die originalen Hersteller-Treiber zurückgehen müssen.
Der Vorteil bei der Nutzung der Symantec-Treiber ist, dass Sie in einem Support-Fall nur einen Ansprechpartner haben und nicht zwischen dem Hersteller der Sicherungssoftware und dem Hardware-Hersteller hin- und hergeschickt werden.
Symantec aktualisiert die Treiberpakete regelmäßig, daher sollten Sie ab und an schauen, ob ein neues Treiberpaket zum Download bereitgestellt wurde.

Hinweis:
Die von Symantec bereitgestellten Treiber sind nicht von Microsoft zertifiziert, so dass Sie während der Installation eine Warnung des Betriebssystems angezeigt bekommen, ob Sie die Treiber wirklich installieren wollen.

Dies kann an zwei Stellen zu Schwierigkeiten führen:

- In Ihrem Unternehmen ist die Verwendung nicht zertifizierter Treiber untersagt. In diesem Fall müssen Sie auf die Herstellertreiber zurückgreifen.
- Die Installation unsignierter Treiber ist in Ihrem System zwar deaktiviert, eine Änderung dieses Zustands ist aber prinzipiell erlaubt. In diesem Fall müssen Sie die Einstellungen für die Signaturüberprüfung von Treibern vorübergehend ändern, sonst schlägt die Installation von Backup Exec fehl.

Im nächsten Dialogfenster bekommen Sie eine Zusammenfassung der gewählten Optionen für die Installation angezeigt:

Sollten hier gelbe Ausrufezeichen angezeigt werden, lesen Sie sich bitte die dazugehörenden Hinweise durch, um etwaige Probleme nach der Installation zu beheben. Sie können auch auf DRUCKEN klicken, um die Informationen dieser Seite des Installationsassistenten auszudrucken und den Warnhinweisen später nachgehen zu können.

Zwei Warnungen möchte ich hier erläutern, da sie in (fast) jeder Installation auftauchen:

- SICHERUNG VON EXCHANGE SERVERN 2007/2010-SERVERN
  Um Exchange Server der Version 2007 mit aktivierter GRT-Option sichern zu können, was der Standard ist, sind zwei Dinge erforderlich:
  Zum einen müssen auf allen Mailbox-Servern Ihrer Exchange-Umgebung die „Microsoft Exchange Server MAPI Client and Collaboration Data Objects 1.2.1" in der aktuellen Version installiert sein.
  Zum anderen müssen Sie auf dem Backupserver die Exchange-Verwaltungs-Tools installieren. Und zwar in exakt der Version, die auch auf Ihren Exchange-Servern läuft.
  Legen Sie hierzu das Installationsmedium Ihres Exchange-Servers in den Backupserver ein, und starten Sie die Installation. Wählen Sie als Installationsart BENUTZERDEFINIERT, und aktivieren Sie im Auswahlfenster für die zu installierenden Optionen nur den letzten Eintrag EXCHANGE MANAGEMENT TOOLS. Lassen Sie danach die Installation durchlaufen, und starten Sie den Server neu.
  Sollten Sie auf Ihren Exchange Servern ein Service Pack einspielen, tun Sie dies bitte auch auf dem Backupserver, da sonst in vielen Fällen Fehler bei der Datensicherung der Exchange-Umgebung auftreten.
- SYMANTEC ANTIVIRUS NICHT GEFUNDEN
  Symantec stellt neben Backup Exec ja noch weitere Produkte her und nutzt an dieser Stelle die Gelegenheit, die Anwender darauf hinzuweisen, dass hier die Gelegenheit für die Installation eines solchen Produkts wäre.
  Selbstverständlich ist aber die Symantec Endpoint Protection, so gut das Produkt ist, keine Installationsvoraussetzung für Backup Exec.

Nachdem Sie etwaige Warnhinweise beachtet haben, klicken Sie bitte auf INSTALLATION, um die Installation zu starten. Sie bekommen während der Installation eine Statusseite angezeigt:

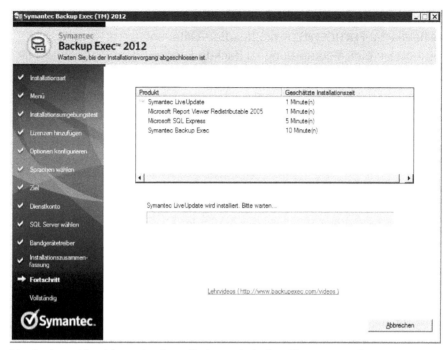

Nach dem Abschluss der Installation wird eine Zusammenfassung ausgegeben:

Hier können Sie entscheiden, ob Ihnen nach dem Klick auf die Schaltfläche **FERTIGSTELLEN** die Readme-Datei angezeigt werden soll und ob Sie eine Verknüpfung zu Backup Exec auf dem Desktop erstellt haben möchten.

Setzen Sie die Kontrollkästchen nach Ihrem Geschmack und klicken Sie auf **FERTIGSTELLEN**, um die Installation abzuschließen.

15.6 So führen Sie eine Aktualisierung der Software mit LiveUpdate durch

Die von Symantec im Internet bereitgestellten Installationsressourcen für Backup Exec werden zwar in regelmäßigen Abständen aktualisiert, nichts desto weniger werden immer wieder Updates für die Software entwickelt, die nachträglich installiert werden müssen.

Da der Backupserver nicht nur die Agenten auf die zu sichernden Maschinen verteilt, sondern auch die gegebenenfalls notwendigen Updates, ist es sinnvoll, vor der Verteilung der Agenten dafür zu sorgen, dass Backup Exec auf dem Backupserver auf dem aktuellen Stand ist und somit auch alle anderen Maschinen die aktuelle Software installiert bekommen.

Nachdem Sie die Installation von Backup Exec durchgeführt haben, sollten Sie daher zuerst eine Überprüfung nach bereitgestellten Updates durchführen. Dies wird entweder automatisch gemacht, wenn Sie im letzten Schritt des Assistenten die entsprechende Option gewählt haben, oder Sie können den Update-Prozess selbst initiieren. Starten Sie hierzu Backup Exec, klicken Sie auf den **BACKUP EXEC-BUTTON**, und wählen Sie den Eintrag **INSTALLATION UND LIZENZIERUNG - LIVEUPDATE** aus:

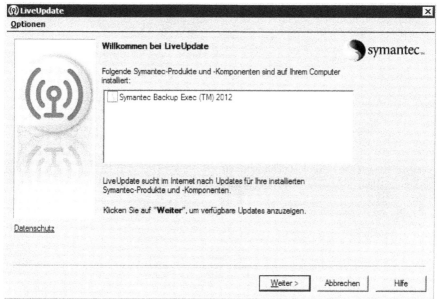

Klicken Sie auf **WEITER**, um den Update-Prozess zu starten.

LiveUpdate verbindet sich jetzt mit den Servern bei Symantec und lädt eine Liste der zur Verfügung stehenden Updates herunter.

> **Hinweis:**
> *Backup Exec lädt ausschließlich Hotfixes und Service Packs per LiveUpdate herunter. Neue Vollversionen für Backup Exec werden hier nicht angezeigt und müssen manuell von der Symantec Website heruntergeladen werden.*

Im nächsten Schritt haben Sie die Möglichkeit auszuwählen, welche der bereitstehenden Updates Sie installieren möchten:

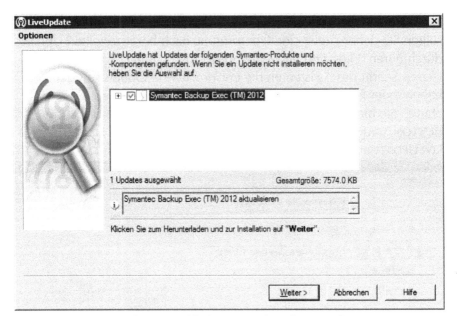

Wenn Sie erneut auf **WEITER** klicken, werden die von Ihnen ausgewählten Updates heruntergeladen und installiert:

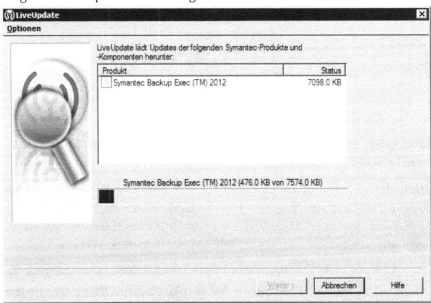

> **Hinweis:**
> In einigen Fällen erfordern die Updates einen Neustart des
> Backupservers. Hinweise, ob solch ein Neustart notwendig ist, finden Sie
> im Ereignisprotokoll auf Ihrem Server.

Nach der Installation erhalten Sie noch eine Zusammenfassung, welche
Updates fehlerfrei installiert wurden bzw. bei welchen Schwierigkeiten
aufgetreten sind:

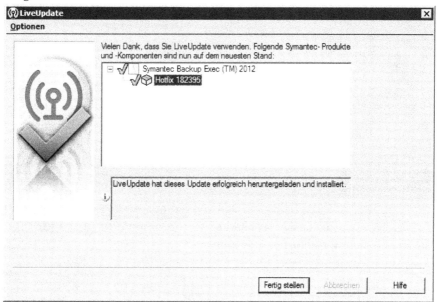

15.7 So verteilen Sie die Agenten auf die zu sichernden Server

Nachdem Sie den Backupserver installiert und per LiveUpdate auf den
aktuellen Stand gebracht haben, können Sie von dort aus Backup Exec-
Produkte auf weitere Maschinen verteilen.

> **Hinweis:**
> Die Verteilung von Agenten im nachfolgend beschriebenen Push-
> Verfahren funktioniert nur bei Windows-Servern. Die Installation des
> Agenten auf Servern mit Linux- oder Unix-Betriebssystemen muss lokal
> erfolgen.

Hierzu wählen Sie im Menü INSTALLATION UND LIZENZIERUNG den
Eintrag AGENTEN UND BACKUP EXEC-SERVER AUF ANDEREN SERVERN
INSTALLIEREN aus.

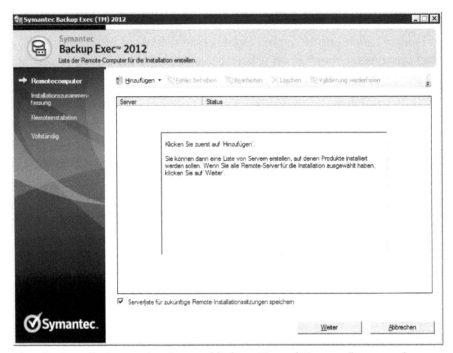

Um die Installation zu beginnen, klicken Sie auf **HINZUFÜGEN** und wählen Sie aus, ob sie die Installation nur für einen oder gleich für mehrere Server vornehmen möchten.

> **Hinweis:**
> *Da sich die Installationen im Weiteren (fast) nicht voneinander unterscheiden, wird hier nur die Installation auf mehrere Server gleichzeitig gezeigt.*

Entscheiden Sie im ersten Schritt des Installationsassistenten, ob Sie auf den Zielsystemen den Backup Exec Backupserver installieren möchten oder den Remote Agenten:

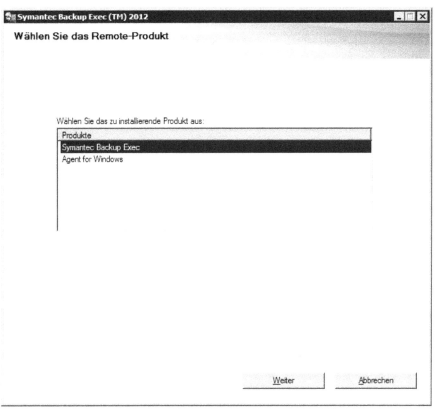

Klicken Sie anschließend auf **WEITER**.

Hinweis:
Die Installation eines Backupservers unterscheidet sich nicht von der Erstinstallation von Backup Exec, die im Kapitel 15 „So installieren Sie Backup Exec" auf Seite 128 beschrieben wird. Daher wird hier im Weiteren die Installation eines Remote Agenten beschrieben.

Im nächsten Dialog können Sie die Zielsysteme auswählen:

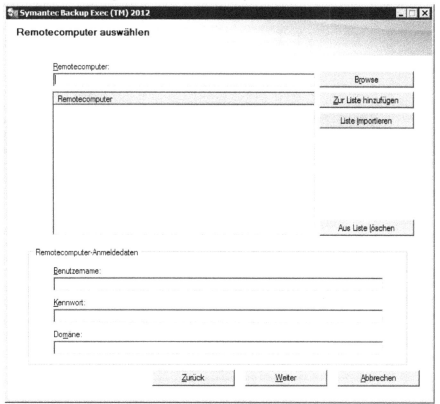

Außerdem müssen Sie hier angeben, welches Benutzerkonto für die Installation verwendet werden soll.

> **Hinweis:**
> *Dieses Konto wird ausschließlich für die Installation verwendet. Der Remote Agent selbst läuft nachher im Kontext des lokalen Systems der Zielmaschine.*

Klicken Sie auf **WEITER**.

Im nächsten Dialogfeld können Sie den Pfad auf dem Zielsystem angeben, in dem die Software installiert werden soll:

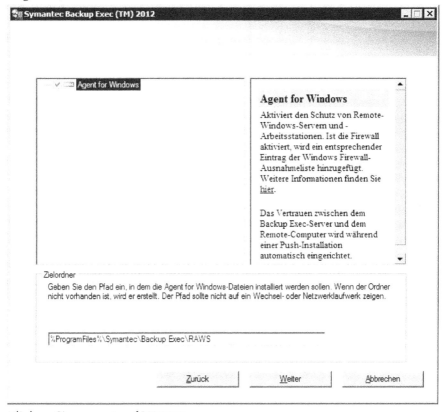

Klicken Sie erneut auf **WEITER**.

Um die bidirektionale Kommunikation zwischen dem Agenten und dem Backupserver zu ermöglichen, geben Sie hier bitte an, mit welchen Backupservern der Agent sprechen soll:

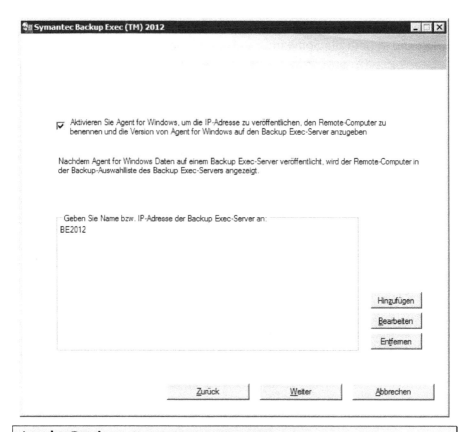

Aus der Praxis:
Geben Sie den Backupserver in einem Format an, in dem der Agent den Server auch erreichen kann. So ist es denkbar, dass aufgrund von Firewalls zwischen den Systemen eine Kommunikation mittels NetBIOS nicht möglich ist. Tragen Sie in einem solchen Fall hier den vollen Rechnernamen (FQDN) des Backupservers oder dessen IP-Adresse ein.

Hinweis:
Für die Wiederherstellung eines physikalischen Servers nach einem vollständigen Ausfall (Disaster Recovery) ist es wichtig zu wissen, wie der Agent des ursprünglichen Systems mit dem Backupserver kommuniziert hat. Notieren Sie sich daher die hier gemachten Einstellungen, sofern sie vom Standard abweichen.

Nach einem Klick auf **WEITER** kommen Sie zum letzten Dialog des Assistenten. Hier bekommen Sie eine Liste der von Ihnen ausgewählten

Systeme angezeigt sowie einen Hinweis dazu, ob und wenn ja, welche
Installation auf der jeweiligen Maschine durchgeführt werden kann:

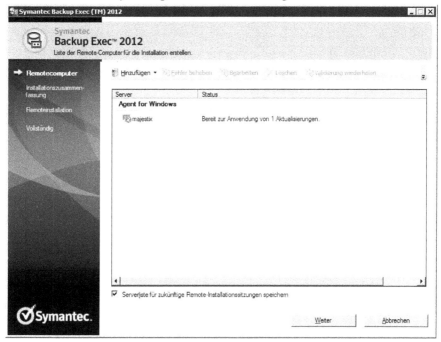

Das aktivierte Kontrollkästchen am unteren Rand des Dialogs bewirkt,
dass die hier angelegte Liste an Zielsystemen beim nächsten Start des
Assistenten erneut geladen wird.

> **Hinweis:**
> *Dies funktioniert nur, wenn derselbe Benutzer am Backupserver
> angemeldet ist, wie während der vorhergehenden Installation. Meldet
> sich ein anderer Benutzer an, wird die Liste leer angezeigt.*

Dadurch bekommen Sie schnell einen Überblick, ob Ihre Server die
aktuelle Version des Agenten installiert haben oder ob Updates
notwendig sind.

Sie können die Liste jederzeit ergänzen oder Maschinen aus ihr
entfernen. Verwenden Sie hierzu einfach die Schaltflächen oberhalb
der Liste.

Durch Klick auf **WEITER** wird die eigentliche Installation gestartet.

Nach Abschluss der Installation auf allen Systemen bekommen Sie
angezeigt, ob die Installation erfolgreich war. Außerdem erhalten Sie

einen Hinweis, wenn für einen oder mehrere Server aufgrund der Installation ein Neustart erforderlich ist.

Sollte ein Neustart erforderlich sein, können Sie mit der rechten Maustaste auf den Namen des Servers klicken und im Kontextmenü den Eintrag **NEUSTART ANFORDERN** auswählen. Dann wird der Neustart auf dem gewählten Server initiiert. Beachten Sie bitte, dass Backup Exec zwar anzeigt, dass der Neustart angefordert wurde, aber keine weitere Statusmeldung vom angesprochenen Server erhält. Ob der Neustart also erfolgreich durchgeführt wurde, erfahren Sie nur durch Kontrolle am jeweiligen System.

> **Hinweis:**
> Wenn die Verteilung von Agenten auf Maschinen unter Windows 7 bzw. Windows Server 2008 R2 fehlschlägt, überprüfen Sie, ob auf der Zielmaschine der Dienst „Remote Registry" läuft. Dieser ist standardmäßig deaktiviert. Aktivieren Sie den Dienst und versuchen Sie die Verteilung des Agenten erneut.

16 Upgrade von früheren Versionen von Backup Exec

16.1 Wie war es bisher?

Schon seit vielen Jahren werde ich bei Erscheinen einer neuen Version von Backup Exec gefragt, wie das Upgrade von der bestehenden Installation durchgeführt werden solle: Eine Neuinstallation vornehmen oder „einfach drüber"?

Normalerweise lautete meine Antwort an dieser Stelle immer „Es kommt darauf an". Nämlich darauf, ob Ihre Datenbank fehlerfrei funktioniert und Sie auch sonst keine Probleme mit Backup Exec haben, die auf ein Problem mit der Installation zurückschließen lassen.

Wenn alles soweit gut funktioniert, können Sie einfach ein so genanntes In-Place-Upgrade durchführen, also die neue Version einfach über die bestehende drüber installieren.
Die Installationsroutine erkennt die bestehende Installation und tauscht die notwendigen Dateien aus. Es wird sogar automatisch ein Sicherungskopie Ihrer Datenbank angelegt. Der Vorteil dieser Methode liegt darin, dass alle bestehenden Einstellungen erhalten bleiben und Sie sich nach dem Upgrade in Ihrer gewohnten Umgebung wiederfinden.

Sollten allerdings in Ihrer Backup Exec-Umgebung Schwierigkeiten aufgetreten sein, die darauf deuten, dass es ein strukturelles Problem in Ihrer Datenbank gibt, bietet sich eine Neuinstallation an, um eben diese Probleme loszuwerden und von neuem zu beginnen.

Wie Sie trotz einer Neuinstallation Ihre Kataloge und Auftragsprotokolle mitnehmen können, erkläre ich weiter unten in diesem Kapitel.

16.2 Und wie ist es bei Backup Exec 2012?

Backup Exec 2012 ist die Version mit den meisten Änderungen überhaupt in der Geschichte des Produkts. Es wurde nicht nur die komplette administrative Oberfläche der Software neu gestaltet, sondern die Entwickler haben die gesamte dem Produkt zugrundeliegende Logik in Frage gestellt, sie in Einzelteile zerlegt und neu zusammengesetzt. Dabei wurden so ziemlich alle bis dahin als fest zementierte Bestandteile geltenden Funktionen der Software über Bord geworfen.

Im Gegensatz zu den Vorgängerversionen arbeitet Backup Exec 2012 komplett serverzentriert und stellt an sich selbst den Anspruch, sehr bedienerfreundlich zu sein und dem Administrator so viele Routineaufgaben abzunehmen wie nur möglich.

Ich hatte das Glück, das Upgrade unserer eigenen Backup Exec-Umgebung bereits während der Beta-Phase durchführen zu können, und dabei von einem Mitarbeiter der Software-Entwicklung von Symantec live unterstützt zu werden.

Eines vorweg: Das Upgrade unserer Produktivumgebung auf Backup Exec 2012 lief problemfrei und sauber durch.

Dennoch kamen wir im Laufe der Tage, an denen der Kollege der Entwicklungsabteilung bei uns war, zu dem Schluss, dass ein Upgrade von früheren Versionen auf die Version 2012 in vielen Fällen sinnlos ist. Der Grund hierfür ist die Tatsache, dass Backup Exec 2012 sich technologisch so stark von den Vorgängerversionen unterscheidet, dass auch nach einem erfolgreichen Upgrade jede Menge Nacharbeit bleibt.

Insofern wird meine Antwort auf die Frage nach der Methodik für das Upgrade dieses Mal wohl „Neuinstallation" heißen.

Hier ein paar Hintergründe für diese (zugegebenermaßen vollständig subjektive) Entscheidung:

1. In den vorhergehenden Versionen von Backup Exec gab es auf allen Servern ab Windows 2003 zwei unterschiedliche Optionen für die systeminternen Sicherungsauswahlen: den Systemstatus und die Schattenkopie-Komponenten. In Backup Exec 2012 wurde der Inhalt der Schattenkopie-Komponenten auf die Benutzerdaten reduziert (u. a. DFSR-Daten und deduplizierte Daten). Alle systemspezifischen Daten werden nun über den Systemstatus gesichert.
    Damit ist die Auswahl der Schattenkopie-Komponenten auf vielen Servern nicht mehr existent und führt bei einer Sicherung zu Fehlern.
    Sie müssen also alle migrierten Aufträge dahingehend ändern, dass Sie die Auswahl der Schattenkopie-Komponenten entfernen.

Hinweis:
Da es die Auswahl auf dem Server nicht mehr gibt, können Sie die Auswahl in der grafischen Ansicht der Auswahlliste nicht mehr sehen und damit auch nicht deaktivieren. Wechseln Sie daher bitte in die zweite Registerkarte AUSWAHLLISTEN-DETAILS und entfernen Sie den Eintrag dort.

---

2. Im Falle der von mir durchgeführten Upgrades kam es beim einen oder anderen Job zu merkwürdigen Auswahllisten in Backup Exec 2012. Als Beispiel hierfür kann eine Enterprise Vault-Auswahl dienen, die während der Migration in drei verschiedene Auswahlen „zerrissen" wurde.

3. In Backup Exec gibt es so viele neue Funktionen, dass es meiner Meinung nach aufwändiger ist, jeden einzelnen Job anzufassen und die neuen Funktionen zu konfigurieren, als die Aufträge neu zu erstellen. So ist es in der Version 2012 z. B. möglich, die Vorhaltezeit für Sicherungssätze auf einzelne Stunden zu reduzieren, wohingegen in den Vorgängerversionen die kleinste Einheit ein Tag war.

Auch gibt es in Backup Exec 2012 nun die Möglichkeit, von Hyper-V-Umgebungen inkrementelle und/oder differentielle Sicherungen anzufertigen, was bis zur Version 2010 nicht ging.

Es gibt sicher noch weitere Gründe, die gegen ein Upgrade sprechen, ebenso, wie man mit Sicherheit viele Gründe nennen kann, die ein Upgrade als sinnvollen Weg aufzeigen können.

Einer der Gründe, die für ein Update sprechen, ist die Übernahme der Information, welche Medien sich in welchem Mediensatz befinden und wie lange die Anhänge- bzw. Überschreibschutzzeiträume der jeweiligen Medien sind.

Diese Informationen stehen in der Datenbank und können bei einer Neuinstallation nicht übernommen werden.

Alle Medien, die Backup Exec nach der Neuinstallation findet und auf denen sich Daten befinden, gelten als „importiert" und sind somit schreibgeschützt.

Wie gesagt, an dieser Stelle kann ich nur meine Meinung äußern, und es bleibt selbstverständlich Ihnen überlassen, welchen Weg Sie gehen.

Im Folgenden möchte ich Ihnen beide Wege vorstellen.

Hinweis:
Ich möchte Sie bitten, zuerst die Hinweise im Kapitel 9 „Was ist neu in Backup Exec 2012?" auf Seite 84 zu lesen, bevor Sie das Upgrade auf die eine oder andere Weise durchführen.
Unter Umständen sind erst einige Änderungen an Ihrem System nötig, bevor Sie ein erfolgreiches Upgrade durchführen können!

16.3 So führen Sie ein In-Place-Upgrade durch

Bevor Sie die eigentliche Installation starten, sind ein paar Vorarbeiten notwendig:

- Löschen Sie alle nicht mehr benötigten Auftragsprotokolle aus der Übersicht.
  Wählen Sie hierzu in der Registerkarte **Auftragsverlauf** diejenigen Einträge aus, die Sie entbehren können, und entfernen sie diese.
  (Die Sicherungsdaten der jeweiligen Aufträge werden hierdurch nicht berührt.)
- Führen Sie mit BEUtility eine Datenbank-Wartung durch.
- Stellen Sie sicher, dass Ihre Installation auf dem aktuellen Stand ist und installieren Sie ggf. notwendige Hotfixes bzw. Servicepacks.
- Stellen Sie sicher, dass Sie Ihre Lizenzdateien parat haben, da Sie diese während des Upgrades einlesen müssen.

> **Hinweis:**
> *Erfahrungsgemäß funktioniert das Upgrade nicht sauber, wenn Sie keine gültigen Lizenzdateien für Backup Exec 2012 bereitstellen. So habe ich bereits mehrfach beobachtet, dass die Deduplizierungsdienste nicht starteten, weil keine gültige Lizenz gefunden wurde. Verlassen Sie sich also an dieser Stelle bitte nicht auf die ansonsten übliche 60-Tage-Evaluierungsfrist.*
> *Beachten Sie aber, dass nach der Eingabe der Lizenzschlüssel die Backup Exec Dienste neu gestartet werden müssen.*

Nachdem Sie diese Vorbereitungen abgeschlossen haben, können Sie die Installation beginnen. Starten Sie hierzu einfach das Setup im Unterverzeichnis **\BE\WinNT\Install\BEx64** auf Ihrer Installations-DVD.

Das Setup erkennt eigenständig, dass bereits eine ältere Version von Backup Exec installiert ist und führt eine Upgrade-Installation durch. Hierbei wird zuerst die bestehende Konfiguration überprüft und eine Zusammenfassung der Änderungen angezeigt, die vom Upgrade durchgeführt werden.
Bitte lesen Sie diese Informationen aufmerksam durch, und beachten Sie die Hinweise auf nach der Migration nicht mehr verfügbare Funktionen oder Aufträge.

> **Hinweis:**
> Sollten Sie das Dokument zu einem späteren Zeitpunkt erneut brauchen, finden Sie es in folgendem Verzeichnis auf Ihrem Backupserver: C:\PROGRAMDATA\SYMANTEC\BACKUP EXEC\LOGS\REPORTFILES. Die Datei heißt DATA-MIGRATION-REPORT.HTML.

Anschließend startet die eigentliche Installation, die selbständig eine Sicherungskopie Ihrer bestehenden Installation anlegt, so dass Sie im Falle eines Fehlschlags der Installation auf die vorher installierte Version zurückgehen können.

16.4 So führen Sie eine Neuinstallation durch und behalten dabei Ihre Daten

Wenn Sie sich dazu entschieden haben, meine Einstellung zu teilen und daher eine Neuinstallation von Backup Exec einem Upgrade vorziehen, so sollten Sie folgende Vorbereitungen treffen:

- Stoppen Sie alle Backup Exec Dienste auf Ihrem Backupserver.
- Kopieren Sie die folgenden Verzeichnisse an einen sicheren Ort:
  - C:\PROGRAM FILES\SYMANTEC\BACKUP EXEC\DATA
  - C:\PROGRAM FILES\SYMANTEC\BACKUP EXEC\CATALOGS
- Deinstallieren Sie Backup Exec über die Systemsteuerung.
- Wenn die Deinstallationsroutine Sie fragt, ob Sie die Konfigurationsdateien behalten möchten, geben Sie an, dass alles gelöscht werden soll.
- Starten Sie den Server neu.
- Führen Sie die Installation von Backup Exec 2012 durch. Starten Sie hierzu einfach das Setup im Unterverzeichnis \BE\WINNT\INSTALL\BEX64 auf Ihrer Installations-DVD.
- Wenn die Installation vollständig durchgelaufen ist, stoppen Sie alle Backup Exec Dienste.
- Kopieren Sie den Inhalt des gesicherten Katalog-Verzeichnisses in das neu angelegte Verzeichnis.
- Kopieren Sie die Logdateien (standardmäßig **BEX***.xml) aus dem gesicherten Datenverzeichnis in das neu angelegte Datenverzeichnis.
- Starten Sie die Backup Exec Dienste wieder.
- Legen Sie Sie Ihren Deduplizierungsspeicher wieder an. Verfahren Sie dabei nach den Anweisungen im Kapitel 17 „Die

Grundeinrichtung von Backup Exec" auf Seite 167, und wählen Sie an der entsprechenden Stelle im Assistenten die Option aus, einen bestehenden Deduplizierungs-Ordner zu importieren.

- Importieren Sie Ihre bestehenden Backup-To-Disk-Ordner. Führen Sie hierzu die Schritte durch, die in Kapitel 17.5 „So importieren Sie einen bereits existierenden Backup-To-Disk-Ordner" auf Seite 186 beschrieben sind.
- Führen Sie für alle neu eingebundenen plattenbasierten Speichersysteme eine Inventarisierung und Katalogisierung durch.

> **Hinweis:**
> *Abhängig von der Größe der Ordner kann dies mehrere Stunden dauern!*

- Verteilen Sie Agenten auf die zu sichernden Server.

> **Hinweis:**
> *Sind auf den Servern bereits Agenten installiert, müssen Sie diese nicht erst deinstallieren, hier funktioniert das In Place-Upgrade hervorragend, allerdings ist in einigen Fällen ein Neustart der Server notwendig.*

Details zum Verteilen der Agenten finden Sie im 15.7 „So verteilen Sie die Agenten auf die zu sichernden Server" auf Seite 153.

Anschließend können Sie beginnen, Ihre neue Backup-Umgebung einzurichten, also Aufträge zu erstellen. Eine Anleitung hierzu finden Sie im Kapitel 22.1 „Sicherungsaufträge einrichten" auf Seite 247.

17 Die Grundeinrichtung von Backup Exec

In diesem Kapitel beschreibe ich die grundlegende Einrichtung von Backup Exec. Sie finden hier die Erläuterungen, was Sie in Backup Exec konfigurieren sollten, bevor Sie mit der eigentlichen Sicherung beginnen.

17.1 So richten Sie ein Dienstkonto ein

Für jede zu sichernde Ressource benötigt Backup Exec Anmeldedaten, die über die Berechtigungen verfügen, eine Sicherung bzw. Wiederherstellung durchzuführen.

Innerhalb einer Windows-Domäne ist es u. U. möglich, alle Systeme mit einem Satz Anmeldedaten zu sichern.

Haben Sie aber zu sichernde Systeme außerhalb Ihrer Domäne stehen, z. B. in einer DMZ, oder möchten Sie Nicht-Domänenmitglieder sichern, wie z. B. einen Linux-Server, müssen Sie in Backup Exec weitere Anmeldekonten für den Zugriff auf diese Ressourcen anlegen.

> **Aus der Praxis:**
> Um Schwierigkeiten im späteren Betrieb zu vermeiden, sollten Sie sicherstellen, dass die Kennwörter der Dienstkonten nicht ablaufen. Falls Sie eines der Dienstkonten für Backup Exec zum Mitglied der Gruppe der Domänenadministratoren machen, stellen Sie sicher, dass das Kennwort möglichst komplex ist, um Missbrauch zu verhindern.

Um ein Anmeldekonto zu erstellen, gehen Sie wie folgt vor:

1. Wählen Sie im Konfigurationsmenü von Backup Exec im Bereich KONFIGURATION UND EINSTELLUNGEN - LOGIN-KONTEN den Eintrag LOGIN-KONTEN VERWALTEN aus:

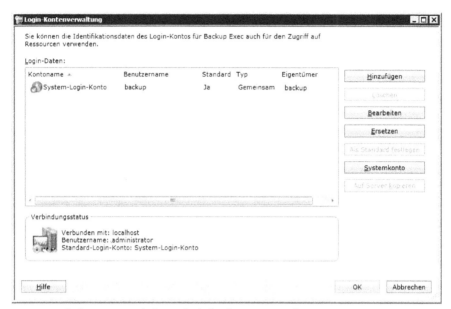

2. Klicken Sie auf die Schaltfläche **HINZUFÜGEN**:

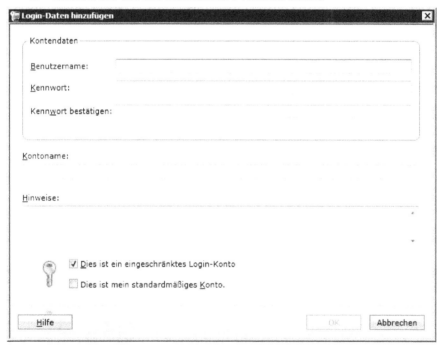

3. Geben Sie im Feld **BENUTZERNAME** den Namen des zu verwendenden Accounts ein. Ist der Account ein

Domänenmitglied, verwenden Sie bitte die Schreibweise
<Domäne>\<Account>

4. Geben Sie im Feld **KENNWORT** bzw. **KENNWORT BESTÄTIGEN** jeweils das Kennwort für den zu verwendenden Account ein.

> **Hinweis:**
> *Beachten Sie hierbei bitte die Einschränkungen in Bezug auf zu verwendende Zeichen im Passwort. So dürfen die Zeichen &, ", <, >, % und ^ nicht verwendet werden. Außerdem darf das Passwort nicht mit einem Minuszeichen beginnen und nicht mit einem umgekehrten Schrägstrich (Backslash) aufhören. Weitere Hinweise finden Sie in der Symantec Knowledgebase auf folgender Seite: http://www.symantec.com/business/support/index?page=content&id=T ECH125206.*

5. Geben Sie im Feld **KONTONAME** den innerhalb von Backup Exec zu verwendenden Klartextnamen ein. Außerdem können Sie im Feld **HINWEISE** weitere Notizen zu dem Account hinterlegen.

6. Das Aktivieren des Kontrollkästchens **DIES IST EIN EINGESCHRÄNKTES LOGIN-KONTO** bewirkt, dass nur der aktuell angemeldete Benutzer, also Sie selbst und alle diejenigen, die das Kennwort des Accounts kennen, diesen verwenden können. Erstellen Sie also mit diesem Account einen Sicherungsauftrag und ein anderer Benutzer von Backup Exec versucht, diesen Auftrag nachträglich zu verändern, muss zuerst das Kennwort des Accounts angegeben werden.

7. Durch das Aktivieren des Kontrollkästchens **DIES IST MEIN STANDARDMÄSSIGES KONTO** legen Sie fest, dass alle zukünftig von Ihnen durchgeführten Aktionen unter dem Namen des hier angelegten Accounts vorgenommen werden.

8. Speichern Sie die Änderungen mit **OK**, um den Dialog zu schließen.

17.2 So ändern Sie das Kennwort für ein Anmeldekonto

Sollten Sie das Kennwort für einen der in Backup Exec verwendeten Domänenbenutzer ändern wollen oder müssen, müssen Sie diese Änderung in Backup Exec ebenfalls durchführen, da das Kennwort nur einmalig synchronisiert wird, wenn Backup Exec den Benutzer anlegt. Übernehmen Sie das neue Kennwort nicht in Backup Exec, ist ein Zugriff auf die zu sichernden Ressourcen nicht möglich.

Um die Änderung vorzunehmen, sind folgende Schritte notwendig:

9. Wählen Sie im Konfigurationsmenü von Backup Exec im Bereich **KONFIGURATION UND EINSTELLUNGEN - LOGIN-KONTEN** den Eintrag **LOGIN-KONTEN VERWALTEN** aus:

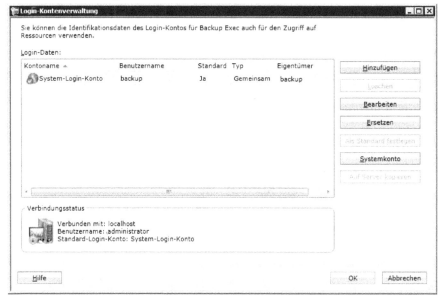

10. Markieren Sie hier den Eintrag für das zu ändernde Konto und klicken Sie auf der rechten Seite auf **BEARBEITEN**. Damit öffnet sich ein weiteres Fenster mit den Eigenschaften des Kontos:

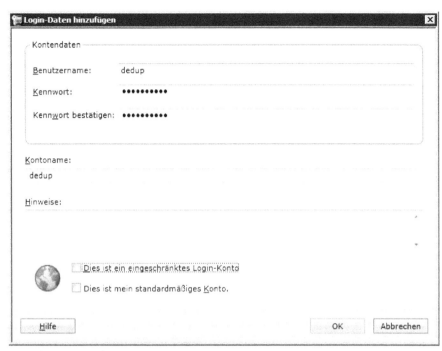

11. Klicken Sie hier auf **KENNWORT ÄNDERN** und ändern Sie das Kennwort in denselben Wert, in den Sie es unter Windows geändert haben.

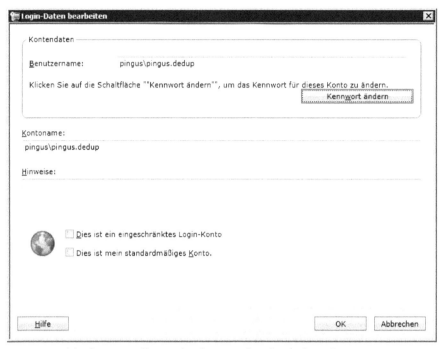

Login-Daten bearbeiten ✕

Kontendaten

Benutzername: pingus\pingus.dedup

Klicken Sie auf die Schaltfläche ""Kennwort ändern"", um das Kennwort für dieses Konto zu ändern.

Kennwort ändern

Kontoname:
pingus\pingus.dedup

Hinweise:

☐ Dies ist ein eingeschränktes Login-Konto
☐ Dies ist mein standardmäßiges Konto.

Hilfe   OK   Abbrechen

12. Schließen Sie alle Dialogfenster durch Klick auf **OK**.

Handelt es sich bei dem geänderten Account um den für den Zugriff auf den Deduplizierungsspeicher, müssen Sie zusätzlich folgende Schritte ausführen:

1. Öffnen Sie ein Kommandozeilenfenster, und wechseln Sie in das Programmverzeichnis von Backup Exec.
2. Geben Sie folgenden Befehl ein:

```
spauser.exe -c -u <UserName>
```

3. Hierbei ersetzen Sie den Eintrag <Username> durch den Benutzernamen, den Ihr Dienstkonto verwendet. Beachten Sie, dass an dieser Stelle die Groß- und Kleinschreibung beim Benutzernamen berücksichtigt wird. Geben Sie den Kontonamen also exakt so ein, wie er in Windows verwendet wird.

Hinweis:
Sollten Sie nicht sicher sein, wie der Benutzername geschrieben wird, geben Sie an der Kommandozeile folgenden Befehl ein:

```
spauser.exe -l
```

> *Dadurch werden Ihnen alle von Backup Exec für die Deduplizierung verwendeten Benutzerkonten zurückgemeldet. Der für die Kennwortänderung interessante Eintrag ist hier immer der, der als „User 1" ausgewiesen wird.*

17.3 So erstellen Sie einen Deduplizierungsspeicher

Nachdem die Installation von Backup Exec erfolgreich abgeschlossen wurde, müssen wir uns darum kümmern, unseren Sicherungsspeicher einzurichten. Der Standard-Speichertyp in Backup Exec 2012 ist ein Deduplizierungsspeicher.

> **Hinweis:**
> *Wie die Deduplizierung im Detail funktioniert, erfahren Sie im Kapitel 6.4 „Deduplizierung (Dedup)" auf Seite 55.*

Um den Deduplizierungsspeicher einzurichten, wechseln Sie in Backup Exec in die dritte Registerkarte **SPEICHER** und klicken auf die Schaltfläche **SPEICHER KONFIGURIEREN**.

Daraufhin öffnet sich der Assistent **SPEICHER KONFIGURIEREN**:

In diesem ersten Dialogfeld des Assistenten können Sie auswählen, welche Art von Speicher Sie einrichten möchten. Um einen Deduplizierungsspeicher einzurichten, markieren Sie den Eintrag **PLATTENBASIERTER SPEICHER** und klicken auf **WEITER**.

Im zweiten Fenster des Assistenten können Sie den
Deduplizierungsspeicher aus unterschiedlichen Typen von
plattenbasiertem Speicher auswählen.

Bitte markieren Sie hier den Eintrag **DEDUPLIZIERUNGSSPEICHER**, und
klicken Sie auf **WEITER**.

Im folgenden Dialogfeld müssen Sie nun einen Namen für den
Speicherort angeben und können auch eine Beschreibung hinterlegen.

Sollte Ihr Server nicht den Mindestanforderungen für die
Deduplizierung von Backup Exec 2012 entsprechen, bekommen Sie an
dieser Stelle die im nächsten Bild angegebene Warnung angezeigt:

Alle Details zu den Voraussetzungen der Deduplizierungs-Option von Backup Exec 2012 können Sie im Kapitel 6.4 „Deduplizierung (Dedup)" auf Seite 55 nachlesen.

Auf einem Server, der den Anforderungen entspricht, sieht das Dialogfeld des Assistenten wie folgt aus:

Nachdem Sie die gewünschten Informationen eingetragen haben, klicken Sie bitte wieder auf **WEITER**, um zum nächsten Dialogfenster zu gelangen:

Hier müssen Sie angeben, wo der neue Speicher erstellt werden soll. Wenn Sie bereits in einer früheren Backup Exec-Installation einen Deduplizierungsspeicher erstellt hatten, können Sie hier auch einen bestehenden Ordner angeben, damit dieser in Zukunft von der aktuellen Backup Exec-Instanz verwendet werden kann.

Durch Klick auf die Schaltfläche **WEITER** gelangen Sie wieder zum nächsten Fenster, in dem Sie angeben müssen, welches Dienstkonto für die Deduplizierungsdienste von Backup Exec verwendet werden soll.

Hinweis:
Dies kann nicht dasselbe Konto sein, das Sie als Anmeldekonto und Dienstkonto für die restlichen Backup Exec Dienste konfiguriert haben:

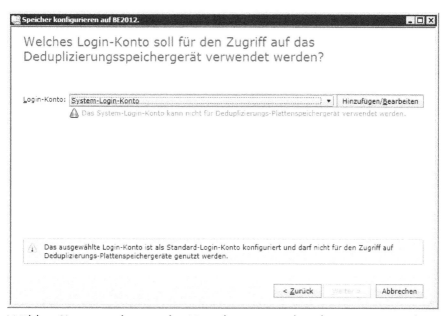

Das System-Login-Konto kann nicht für Deduplizierungs-Plattenspeichergerät verwendet werden.

Das ausgewählte Login-Konto ist als Standard-Login-Konto konfiguriert und darf nicht für den Zugriff auf Deduplizierungs-Plattenspeichergeräte genutzt werden.

Wählen Sie entweder aus der Liste das entsprechende Konto aus, oder klicken Sie auf die Schaltfläche **HINZUFÜGEN/BEARBEITEN**, um ein Backup Exec Konto zu erstellen.

Wie Sie Anmeldekonten in Backup Exec erstellen, erfahren Sie im Kapitel 17.1 „So richten Sie ein Dienstkonto ein" auf Seite 167.

Wählen oder erstellen Sie ein für das Deduplizierungs-Plattenspeichergerät exklusives Login-Konto. Dieses Konto darf nicht für andere Zwecke genutzt werden und darf keine Identifikationsdaten enthalten, die Richtlinien zur Aktualisierung von Kennwörtern unterliegen.

Als nächstes müssen Sie die Entscheidung treffen, ob Backup Exec die Daten, die in den Deduplizierungsspeicher geschrieben werden, verschlüsseln soll:

Anschließend gelangen Sie in das nächste Dialogfenster:

Hier können Sie angeben, wie viele Aufträge zur selben Zeit auf den Deduplizierungsspeicher zugreifen dürfen.

> **Hinweis:**
> *Je höher Sie hier die Einstellung wählen, desto höher wird natürlich auch die Last sowohl für den Backupserver selbst, der die Berechnungen für die Deduplizierung durchführen muss, als auch für das unter dem Deduplizierungsspeicher liegende Festplattensystem, das die Anzahl der Schreib- und Lesevorgänge abarbeiten muss.*
> *Die maximale einstellbare Anzahl von gleichzeitigen Zugriffen auf den Deduplizierungsspeicher liegt bei 100.*

Ein Klick auf die Schaltfläche **WEITER** bringt Sie zum letzten Dialogfenster des Assistenten, das Ihnen eine Zusammenfassung der von Ihnen gewählten Einstellungen anzeigt:

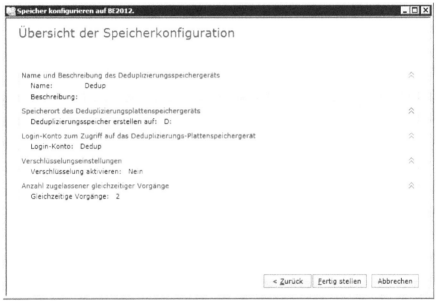

Wenn Sie mit den Einstellungen so einverstanden sind, klicken Sie auf die Schaltfläche **FERTIG STELLEN**, um den Deduplizierungsspeicher einrichten zu lassen.

Nach Abschluss der Konfiguration gelangen Sie zurück ins Hauptfenster von Backup Exec, wo im Fenster **SPEICHER** nun der soeben eingerichtete Deduplizierungsspeicher angezeigt wird:

Sie sehen, dass der Status des neuen Speichergeräts als „Offline" anzeigt wird. beachten Sie bitte die orange Hinweiszeile oberhalb der Geräteliste: „Die Backup Exec-Dienste müssen neu gestartet werden."

Um die Backup Exec Dienste neu zu starten, machen Sie einen Doppelklick auf das Symbol für die Backup Exec Dienste in der Statusleiste der Backup Exec Konsole:

Daraufhin öffnet sich der Backup Exec-Dienstmanager:

Klicken Sie auf der rechten Seite auf die Schaltfläche **ALLE DIENSTE NEU STARTEN**, um die Dienste neu zu starten, und schließen Sie nach erfolgreichem Neustart das Fenster durch klicken auf **OK**.

> **Hinweis:**
> *Ab dem Moment, in dem Sie einen Deduplizierungsspeicher eingerichtet haben, ändert sich die Ansicht des Dienste-Managers ein wenig: Sie bekommen links unten ein Kontrollkästchen, das es Ihnen ermöglicht, auch die Deduplizierungsdienste des Servers neu zu starten. Normalerweise wird dies nicht getan um sicherzustellen, dass auch während eines Neustarts der Dienste auf dem Backupserver weiterhin per clientseitiger Deduplizierung auf den Deduplizierungsspeicher zugegriffen werden kann.*

Zurück im Hauptfenster von Backup Exec wird Ihnen der Deduplizierungsspeicher nun korrekt angezeigt:

Sie sehen hier auf einen Blick sowohl den Status des Speicherorts, als auch dessen Auslastung und den Komprimierungsgrad, der in diesem Deduplizierungsspeicher erreicht wurde.

Damit haben Sie erfolgreich einen Deduplizierungsspeicher eingerichtet, der Ihnen jetzt als Ziel für Sicherungsaufträge zur Verfügung steht.

> **Hinweis:**
> *Ein Doppelklick auf den Deduplizierungsspeicher öffnet die Eigenschaftenseite des Objekts, in dem Sie auch nachträglich Änderungen an der Konfiguration vornehmen können:*

17.4 So richten Sie einen herkömmlichen Backup-To-Disk-Ordner ein

Trotz aller Vorteile, die die Deduplizierung mit sich bringt, kann es erforderlich sein, einen herkömmlichen Backup-To-Disk-Ordner einzurichten. Das folgende Kapitel erklärt Ihnen, wie Sie das tun.

Wechseln Sie in Backup Exec in die dritte Registerkarte SPEICHER und klicken auf die Schaltfläche SPEICHER KONFIGURIEREN.

Daraufhin öffnet sich der Assistent SPEICHER KONFIGURIEREN:

In diesem ersten Dialogfeld des Assistenten können Sie auswählen, welche Art von Speicher Sie einrichten möchten. Um einen Backup-To-Disk-Ordner einzurichten, markieren Sie den Eintrag **PLATTENBASIERTER SPEICHER** und klicken auf **WEITER**.

Im zweiten Fenster des Assistenten können Sie nun aus unterschiedlichen Typen von Plattenbasiertem Speicher auswählen:

Wählen Sie hier den Eintrag FESTPLATTENSPEICHER aus, und klicken Sie
auf WEITER.

Vergeben Sie im folgenden Dialogfenster einen Namen und eine
Beschreibung für den neu anzulegenden Ordner:

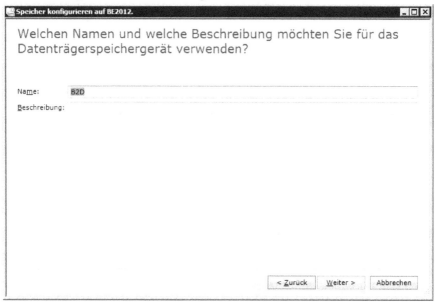

Klicken Sie anschließend auf WEITER, um zum nächten Fenster zu
gelangen.

Hier geben Sie an, auf welchem lokalen Datenträger oder welcher Netzwerkfreigabe Sie den Backup-To-Disk-Ordner anlegen möchten und klicken auf **WEITER**.

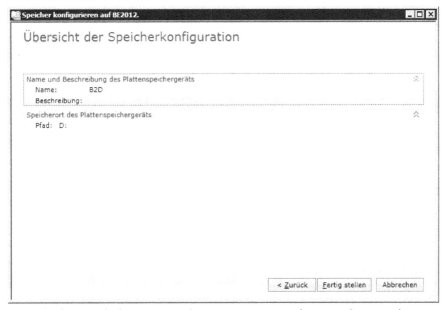

Abschließend erhalten Sie noch eine Zusammenfassung der von Ihnen gemachten Angaben und können durch Klick auf die Schaltfläche **FERTIG STELLEN** den Backup-To-Disk-Ordner anlegen.

Hierdurch schließt sich der Assistent, und Sie gelangen zurück in die Registerkarte **SPEICHER**, wo das neue Sicherungsziel angezeigt wird:

> **Hinweis:**
> *Wenn Sie bereits mit einer der Vorgängerversionen von Backup Exec gearbeitet haben, ist Ihnen beim Durchlaufen des Assistenten vielleicht etwas aufgefallen: Sie können in Backup Exec 2012 weder einen Pfad, noch einen Ordnernamen für den Backup-To-Disk-Ordner angeben, sondern nur einen Laufwerksbuchstaben. Der Ordnername lautet in Backup Exec 2012 immer „BEData" und wird im Stammverzeichnis der angegebenen Partition angelegt.*
> *Diese Tatsache führt dazu, dass Sie pro Datenträger nur einen Backup-To-Disk-Ordner anlegen können.*

17.5 So importieren Sie einen bereits existierenden Backup-To-Disk-Ordner

Unter Umständen kommen Sie in die Situation, einen Backup-To-Disk-Ordner, der mit einer früheren Version erstellt wurde, in Ihre Backup Exec-Umgebung einbinden zu wollen. Dies kann z. B. während einer Migration der Fall sein.

Im Folgenden zeige ich Ihnen, welche Schritte hierfür notwendig sind.

> **Hinweis:**
> Bitte denken Sie daran, dass Backup Exec 2012 nur einen aktiven Backup-To-Disk-Ordner pro Laufwerk unterstützt. Es kann also notwendig sein, den Ordner vor dem Import auf ein anderes Laufwerk zu verschieben.
> Sollten Sie in einer früheren Version von Backup Exec mehrere Backup-To-Disk-Ordner auf einem Laufwerk angelegt haben, so wird der Ordner, dessen Name im Alphabet als erstes kommt, auf aktiv gesetzt. Alle anderen Ordner stehen nur noch schreibgeschützt, d.h. nur für Wiederherstellungen, zur Verfügung.

Wechseln Sie in Backup Exec in die dritte Registerkarte **SPEICHER** und klicken auf die Schaltfläche **SPEICHER KONFIGURIEREN**.
Daraufhin öffnet sich der Assistent zur Speicherkonfiguration:

Wählen Sie hier **ALTE BACKUP-TO-DISK-ORDNER IMPORTIEREN** aus, und klicken Sie auf **WEITER**

Vergeben Sie auf der nächsten Seite des Assistenten einen Namen für das zu erstellende Gerät, und klicken Sie auf **WEITER**:

Auf der nachfolgenden Seite geben Sie an, wo sich der zu importierende Ordner befindet.

Abschließend erhalten Sie noch eine Zusammenfassung über die von Ihnen gemachten Vorgaben, und durch einen Klick auf **FERTIG STELLEN** wird das Gerät in Backup Exec erstellt.

Hinweis:
Wenn Sie einen bereits existierenden Backup-To-Disk-Ordner in Backup Exec 2012 importieren, werden alle darin enthaltenen Sicherungssätze mit einem Ablaufdatum versehen, dass ein Jahr nach dem Datum liegt, an dem der Ordner importiert wurde.

17.6 Grundlegende Einstellungen

Bevor Sie mit der Einrichtung von Aufträgen beginnen, sollten Sie zuerst die Grundeinstellungen für das Programm vornehmen.

Klicken Sie hierzu auf den **BACKUP EXEC-BUTTON** und wählen Sie im Menü den Eintrag **KONFIGURATION UND EINSTELLUNGEN - BACKUP EXEC-EINSTELLUNGEN** aus.

Im dadurch geöffneten Dialogfenster können nun alle programmspezifischen Einstellungen vorgenommen werden. Ich möchte hier auf die wichtigsten davon eingehen. Eine vollständige Beschreibung aller Einzelpunkte finden Sie im Admin-Guide von Symantec bzw. in der Hilfe.

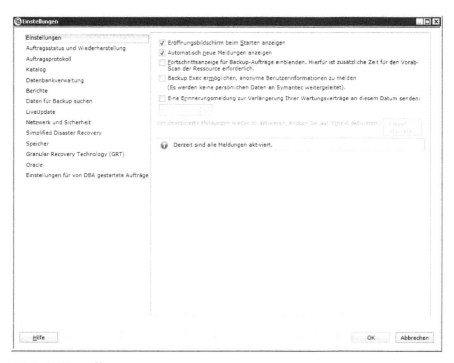

17.6.1 Einstellungen

In der ersten Registerkarte des Einstellungsdialogfensters finden Sie die Option, die Fortschrittsanzeige während der Backup-Aufträge einblenden zu lassen. Diese Option ist standardmäßig deaktiviert und das aus gutem Grund: Da Backup Exec nicht weiß, wie viele Daten zu sichern sind, ist es nicht möglich anzugeben, wie lange die Sicherung dauern wird. Nun kann die Datenmenge natürlich vorher ermittelt werden. Dies erfordert aber eine Überprüfung der Verzeichnisse auf dem Quellserver, die einige Zeit in Anspruch nimmt. Und selbst, wenn Sie dies aktivieren, kann es passieren, dass ein Benutzer während der Sicherung weitere Dateien auf den zu sichernden Server speichert, so dass sich die Backupzeit ändern wird. Die Aktivierung dieser Option ähnelt also dem berühmten Blick in die Glaskugel und wird nur selten verlässliche Daten liefern. Daher plädiere ich dafür, sie deaktiviert zu lassen.

Des Weiteren können Sie hier definieren, ob Backup Exec Ihnen eine Benachrichtigung zukommen lassen soll, wenn Ihr Support-Vertrag mit Symantec ausläuft. Wünschen Sie dies, geben Sie hier einfach das Datum des Ablaufs Ihres Vertrags an und Backup Exec wird eine entsprechende Meldung generieren.

In welcher Form Sie sich benachrichtigen lassen können, erfahren Sie im Kapitel 17.9 „Fehlerbehandlungsroutinen" auf Seite 212.

Die wahrscheinlich wichtigste Möglichkeit, die Ihnen diese Seite des Dialogs bietet, ist die letzte Schaltfläche. Sollten Sie im Laufe der Arbeit mit Backup Exec irgendwelche Meldungen deaktiviert haben und stellen später fest, dass diese doch recht hilfreich waren, können Sie sie mit dieser Schaltfläche wieder aktivieren.

> **Hinweis:**
> *Solange keine Meldungen deaktiviert wurden, ist die Schaltfläche ausgegraut.*

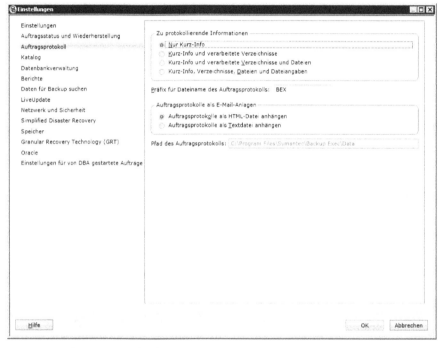

17.6.2 Auftragsprotokoll

In der Registerkarte **Auftragsprotokoll** können Sie die Detailtiefe einstellen, die Backup Exec für die Auftragsprotokolle verwenden soll. Standardmäßig werden hier nur die sogenannten Kurz-Infos ausgegeben. Soll heißen, im Protokoll steht, welcher Server wann mit welchem Auftrag gesichert wurde, wie viele Dateien und Verzeichnisse im Auftrag enthalten sind und wie lange der Auftrag lief. Außerdem wird festgehalten, wie der Auftragsabschluss war. Ist der Auftrag fehlerfrei abgeschlossen worden, bleibt das Protokoll wie soeben beschrieben. Treten aber Warnungen oder Fehler auf, werden sowohl die Meldung über den Fehler, als auch die Datei gemeldet, die die Ursache für den Fehler bzw. die Warnung war. Insofern sollte diese Detailtiefe in den meisten Fällen ausreichend sein. Für den Fall, dass man von Ihnen genauere Informationen über die abgeschlossenen Aufträge auch dann erwartet, wenn der Auftrag fehlerfrei war, können Sie die Detailtiefe hier erhöhen. Beachten Sie dabei aber bitte, dass mit steigender Detailtiefe natürlich auch die Größe der Protokolle zunimmt, was ggf. zu Schwierigkeiten beim Versand der Protokolle per Email führen kann.

Auch, wenn ich selbst ein großer Fan von reinen Text-Emails bin, kann ich Ihnen nur ans Herz legen, im unteren Bereich die Option für den Versand der Protokolle auf **HTML-Datei** stehen zu lassen. Diese bieten nämlich zum einen den Vorteil, dass die Reports dynamisch sind, soll heißen, Sie können die einzelnen Bereiche der Reports auf- und zuklappen, zum anderen werden Warnungen und Fehler im Protokoll farblich markiert, was die Fehlersuche deutlich beschleunigt.

17.6.3 Verschieben von Auftragsprotokollen

Wenn Sie sich die Programmoptionen für Backup Exec ansehen, werden Sie feststellen, dass Sie dort zwar auslesen können, wo die Auftragsprotokolle aktuell abgelegt werden, Sie den Speicherort aber nicht ändern können.

Möchten Sie den Speicherort gerne ändern, um z. B. Speicherplatz auf dem C:\-Laufwerk Ihres Servers frei zu bekommen, können Sie dies per BEUtility tun.

> **Hinweis:**
> *Die unsachgemäße Verwendung des BEUtility kann dazu führen, dass Ihre Backup Exec-Installation nicht mehr funktioniert und Sie u. U. sogar nicht mehr auf die gesicherten Daten zurückgreifen können. Symantec empfiehlt, das Programm nur in Zusammenarbeit mit dem technischen Support zu verwenden.*
>
> *Ich erkläre Ihnen an dieser Stelle zwar, wie Sie einzelne Konfigurationsänderungen mit dem Programm vornehmen können, möchte aber darauf hinweisen, dass weder Symantec noch ich für irgendwelche Schäden haften, die durch die Verwendung dieses Programms verursacht werden.*
>
> *Beachten Sie vor allem, dass es sich beim BEUtility um ein Programm handelt, das für den technischen Support entwickelt wurde und das keine Rückfragen stellt. Befehle, die Sie in diesem Programm anklicken, werden sofort ausgeführt!*

- Starten Sie das BEUtility aus dem Programmverzeichnis von Backup Exec, und bestätigen Sie die Sicherheitswarnung.

Klicken Sie im mittleren Fenster auf **ALL BACKUP EXEC SERVERS**, und markieren Sie danach im rechten Fenster Ihren Backupserver.

- Klicken Sie nun im linken Fenster im Bereich **GENERAL TASKS** auf den Eintrag **SET JOB LOG AND CATALOG LOCATION**.
- Im nun geöffneten Dialogfeld aktivieren Sie das Kontrollkästchen bei **CHANGE JOB LOG LOCATION** und geben im daneben stehenden Textfeld den neuen Speicherort ein:

```
┌─────────────────────────────────────────────────────────────────┐
│ Speicherort für Auftragsprotokolle und Kataloge ändern      [X]  │
├─────────────────────────────────────────────────────────────────┤
│                                                                   │
│  Backup Exec-Server:  │ BE2012                                    │
│                                                                   │
│  ☑ Speicherort von Auftragsprotokollen ändern                    │
│  Zielpfad des Auftragsprotokolls:                                 │
│     │ D:\Logs│                                      Durchsuchen…  │
│  ☐ Katalogspeicherort ändern                                     │
│  Zielpfad des Katalogs:                                           │
│     │                                         │    Durchsuchen…  │
│                                                                   │
│         ┌──────┐      ┌───────────┐      ┌────────┐              │
│         │  OK  │      │ Abbrechen │      │  Hilfe │              │
│         └──────┘      └───────────┘      └────────┘              │
└─────────────────────────────────────────────────────────────────┘
```

Alternativ können Sie den zukünftigen Ablageplatz auch durch Klick auf die Schaltfläche **BROWSE…** auswählen.

- Klicken Sie auf **OK** um das Dialogfeld zu schließen, und bestätigen Sie den Neustart der Backup Exec Dienste.

Hinweis:
Wenn Sie die Abfrage nach dem Neustart der Dienste nicht bestätigen, wird die Änderung des Speicherorts für die Logfiles nicht übernommen.

- Beenden Sie das BEUtility.

> **Hinweis:**
> Sollten Sie eine CAS-MBS-Umgebung einrichten, achten Sie bitte darauf, dass das hier angegebene Verzeichnis auf allen Backupservern in Ihrer Umgebung vorhanden ist, da diese Konfiguration auf alle Backupserver repliziert wird. Sollte es daher den Pfad auf einem Server nicht geben, kann der betreffende Server keine Logfiles generieren.

17.6.4 Datenbankverwaltung

In der Registerkarte **DATENBANKVERWALTUNG** finden Sie die Einstellungen, wie Backup Exec die programminterne SQL-Instanz behandeln soll. So können Sie hier zum Beispiel einstellen, wie lange die einzelnen Protokolle und Meldungen aufbewahrt werden sollen.

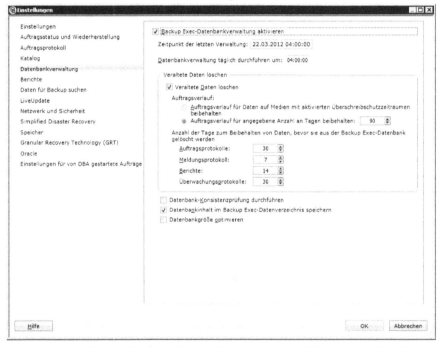

Im unteren Feld des Dialogs finden Sie drei Kontrollkästchen, die die Verwaltung der Datenbank betreffen. Bitte fragen Sie mich nicht, warum die Konsistenzprüfung und die Optimierung der Datenbank deaktiviert sind. Ich weiß es nicht und habe auch bei Symantec niemanden gefunden, der mir eine Erklärung dafür bieten kann. Im Gegenteil, alle Techniker sind sich einig, dass diese beiden Häkchen bei jeder neuen Installation zuerst zu setzen sind.

Bitte aktivieren Sie also beide Kontrollkästchen.

Außerdem empfehle ich, den Zeitpunkt der Datenbankverwaltung auf einen Zeitpunkt zwischen dem Ende Ihrer regulären Arbeitszeit und dem Start der Sicherungsaufträge zu ändern. Sie erreichen damit, dass von Ihnen vorgenommene Änderungen an der Sicherungsumgebung bereits am selben Abend auf die Festplatte gespeichert und damit auch gesichert werden.

17.6.5 Daten für Backup suchen

In den Vorgängerversionen von Backup Exec gab es einen speziellen Auftrag zur Suche nach ungeschützten Ressourcen. Dieser Auftrag war so gut versteckt, dass viele Administratoren, die das Produkt bereits seit Jahren kannten, mich verwundert anschauten, wenn ich diesen Auftrag in einem Training „aus dem Ärmel zauberte".

In Backup Exec 2012 finden Sie die Option zur Suche nach „schutzlosen" Dateien nun hier, in der Registerkarte **DATEN FÜR BACKUP SUCHEN**.

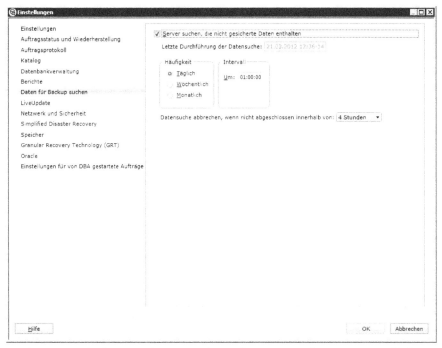

Backup Exec befragt in dem von Ihnen hier angegebenen Intervall die installierten Agenten nach den existierenden Ressourcen auf den jeweiligen Servern und vergleicht die Ergebnisse mit der Datenbank um zu sehen, welche Ressourcen von keinem Auftrag gesichert werden.

Außerdem sucht Backup Exec während dieses Auftrags nach Servern im Netzwerk, die keinen Agenten installiert haben.

17.6.6 LiveUpdate

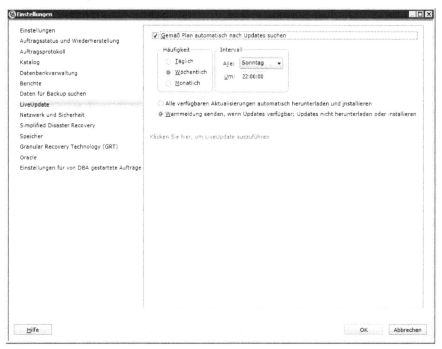

Backup Exec sucht standardmäßig einmal pro Woche auf den Symantec-Servern nach neuen Updates für Ihre Installation. Sollte ein Update vorliegen, werden Sie darüber informiert und können den Download und die Installation anstoßen. Damit das funktionieren kann, benötigt der Backupserver eine Internetverbindung, um über HTTP mit den Symantec-Servern kommunizieren zu können.

> **Hinweis:**
> *Bitte beachten Sie, dass nach einer Aktualisierung des Backupservers ggf. auch die Agenten aktualisiert werden müssen.*

17.6.7 Speicher

In der Registerkarte **SPEICHER** finden Sie die Handhabungseinstellungen für die Medien innerhalb von Backup Exec.

Weitere Details hierzu finden Sie im Kapitel 14 „Was Sie über den Umgang mit Medien wissen sollten" auf Seite 115.

17.6.8 Granular Recovery Technology (GRT)

Die Registerkarte GRANULAR RECOVERY TECHNOLOGY (GRT) offenbart eine der Verbesserungen von Backup Exec, die nicht auf den ersten Blick sichtbar sind: Sie können hier an zentraler Stelle konfigurieren, wo Backup Exec seine temporären Daten während der Sicherung bzw. Wiederherstellung speichern soll. In den vorhergehenden Versionen musste dies für jeden zu sichernden Datentyp einzeln konfiguriert werden.

> **Hinweis:**
> Standardmäßig steht der Pfad für temporäre Dateien in Backup Exec auf *C:\TEMP*. Diesen Pfad sollten Sie bitte ändern um zu verhindern, dass bei der Wiederherstellung einzelner Dateien aus einer GRT-Sicherung die Betriebssystem-Festplatte vollläuft.

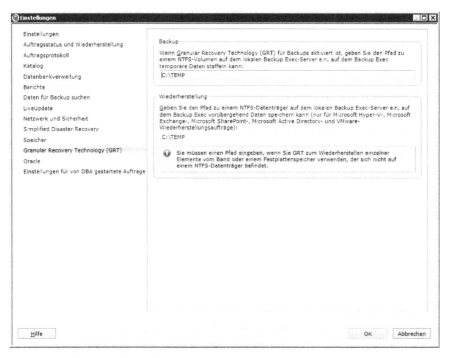

17.7 Auftragseinstellungen

In den Auftragseinstellungen legen Sie die von Ihnen als Standard definierten Methoden, Zeiträume und Optionen fest, anhand derer Ihre Sicherungsaufträge generiert werden sollen. Beachten Sie bitte, dass die hier getroffenen Einstellungen zwar als Standardeinstellungen in spätere Aufträge übernommen werden, Sie diese aber während der Auftragseinrichtung und auch im bestehenden Auftrag jederzeit ändern können.

Im Gegensatz zu den Vorgängerversionen von Backup Exec müssen (oder dürfen, je nach Sichtweise) Sie diese Einstellungen für jede Art von Sicherungsziel einzeln einstellen. Damit sind Sie in der Lage, die Grundeinstellungen für Sicherungen in Deduplizierungsspeicher anders zu konfigurieren, als die für Sicherungen auf Band.

Daher werde ich hier, stellvertretend für alle Sicherungsziele, die Konfiguration für Backup auf Deduplizierungsspeicher erläutern.

Ebenso wie bei den Programmeinstellungen werde ich auch hier nur einzelne Punkte der Konfiguration herausgreifen, die ich für wichtig halte. Eine detaillierte Beschreibung aller Einzelheiten finden Sie, wie immer, in der Hilfe.

17.7.1 Planen

In der Auftragsplanung hat sich in Backup Exec 2012 gegenüber den Vorgängerversionen einiges verändert:

Zum einen hat Backup Exec die Wiederholung der inkrementellen Backups auf „täglich" gestellt, d.h. die Sicherung wird an jedem Tag der Woche durchgeführt. Zum anderen haben Sie keine Möglichkeit mehr, den offensichtlichen Konflikt der beiden Sicherungen an einem Freitag manuell zu beheben.

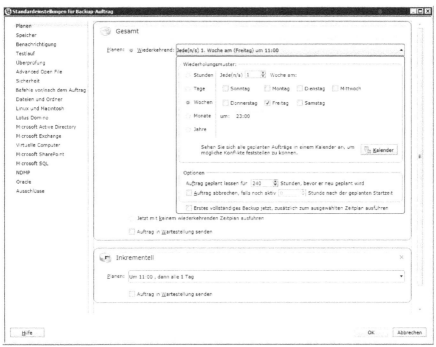

Lassen Sie mich auf diese beiden Punkte kurz eingehen:

In Backup Exec 2012 wird davon ausgegangen, dass Sie als primäres Ziel für alle Sicherungsaufträge einen Deduplizierungsspeicher angelegt haben. Wenn dies der Fall ist, wird Backup Exec dort nur noch diejenigen Daten speichern, die noch nicht in den Ordner übertragen wurden. Wenn Sie also zwei Vollbackups einer Ressource direkt nacheinander durchführen und sich zwischen den Backups in der Ressource nichts geändert hat, wird im Deduplizierungsspeicher während des gesamten zweiten Durchlaufs der Sicherung kein einziges Fitzelchen an Daten abgelegt.

Man könnte sogar so weit gehen, zu sagen, dass die Erstellung eines Vollbackups mit der Durchführung eines inkrementellen Backups gleichzusetzen ist.

Natürlich gilt dies nur in Bezug auf die Menge der im Deduplizierungsspeicher abgelegten Daten. Denn vergessen Sie bitte nicht, dass bei der standardmäßig aktivierten serverseitigen Deduplizierung zuerst alle Daten zum Backupserver übertragen werden müssen, damit dieser entscheiden kann, ob er sie speichern oder verwerfen möchte.

Daher dauert ein Vollbackup nach wie vor deutlich länger als eine inkrementelle Sicherung.

Allerdings wird auch bei einer inkrementellen Sicherung nur der Teil der übertragenen Daten im Deduplizierungsspeicher gesichert, der dort nicht bereits vorhanden ist.

Und an dieser Stelle wird es spannend: Jetzt ist es nämlich plötzlich den Speicherplatz betreffend egal, ob Sie Ihre Sicherungen nur montags bis freitags durchführen oder an jedem Tag der Woche. Wenn sich am Wochenende nichts oder nur wenig an der gewählten Ressource ändert, werden nur die paar Dateien übertragen, die sich verändert haben, und der Server wird davon wiederum alles verwerfen, was er schon kennt.

Über die Woche gerechnet ist es gleich, ob Sie die inkrementellen Sicherungen täglich, stündlich oder alle zwei Tage durchführen. Die Menge der im Deduplizierungsspeicher gesicherten Daten bleibt konstant.

Doch zurück zum Dialog für die Sicherungsoptionen.

Wenn Sie den Zeitplan für die Sicherung ändern möchten, klicken Sie hierzu einfach auf den jeweiligen Eintrag:

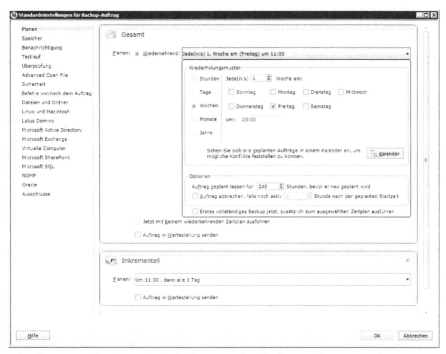

Hier können Sie die Wiederholungen des Auftrags planen und festlegen, was passieren soll, wenn der Auftrag zum geplanten Zeitpunkt nicht starten kann, weil z. B. die erforderlichen Geräte auf dem Backupserver bereits mit anderen Aufträgen belegt sind.

Hier sehen Sie eine weitere Änderung von Backup Exec 2012 gegenüber den Vorgängerversionen: Dort wurde ein Auftrag, der nicht innerhalb von 24 Stunden nach seinem geplanten Start angelaufen war, abgebrochen. In der aktuellen Version lässt sich nun einstellen, wie lange der Auftrag geplant bleiben soll.

Hinweis:
Sie können einen Auftrag maximal zehn Tage (240 Stunden) lang geplant lassen.

Außerdem können Sie auch definieren, nach welcher Zeit der Auftrag abgebrochen werden soll, wenn er bis dahin nicht fertiggestellt wurde.

Hinweis:
Beachten Sie, dass hier der Zeitraum nach geplantem Start des Auftrags angegeben wird, nicht nach seinem wirklichen Startzeitpunkt.

Die Frage nach der Konfliktlösung bei sich widersprechenden Auftragsstarts hat Symantec in meinen Augen sehr elegant gelöst: Vollsicherungen werden Teilsicherungen vorgezogen, und innerhalb einer Sicherungsmethode gewinnt immer der Auftrag mit der niedrigeren Wiederholungsfrequenz.

Ein Beispiel: Sie haben einen Auftrag, der eine tägliche Sicherung auf Speicherziel A macht und einen Auftrag, der eine wöchentliche Vollsicherung derselben Daten auf Sicherungsziel B macht. Damit haben Sie zwei Auftragsvorlagen, eine mit sieben Wiederholungen pro Woche und eine mit einer Wiederholung pro Woche. Damit wird an dem Tag, an dem beide Aufträge starten würden, nur der mit der niedrigeren Wiederholungsfrequenz gestartet und der andere verworfen. Sie erhalten in diesem Beispiel also sechs Sicherungssätze vom täglichen Auftrag und einen vom wöchentlichen Auftrag pro Woche.

Die folgende Tabelle soll dies noch einmal veranschaulichen:

Ersetzter Auftrag	Gewinnender Auftrag			
	Vollsicherung (niedrige Frequenz)	Vollsicherung (hohe Frequenz)	Teilsicherung (niedrige Frequenz)	Teilsicherung (hohe Frequenz)
Vollsicherung (hohe Frequenz)	X			
Teilsicherung (niedrige Frequenz)	X	X		
Teilsicherung (hohe Frequenz)	X	X	X	

Im unteren Bereich des jeweiligen Zeitplans können Sie noch einzelne Tage angeben, an denen der Sicherungsauftrag nicht laufen soll. Dies ist hilfreich, wenn z. B. eine Softwareinstallation an dem Server

durchgeführt werden soll und die Maschine daher nicht unter Last
stehen soll.

17.7.2 Speicher

Im Register **SPEICHER** können Sie das Zielgerät ändern, das für den
Auftrag verwendet wird und festlegen, wie lange die gesicherten Daten
aufbewahrt werden sollen.

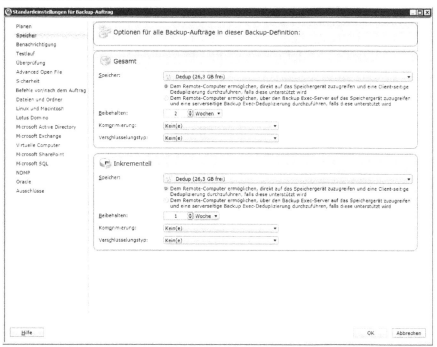

Eine Neuerung gegenüber den Vorgängerversionen von Backup Exec ist
die Tatsache, dass Sie hier jetzt einstellen können, wie lange die Daten
dieser Sicherung aufbewahrt werden sollen. Natürlich hatten Sie in
Backup Exec 2010 und davor die Möglichkeit, Mediensätze mit
Überschreibschutzzeiträumen zu versehen. In Backup Exec 2012
können Sie diese Einstellung jetzt aber pro Auftrag und damit pro zu
sicherndem Server konfigurieren.

Darüber hinaus bereinigt Backup Exec 2012 den freizugebenden
Speicherplatz sofern möglich wirklich. Es werden also nicht benötigte
Medien in einem Backup-To-Disk-Ordner von der Festplatte gelöscht
und so physikalischer Speicherplatz freigegeben.

17.7.3 Benachrichtigung

Die Registerkarte **BENACHRICHTIGUNG** dient dazu, einzustellen, welche Benutzer über das Ergebnis des jeweiligen Auftrags per Email benachrichtigt werden sollen. Weitere Hinweise zum Thema Benachrichtigungen finden Sie im Kapitel 17.9 „Fehlerbehandlungsroutinen" auf Seite 212.

17.7.4 Testlauf

Im Register **TESTLAUF** können Sie einen Testlauf der Sicherung aktivieren, der entweder einmalig oder in regelmäßigen Abständen durchgeführt wird. Dieser Testlauf funktioniert genauso wie die eigentliche Sicherung, nur dass keine Daten bewegt werden. Vielmehr wird überprüft, ob die Zugriffsberechtigungen für die Sicherung ausreichen und ob genügend Speicherplatz für die Sicherung auf dem Backupserver zur Verfügung steht.

17.7.5 Überprüfung

Standardmäßig überprüft Backup Exec alle gesicherten Dateien nach der Sicherung auf ihre Integrität. Die Einstellungen hierzu finden Sie in der Registerkarte **ÜBERPRÜFUNG**. Hier können Sie einstellen, ob die Überprüfung direkt im Anschluss an die eigentliche Sicherung durchgeführt werden soll (Standard) oder ob Sie sie lieber zu einem zu definierten Zeitpunkt durchführen möchten.

In Bezug auf die Überprüfung von Backupdaten gibt es ein paar Dinge zu berücksichtigen:

1. Während der Überprüfung prüft Backup Exec anhand seiner Datenbank, welche Datei die erste im Sicherungsmedium sein sollte. Danach wird überprüft, ob diese Datei in der Sicherung existiert. Wenn dies erfolgreich ist, wird über die Datei eine Quersumme gebildet, die mit der Quersumme auf dem Medium verglichen wird. Sind beide Summen identisch, gilt die Datei als korrekt gesichert und Backup Exec führt dieselbe Prozedur mit der nächsten Datei durch.

2. Diese Überprüfung braucht Zeit. Bitte planen Sie diese in Ihr Konzept mit ein.

3. Die Überprüfung stellt nur sicher, dass die Quersumme der Daten auf dem Sicherungsmedium mit der Quersumme übereinstimmt, die der Backupserver während der Übertragung der Datei errechnet hat.
Wurde also während der Sicherung eine bereits beschädigte Datei von der Quelle auf den Backupserver übertragen, wird die Überprüfung der Datensicherung die Datei nicht als beschädigt melden.

4. Die Durchführung der Überprüfung stellt sicher, dass wirklich Daten gesichert wurden. Sie garantiert jedoch nicht, dass diese Daten auch sinnvoll lesbar sind. Damit entbindet Sie die Überprüfung streng genommen auch nicht von der Pflicht, den Erfolg der Datensicherung in regelmäßigen Abständen durch eine Wiederherstellung der Daten zu überprüfen.

Nach der Lektüre der oben stehenden Punkte fragen Sie sich jetzt vielleicht, ob die Überprüfung überhaupt sinnvoll ist. Und meine Antwort darauf lautet: „Das kommt darauf an".

Die Frage ist, für welches Zielgerät Sie die Überprüfung nutzen wollen. Bei einem plattenbasierten Speicher, also einem Backup-To-Disk-Ordner oder Deduplizierungsspeicher, sollten Sie sich auf die systeminternen Sicherheitsmechanismen verlassen können, die die Integrität der Daten auf den Festplatten sicherstellen. Hierzu gehören Technologien wie die „Self-Monitoring, Analysis and Reporting Technology" (SMART). Diese ermöglicht das permanente Überwachen wichtiger Parameter und somit das frühzeitige Erkennen drohender Defekte einer Festplatte. (Wikipedia ("Self-Monitoring, Analysis and Reporting Technology"), 2012)

Ich persönlich tendiere daher bei plattenbasierten Speichersystemen zur Deaktivierung der Überprüfung innerhalb von Backup Exec.

Hinweis:
Wie im Kapitel 6.4 „Deduplizierung (Dedup)" auf Seite 55 genauer erläutert, erfordert die Überprüfung von Daten, die in einen Deduplizierungsspeicher geschrieben wurden, ein vollständiges Entpacken und Zusammensetzen aller Daten des Sicherungssatzes. Dadurch entsteht eine sehr hohe Last auf dem zugrundeliegenden Speichersystem.

Sprechen wir hingegen von magnetbandbasierenden Speichern, also Bandbibliotheken, schalte ich die Überprüfung prinzipiell ein. So ist zumindest sichergestellt, dass Backup Exec überwacht, dass tatsächlich Daten auf das Band geschrieben wurden, die auch gelesen werden können.

> **Hinweis:**
> *Sollte sich bei Ihren Sicherungsvorgängen auf Band abzeichnen, dass diese Ihr Backupfenster überschreiten, können Sie überlegen, die Überprüfung der Sicherungssätze als dedizierten Auftrag zu konfigurieren.*
> *Dadurch wird das Sicherungsband direkt nach einem erfolgten Backup wieder freigegeben, und der nächste Auftrag kann darauf zugreifen. Sie können die Überprüfung dann z. B. am Vormittag des kommenden Tages vornehmen.*

17.7.6 Advanced Open File

Die Advanced Open File Option (AOFO) in Backup Exec bietet die Möglichkeit, Datensicherungen basierend auf Snapshot-Technologien durchzuführen. Hierzu können Sie im Register **ADVANCED OPEN FILE** verschiedene Einstellungen vornehmen. So können Sie definieren, ob Sie Snapshots zur Datensicherung einsetzen möchten (Standard) und auch festlegen, welche der unterschiedlichen Technologien hierbei zur Anwendung kommen soll.

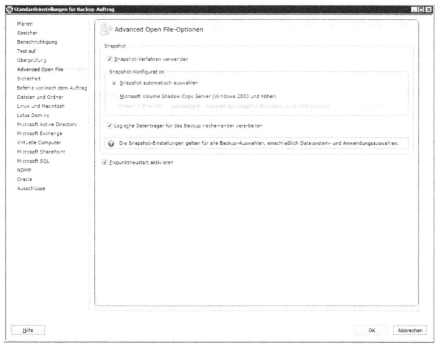

Je nachdem, welche Hard- und Softwaretreiber Sie auf Ihren Systemen installiert haben, können Sie hier unterschiedliche Einstellungen vornehmen. Bitte ziehen Sie hierzu die Dokumentation des jeweiligen Herstellers zu Rate.

Aus der Praxis:

Auch wenn ich prinzipiell dazu neige, Backup Exec die Entscheidung über den zu verwendenden Snapshot-Provider zu überlassen, möchte ich Sie auf einen Umstand hinweisen, der mir anfänglich Kopfzerbrechen verursacht hat:

Backup Exec 2012 verwendet, soweit vorhanden, standardmäßig erst Hardware-Snapshot-Provider und dann Software-Provider. Sollten Sie also über einen Speicher verfügen, dessen Treiber im Betriebssystem der zu sichernden Maschinen einen Hardware-Snapshot-Provider installiert, wird Backup Exec versuchen, diesen zu verwenden. An sich ist das ja auch eine gute Idee. In meinem Testszenario führte es aber zu folgendem Problem: Ich verwendete ein Speichersystem mit Hardware-Snapshot-Provider und hatte sämtlichen Plattenplatz in dem System meinen zu sichernden Servern zugewiesen. Beim Versuch der Datensicherung mit Backup Exec schlugen nun die Aufträge der Reihe nach fehl mit der Begründung, es sei nicht genügend freier Speicherplatz vorhanden. Aber sowohl der Backupserver, als auch die zu sichernde Maschine, ein Hyper-V-Server und sogar die virtuelle Maschine innerhalb des Hyper-V hatten ausreichend Kapazität. Nach einiger Suche fanden wir dann das Problem: Durch die Existenz des Hardware-Snapshot-Providers versuchte Backup Exec, einen Snapshot im SAN erstellen zu lassen. Da ich aber allen bestehenden Plattenplatz zugewiesen hatte, konnte der Hardware-Controller keinen Snapshot erstellen und meldete den Fehler zurück, worauf Backup Exec den Auftrag abbrach. Eine Umstellung der AOFO-Einstellungen für den Auftrag zur expliziten Verwendung eines Software-Providers löste das Problem.

17.7.7 Sicherheit

Die Registerkarte SICHERHEIT bietet Ihnen die Möglichkeit, Ihre Datensicherungen zu verschlüsseln, um sie vor unberechtigtem Zugriff zu schützen. Hierzu können Sie entweder eine Softwareverschlüsselung aktivieren, die auf einem von Ihnen eingegebenen Kennwort oder -satz basiert, oder ein Hardwareverschlüsselungssystem verwenden.

17.7.8 Befehle vor/nach dem Auftrag

Im Register BEFEHLE VOR/NACH DEM AUFTRAG können Sie Befehle definieren, die vor bzw. nach der jeweiligen Sicherung durchgeführt werden sollen. Außerdem können Sie verschiedene Abhängigkeiten der Befehle und des Backups voneinander definieren.

Weitere Details erfahren Sie im Kapitel 24 „Verwendung von Skripten vor und nach der Sicherung" auf Seite 268.

17.7.9 Dateien und Ordner

In der Registerkarte DATEIEN UND ORDNER legen Sie fest, wie die Datensicherung von Dateien und Ordnern erfolgen soll. Standardmäßig ist hier die Sicherung basierend auf den Zeitstempeln der zu sichernden Dateien aktiviert. Sie können aber auch das Archivbit als Sicherungsbasis definieren, so wie es bei den Vorgängerversionen Standard war. Außerdem können Sie hier einstellen, wie mit Junction Points und symbolischen Verknüpfungen auf Windows Servern umgegangen werden soll.

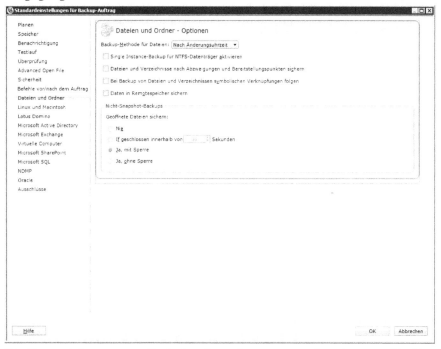

Für Datensicherungen, die keine Snapshots verwenden, können Sie hier außerdem festlegen, wie mit geöffneten Dateien umgegangen werden soll.

17.7.10   Linux und Macintosh

Die Einstellungen für die Sicherung von Linux- und Macintosh-Computern beinhalten u. a. eine in meinen Augen wichtige Einstellung:

Durch Aktivieren des Kontrollkästchens **DATEI- UND VERZEICHNISZEITSTEMPEL WÄHREND BACKUPS SPEICHERN** können Sie erreichen, dass Backup Exec die Zeitstempel der gesicherten Dateien nach erfolgtem Backup wieder so einstellt, wie sie vor der Sicherung waren. Setzen Sie den Haken nicht, werden alle Zeitstempel auf den Zeitpunkt der Sicherung gesetzt, da Linux das Durchführen eines Backups als Öffnen der Dateien betrachtet.

17.7.11   Active Directory

Die Registerkarte **ACTIVE DIRECTORY** bietet die Möglichkeit, die GRT-Funktion von Backup Exec zu aktivieren oder zu deaktivieren. Voraussetzung hierfür ist die Lizenz eines Active Directory Agenten. Außerdem können Sie angeben, ob vor der Sicherung der Active Directory Datenbank eine Konsistenzprüfung derselben durchgeführt werden soll (Standard).

> **Hinweis:**
> Bitte beachten Sie, dass aufgrund von Einschränkungen der Active
> Directory Datenbank nur Vollbackups vom Active Directory erstellt
> werden können.

17.7.12 Ausschlüsse

In der Registerkarte AUSSCHLÜSSE können Dateien, Ordner und
Dateitypen festgelegt werden, die während einer Teilsicherung
übersprungen und nicht mitgesichert werden sollen.

Hinweise, wie Sie Dateien von allen Backups ausschließen, sogenannte
globale Ausschlüsse, finden Sie im Kapitel 21.5 „Globale Ausnahmen"
auf Seite 244.

Weitere Hinweise auf die Syntax von Dateipfaden in Backup Exec
finden Sie im Kapitel 21.4 „Ausklammern gesamter Verzeichnisebenen"
auf Seite 244.

Nachdem Sie alle Einstellungen Ihren Wünschen nach angepasst haben,
klicken Sie auf **OK**, um zum Sicherungsassistenten zurückzukehren.

17.8 Die Registerkarte „Speicher"

Auf der Registerkarte „Speicher" sehen Sie alle in Ihrer Backup Exec
Umgebung verfügbaren Speicher:

Sie können die Ansicht jedes einzelnen Eintrags in dieser Registerkarte
anpassen, so dass er Ihren Anforderungen entspricht.

Öffnen Sie hierzu durch Doppelklick auf den anzupassenden Eintrag
dessen Eigenschaftenseite:

Hier können Sie die meisten während der Einrichtung des jeweiligen Speichers vorgenommenen Einstellungen nachträglich ändern.

So können Sie z. B. unter **PROTOKOLLSTUFE** festlegen, welche diesen Speicher betreffenden Ereignisse Sie protokolliert haben möchten.

17.9   Fehlerbehandlungsroutinen

Backup Exec bietet Ihnen die Möglichkeit, auf bestimmte Fehler zu reagieren, die ansonsten zum Abbruch der Sicherung führen würden.

Die Idee dahinter ist recht einfach. Aufträge, die aufgrund eines bestimmten Fehlertyps abbrechen, werden nach einem vordefinierten Zeitraum neu gestartet.

Um diese Funktion zu aktivieren, klicken Sie auf den **BACKUP EXEC-BUTTON** und wählen Sie im Menü den Eintrag **KONFIGURATION UND EINSTELLUNGEN - FEHLERBEHANDLUNGSREGELN**:

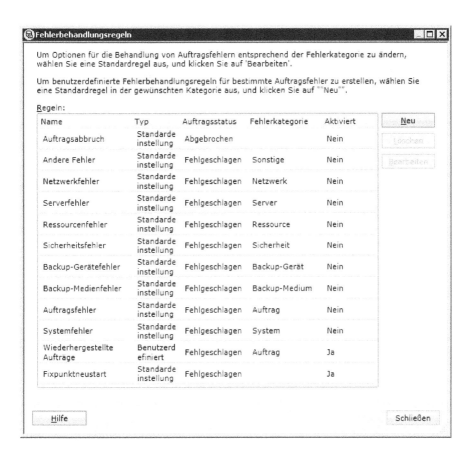

Fehlerbehandlungsregeln

Um Optionen für die Behandlung von Auftragsfehlern entsprechend der Fehlerkategorie zu ändern, wählen Sie eine Standardregel aus, und klicken Sie auf 'Bearbeiten'.

Um benutzerdefinierte Fehlerbehandlungsregeln für bestimmte Auftragsfehler zu erstellen, wählen Sie eine Standardregel in der gewünschten Kategorie aus, und klicken Sie auf ""Neu"".

Regeln:

Name	Typ	Auftragsstatus	Fehlerkategorie	Aktiviert
Auftragsabbruch	Standarde instellung	Abgebrochen		Nein
Andere Fehler	Standarde instellung	Fehlgeschlagen	Sonstige	Nein
Netzwerkfehler	Standarde instellung	Fehlgeschlagen	Netzwerk	Nein
Serverfehler	Standarde instellung	Fehlgeschlagen	Server	Nein
Ressourcenfehler	Standarde instellung	Fehlgeschlagen	Ressource	Nein
Sicherheitsfehler	Standarde instellung	Fehlgeschlagen	Sicherheit	Nein
Backup-Gerätefehler	Standarde instellung	Fehlgeschlagen	Backup-Gerät	Nein
Backup-Medienfehler	Standarde instellung	Fehlgeschlagen	Backup-Medium	Nein
Auftragsfehler	Standarde instellung	Fehlgeschlagen	Auftrag	Nein
Systemfehler	Standarde instellung	Fehlgeschlagen	System	Nein
Wiederhergestellte Aufträge	Benutzerd efiniert	Fehlgeschlagen	Auftrag	Ja
Fixpunktneustart	Standarde instellung	Fehlgeschlagen		Ja

Neu

Löschen

Bearbeiten

Hilfe

Schließen

Markieren Sie die gewünschte Fehlermeldung, und klicken Sie auf
BEARBEITEN.

Aktivieren Sie zuerst die Fehlerbehandlung, indem Sie das
Kontrollkästchen ganz oben aktivieren.

Dann können Sie angeben, ob der Auftrag bei Eintreffen des hier
behandelten Fehlers wiederholt werden soll (und falls ja, wie oft).
Außerdem können Sie den Zeitraum angeben, der vor dem Neustart
des Auftrags gewartet werden soll.

Die letzte Einstellung ermöglicht es einzustellen, ob der Auftrag auch
dann neu geplant werden soll, wenn alle hier definierten Versuche der
Sicherung fehlschlagen.

Bestätigen Sie Ihre Einstellungen einfach mit **OK**.

18 Einrichtung der Benachrichtigungsfunktion

Die Einrichtung der globalen Benachrichtigungen erfolgt in den Backup Exec-Optionen, die Sie finden, wenn Sie auf den **BACKUP EXEC-BUTTON** klicken und im Menü den Eintrag **KONFIGURATION UND EINSTELLUNGEN - WARNMELDUNGEN UND BENACHRICHTIGUNGEN - E-MAIL- UND TEXTBENACHRICHTIGUNGEN** auswählen.

Hier können Sie zum einen definieren, über welchen Mailserver Backup Exec Emails verschicken soll und welche Absenderinformationen verwendet werden sollen.

18.1 Anlegen von Benachrichtigungsempfängern

Nachdem Sie die generellen Einstellungen vorgenommen haben, wie Benachrichtigungen zu verschicken sind, können Sie nun festlegen, welche Benutzer oder Gruppen Benachrichtigungen erhalten sollen.

Klicken Sie hierzu auf den **BACKUP EXEC-BUTTON**, und wählen Sie im Menü den Eintrag **KONFIGURATION UND EINSTELLUNGEN - WARNMELDUNGEN UND BENACHRICHTIGUNGEN - EMPFÄNGER DER BENACHRICHTIGUNG** aus.

Daraufhin wird der folgende Dialog angezeigt:

Hier geben Sie einen Anzeigenamen für den neuen Empfänger an und definieren, ob er Benachrichtigungen per Email oder/und per SMS bekommen soll.

Beachten Sie bitte die Option, mit der Sie festlegen können, wie viele Benachrichtigungen der Empfänger maximal innerhalb einer bestimmten Zeitspanne erhalten soll.

Hinweis:
Möchten Sie eine Windows-Gruppe benachrichtigen, wie z. B. die gesamte IT-Abteilung, legen Sie diese bitte auch hier als Einzelempfänger an. Unter Empfängergruppen versteht Backup Exec die Zusammenfassung mehrerer bereits angelegter Einzelempfänger.

18.2 Verschiedene Anwendungen der Benachrichtigung

Sie können, wie bereits erläutert, an zwei Stellen in der Software die Benachrichtigungsfunktion aktivieren. Damit können Sie zwei unterschiedliche Szenarien abbilden, die ich in den folgenden Kapiteln kurz erläutere:

18.2.1 Globale Benachrichtigungen

Globale Benachrichtigungen dienen dazu, eine Person oder eine Gruppe von Personen über das generelle Eintreten bestimmter Ereignisse zu informieren. Ein Beispiel hierfür wäre, den für die Datensicherung zuständigen Administrator darüber zu informieren, dass sich kein überschreibbares Medium im Sicherungslaufwerk befindet oder dass ein Hardware-Fehler festgestellt wurde.

Die Einrichtung der globalen Benachrichtigungen erfolgt in den Backup Exec-Optionen, die Sie finden, wenn Sie auf den BACKUP EXEC-BUTTON klicken und im Menü den Eintrag KONFIGURATION UND EINSTELLUNGEN - WARNMELDUNGEN UND BENACHRICHTIGUNGEN - MELDUNGSKATEGORIEN auswählen.

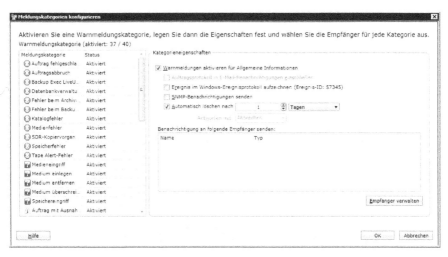

18.2.2 Benachrichtigungen pro Auftrag

Sie können die Benachrichtigungsfunktion auch dazu verwenden, das Ergebnis eines Sicherungsauftrags samt dem dazugehörenden Auftragsprotokoll an ausgewählte Personen oder Gruppen zu versenden. Dies könnte z. B. verwendet werden, um die Fachabteilung, die die SQL-Server Ihres Unternehmens betreut, über das Ergebnis der SQL-Sicherungen zu informieren. Da Backup Exec standardmäßig eine Konsistenzprüfung der zu sichernden Datenbanken macht, bekämen die Kollegen hier gleich eine Meldung, wenn eine Inkonsistenz in einer der Datenbanken entdeckt würde.

Sie konfigurieren die auftragsbezogene Benachrichtigung in den Eigenschaften des Auftrags in der Registerkarte BENACHRICHTIGUNGEN.

19 Berichte

Backup Exec verfügt über diverse vorgefertigte Berichte, die Ihnen statistische Daten über die Datensicherungsumgebung aufzeigen können.

Sie finden diese Berichte in der Registerkarte BERICHTE in Backup Exec.

Diese Berichte können Sie entweder sofort ausführen lassen, indem Sie sie einfach per Doppelklick öffnen, oder Sie können jeden dieser Berichte auch zeitgesteuert von Backup Exec erstellen lassen, wenn Sie bestimmte Informationen regelmäßig erhalten möchten. Dazu klicken Sie einfach mit der rechten Maustaste auf den gewünschten Bericht und wählen im Kontextmenü den Eintrag BERICHT PLANEN.

Hinweis:

Sie können in den Optionen von Backup Exec einstellen, ob Berichte als HTML- oder PDF-Datei erstellt werden sollen.

Beachten Sie hierbei bitte, dass Backup Exec unabhängig von der von Ihnen eingestellten Option immer alle Berichte als HTML-Datei speichert, wenn auf dem Backupserver keine Software zum Betrachten von PDF-Dateien installiert ist.

Hinweis:

Wenn Sie einen bestehenden Berichtsauftrag zu einem späteren Zeitpunkt bearbeiten oder löschen möchten, finden Sie diesen im Register ANSTEHENDE AUFRUFEN auf der Berichtsseite in Backup Exec.

> **Hinweis:**
> *Wenn Sie einen Bericht per E-Mail versenden lassen, sollten Sie dem Empfänger auf folgendes hinweisen:*
> *Backup Exec betrachtet die Erstellung des Berichts als eigenen Auftrag. Damit bekommt die E-Mail prinzipiell den Betreff „Backup Exec-Meldung: Auftrag erfolgreich (Server: <Servername>) (Auftrag: <Berichtsname>).*
> *Dieser Betreff sagt aber nichts darüber aus, ob auch nur eine einzige Sicherung in den letzten Tagen gelaufen ist, sondern nur, dass der Bericht erstellt werden konnte.*
> *Ich habe es leider schon erlebt, dass Kunden, die den Bericht NÄCHTLICHE ZUSAMMENFASSUNG erhielten, aufgrund des Betreffs der E-Mail nie in den Bericht hineingesehen und somit auch nicht mitbekommen haben, dass keine einzige ihrer Sicherungen mehr lief, weil es einen Hardware-Fehler gegeben hatte.*

Ich möchte nachfolgend ein paar dieser Berichte vorstellen, die ich selbst regelmäßig verwende:

19.1 Nächtliche Zusammenfassung

Im Bereich AUFTRÄGE der Berichtsseite finden Sie den Bericht NÄCHTLICHE ZUSAMMENFASSUNG. Dieser Bericht gibt Ihnen eine kurze, knackige Liste der Aufträge aus, die in den vergangenen 24 Stunden gestartet wurden und deren Ergebnis samt etwaigem Fehlercode.

Am Ende des Berichts finden Sie außerdem eine Angabe, wie viel Prozent Ihrer Aufträge erfolgreich waren.

Dieser Bericht ist sehr einfach zu konfigurieren, da Sie ausschließlich angeben müssen, welche zu sichernden Server Sie in dem Bericht berücksichtigen möchten. Ich wähle hier üblicher Weise alle Systeme aus, um einen vollständigen Bericht zu erhalten.

Ich verwende diesen Bericht bei fast jedem Kunden. Normalerweise lasse ich ihn morgens ausführen, so dass die Administratoren zu Arbeitsbeginn auf einen Blick sehen können, ob die Datensicherung in der vergangenen Nacht erfolgreich war oder nicht. Und das, ohne sich mit dem Backupserver verbunden zu haben.

19.2 Deduplication Device Summary

Im Abschnitt **GERÄTE** der Berichtsseite finden Sie den Bericht **GERÄTEZUSAMMENFASSUNG VON DEDUPLIZIERUNG**, der Ihnen auf einen Blick darstellt, wie es um die Deduplizierungsspeicher ihres Unternehmens steht. Sie finden hier sowohl Aussagen zur aktuellen Auslastung, als auch Informationen zur Deduplizierungsrate.

20 So fügen Sie Ihrer Backup Exec-Umgebung weitere Server hinzu

Normalerweise werden Server, auf denen Sie einen Agenten installiert haben, sich von selbst mit dem Backupserver in Verbindung setzen und dann auch in der Serverliste von Backup Exec angezeigt werden.

Sollte dies einmal nicht ordnungsgemäß funktionieren, können Sie die nachfolgenden Schritte vornehmen, um die Server in die Liste einzupflegen.

Außerdem benötigen Sie die nachfolgenden Schritte, wenn Sie logische Instanzen, wie z. B. Cluster, Exchange Verfügbarkeitsgruppen etc. zu Ihrer Backup Exec-Umgebung hinzufügen möchten.

> **Hinweis:**
> *Diese Schritte werden auch notwendig, wenn Sie eine neue Backup Exec-Umgebung aufbauen und Ihre bestehenden Quellserver aus der alten Sicherungsumgebung in die neue „umziehen" wollen.*

20.1 Hinzufügen eines einzelnen Windows Servers oder eines Windows Server-Clusters

Klicken Sie in der Registerkarte BACKUP UND WIEDERHERSTELLUNG auf die Schaltfläche HINZUFÜGEN im Bereich SERVER. Es öffnet sich ein Assistent, in dem Sie angeben können, welchen Servertyp Sie zu Backup Exec hinzufügen möchten:

Für einen Einzelserver oder einen Cluster wählen Sie **MICROSOFT WINDOWS-COMPUTER UND -SERVER** und klicken auf **WEITER**.

Auf der nächsten Seite des Assistenten müssen Sie Backup Exec erlauben, eine sichere Verbindung mit dem Quellserver aufzubauen, ansonsten ist die Schaltfläche **WEITER** gesperrt:

Diese gesicherte Verbindung wurde mit Backup Exec 2010 R3 eingeführt und dient dem Aufbau einer Vertrauensstellung zwischen Backupserver und dem Remoteagenten auf der zu sichernden Maschine. Sie sollten daher sicherstellen, dass Sie die Agenten nur auf Maschinen verteilen, denen Sie vertrauen.

Diese Vertrauensstellung zwischen Backupserver und Remoteagent wird während der Agenteninstallation mittels Push-Verfahren automatisch eingerichtet.

Im nächsten Schritt des Assistenten geben Sie an, welche(r) Server zu Ihrer Backup Exec-Umgebung hinzugefügt werden soll(en):

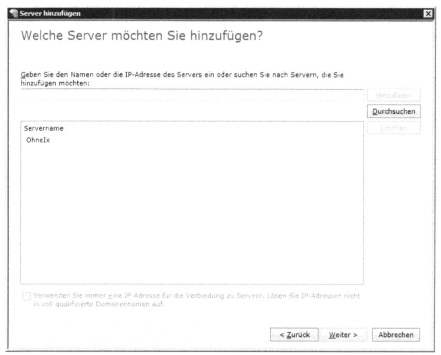

Sie können hier entweder den Namen des zu sichernden Servers
angeben oder die IP-Adresse. Haben Sie die IP-Adresse angegeben,
können Sie angeben, ob die Sicherung später ausschließlich IP-Adressen
verwenden soll, oder ob Backup Exec versuchen soll, die IP-Adresse in
einen Namen aufzulösen. Die Verwendung von IP-Adressen ist immer
dann zu wählen, wenn Sie den Namen des Servers nicht auflösen
können, weil er in einem speziellen Bereich Ihres Netzwerks steht, zu
dem es keine Namensauflösung gibt, wie z. B. in einer DMZ.

Alternativ können Sie auch auf die Schaltfläche **DURCHSUCHEN** klicken
und den oder die Server aus der Liste der Server in Ihrem Netzwerk
heraussuchen.

Hinweis:
*Wenn Sie einen Cluster hinzufügen möchten, geben Sie hier bitte die
einzelnen Knoten des Clusters an.*

Die nächste Seite des Assistenten bietet die Möglichkeit festzulegen, mit
welchen Anmeldedaten Backup Exec sich mit dem Server verbinden
soll:

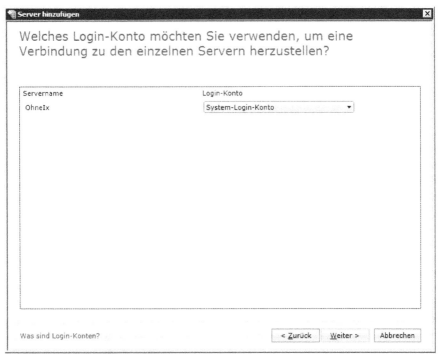

Wie Sie weitere Zugriffskonten in Backup Exec anlegen, erfahren Sie im Kapitel 17.1 „So richten Sie ein Dienstkonto ein" auf Seite 167.

Auf der nächsten Seite bietet Ihnen der Assistent nun die Möglichkeit, den Remoteagenten auf der hinzuzufügenden Maschine automatisch zu installieren bzw. zu aktualisieren. Auch können Sie angeben, ob der Server automatisch neu gestartet werden soll, wenn die Installation bzw. Aktualisierung dies erfordert:

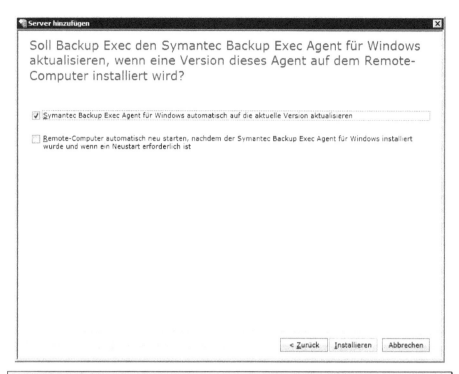

> **Hinweis:**
> *Bitte gehen Sie vor allem mit letzterer Option sehr vorsichtig um, speziell, wenn Sie zuvor mehrere Server ausgewählt haben sollten.*

Anschließend klicken Sie auf die Schaltfläche **INSTALLIEREN**, und die Installation wird durchgeführt:

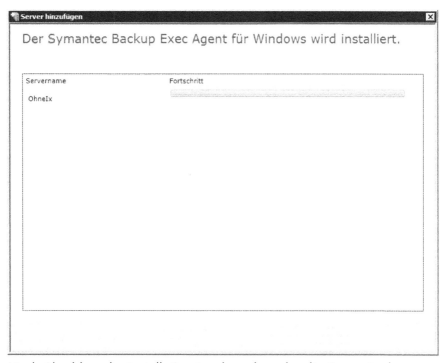

Der Symantec Backup Exec Agent für Windows wird installiert.

Servername	Fortschritt
OhneIx	

Nach Abschluss der Installation tauchen der oder die Server in der Übersicht Ihrer Backup Exec-Umgebung auf.

20.2 Hinzufügen eines VMware vCenters oder ESX-Servers

Klicken Sie in der Registerkarte BACKUP UND WIEDERHERSTELLUNG auf die Schaltfläche HINZUFÜGEN im Bereich SERVER. Es öffnet sich ein Assistent, in dem Sie angeben können, welchen Servertyp Sie zu Backup Exec hinzufügen möchten:

Wählen Sie hier den Eintrag **VMWARE VCENTER- ODER ESX-SERVER**, aus und klicken Sie auf **WEITER**.

Geben Sie im nächsten Fenster des Assistenten den Namen oder die IP-Adresse Ihres vCenters oder ihres ESX-Servers an und klicken Sie auf **WEITER**.

Die Ressource wird erstellt und in der Serverliste angezeigt.

> **Hinweis:**
> *Verwenden Sie, wenn vorhanden, immer das vCenter, um Ihre Server zu sichern. So ist sichergestellt, dass Backup Exec die virtuellen Maschinen auch dann findet, wenn Sie sie zwischen den einzelnen physikalischen Servern verschoben haben.*
> *Ausschließlich für den Fall, dass Sie kein vCenter im Einsatz haben, geben Sie hier direkt die IP-Adresse Ihres ESX-Servers an.*

20.3   Hinzufügen von NAS-Fileservern

Um einen Nicht-Windows Fileserver oder ein NAS zur Backup Exec-Umgebung hinzuzufügen, klicken Sie in der Registerkarte **BACKUP UND WIEDERHERSTELLUNG** auf die Schaltfläche **HINZUFÜGEN** im Bereich

SERVER. Es öffnet sich ein Assistent, in dem Sie angeben können, welchen Servertyp Sie zu Backup Exec hinzufügen möchten:

Wählen Sie hier den Eintrag **DATEISERVER** aus, und klicken Sie auf **WEITER**.

Geben Sie im nächsten Schritt den Namen oder die IP-Adresse des hinzuzufügenden Systems an, und klicken Sie auf **WEITER**.

Die Ressource wird erstellt und in der Serverliste angezeigt.

20.4 Hinzufügen von SharePoint Server Farmen

Um eine SharePoint-Farm zur Backup Exec-Umgebung hinzuzufügen, klicken Sie in der Registerkarte **BACKUP UND WIEDERHERSTELLUNG** auf die Schaltfläche **HINZUFÜGEN** im Bereich **SERVER**. Es öffnet sich ein Assistent, in dem Sie angeben können, welchen Servertyp Sie zu Backup Exec hinzufügen möchten:

Welcher Servertyp soll zu Backup Exec hinzugefügt werden?

Microsoft Windows-Computer und -Server
Fügt einen Windows-Computer oder einen Exchange-, SQL- oder SharePoint-Server der Serverliste hinzu. Backup Exec Agent for Windows wird bei Bedarf installiert.

VMware vCenter- oder ESX-Server
Einen VMware vCenter- oder ESX-Server zur Serverliste hinzufügen

Dateiserver
Fügt der Serverliste einen Dateiserver hinzu.

Microsoft SharePoint-Serverfarmen
Eine SharePoint-Serverfarm zur Serverliste hinzufügen

Microsoft Exchange-Datenbankverfügbarkeitsgruppen
Symantec Backup Exec Agent for Windows auf Microsoft Exchange-Database Availability Group-Servern installieren und der Serverliste eine Microsoft Exchange-Database Availability Group hinzufügen

Indem Sie einen Server zur Liste der Server in Backup Exec hinzufügen, können Sie Backup und Überwachung dieses Servers durchführen.

Weiter >   Abbrechen

Wählen Sie hier den Eintrag **Microsoft SharePoint-Serverfarmen** aus, und klicken Sie auf **Weiter**.

Geben Sie im nächsten Schritt den Namen oder die IP-Adresse eines Webservers an, der Mitglied der hinzuzufügenden Farm ist. Definieren Sie außerdem den Namen, den Backup Exec später zur Anzeige der Farm in der Serverliste verwenden soll, und klicken Sie auf **Weiter**.

Die Ressource wird erstellt und in der Serverliste angezeigt.

20.5 Hinzufügen einer Exchange Datenbank-Verfügbarkeitsgruppe (DAG)

Klicken Sie in der Registerkarte **Backup und Wiederherstellung** auf die Schaltfläche **Hinzufügen** im Bereich **Server**. Es öffnet sich ein Assistent, in dem Sie angeben können, welchen Servertyp Sie zu Backup Exec hinzufügen möchten:

Wählen Sie hier den Eintrag **MICROSOFT EXCHANGE-DATENBANKVERFÜGBARKEITSGRUPPEN** aus, und klicken Sie auf **WEITER**.

Als nächstes müssen Sie den Namen eines Domänencontrollers der Domäne angeben, in der sich die Exchange Datenbank-Verfügbarkeitsgruppe befindet.

> **Hinweis:**
> *Sollte es sich hierbei um eine andere Domäne handeln als derjenigen, zu der der Backup Exec Backupserver gehört, sollten Sie den Namen des Domänencontrollers hier inklusive Domänennamen angeben.*

Im nächsten Schritt des Assistenten müssen Sie angeben, mit welchen Anmeldedaten sich Backup Exec am Domänencontroller anmelden soll.

Wenn Sie danach auf **WEITER** klicken, wird Ihnen die Liste der in dieser Domäne verfügbaren Exchange Server angezeigt, die Mitglied in einer Datenbank-Verfügbarkeitsgruppe sind:

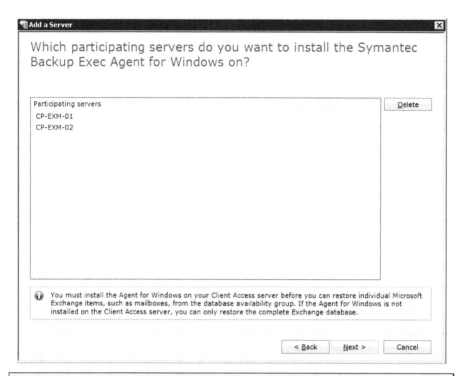

Which participating servers do you want to install the Symantec Backup Exec Agent for Windows on?

Participating servers	Delete
CP-EXM-01	
CP-EXM-02	

ⓘ You must install the Agent for Windows on your Client Access server before you can restore individual Microsoft Exchange items, such as mailboxes, from the database availability group. If the Agent for Windows is not installed on the Client Access server, you can only restore the complete Exchange database.

< Back   Next >   Cancel

Hinweis:

Bitte beachten Sie den Hinweis am unteren Ende der Seite, dass Sie den Backup Exec-Agenten auch auf den Client-Access-Servern Ihrer Exchange-Umgebung installieren müssen, um eine GRT-Wiederherstellung durchführen zu können.

Klicken Sie nun auf **WEITER**, und Backup Exec wird den Agenten auf den ausgewählten Servern installieren.

Hinweis:

Die Datenbank-Verfügbarkeitsgruppe wird automatisch als weiterer **SERVER** *in der Liste auftauchen, sobald sich mindestens einer der beteiligten Datenbankserver beim Backupserver registriert hat.*

20.6   Hinzufügen von Linux-Servern

Die Vorgehensweise unterscheidet sich nicht von der des Hinzufügens eines Windows-Servers, außer, dass Sie im ersten Schritt des Assistenten nicht **MICROSOFT WINDOWS-COMPUTER UND -SERVER** auswählen, sondern **LINUX-COMPUTER**:

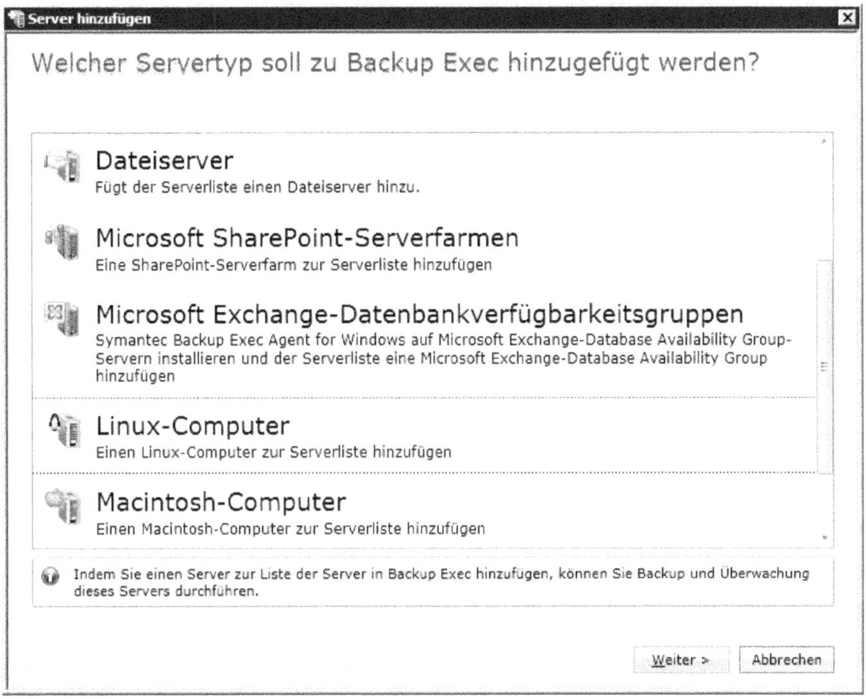
Server hinzufügen
Welcher Servertyp soll zu Backup Exec hinzugefügt werden?
Dateiserver
Fügt der Serverliste einen Dateiserver hinzu.
Microsoft SharePoint-Serverfarmen
Eine SharePoint-Serverfarm zur Serverliste hinzufügen
Microsoft Exchange-Datenbankverfügbarkeitsgruppen
Symantec Backup Exec Agent for Windows auf Microsoft Exchange-Database Availability Group-Servern installieren und der Serverliste eine Microsoft Exchange-Database Availability Group hinzufügen
Linux-Computer
Einen Linux-Computer zur Serverliste hinzufügen
Macintosh-Computer
Einen Macintosh-Computer zur Serverliste hinzufügen
Indem Sie einen Server zur Liste der Server in Backup Exec hinzufügen, können Sie Backup und Überwachung dieses Servers durchführen.
Weiter >
Abbrechen

20.7 Hinzufügen von Apple Macintosh-Servern

Die Vorgehensweise unterscheidet sich nicht von der des Hinzufügens eines Windows-Servers, außer, dass Sie im ersten Schritt des Assistenten nicht **MICROSOFT WINDOWS-COMPUTER UND -SERVER** auswählen, sondern **MACINTOSH-COMPUTER**:

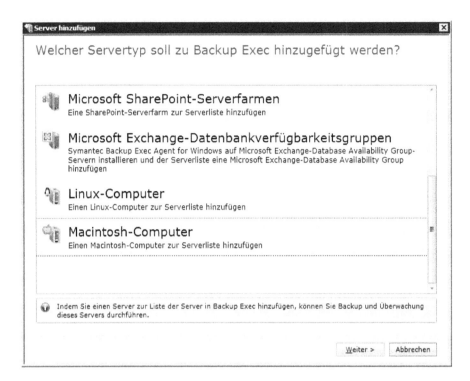

21 Was wollen Sie sichern und was nicht?

21.1 Die Auswahlliste

Im linken Abschnitt des Dialogs sehen Sie die Ressourcen, die auf dem von Ihnen ausgewählten Server zur Verfügung stehen.
Damit ändert sich diese Ansicht je nach ausgewähltem Server.

> **Hinweis:**
> *Sollten Sie an dieser Stelle einen Ressourcentyp vermissen, liegt dies vermutlich daran, dass Sie keinen Agenten für diesen Ressourcentyp installiert haben.*

Standardmäßig sichert Backup Exec alle Auswahlen auf dem Server. Sollten Sie dies nicht wünschen, können Sie die Auswahlen durch Klick auf die Schaltfläche **BEARBEITEN** verändern:

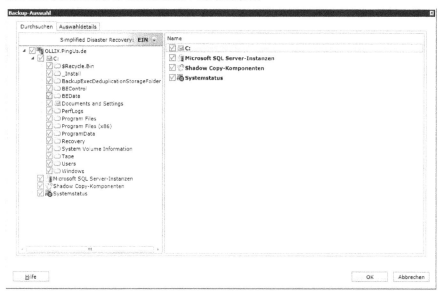

Sie können hier Auswahlen entfernen, indem Sie das blaue Häkchen im Kontrollkästchen vor dem jeweiligen Eintrag anklicken:

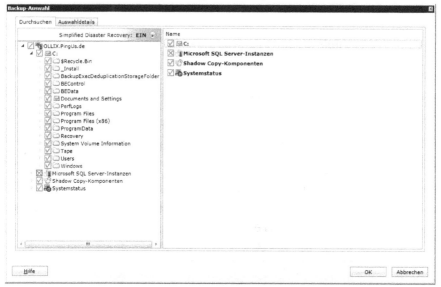

Dadurch wird das blaue Häkchen durch ein rotes Kreuz ersetzt und die übergeordnete Auswahl - in unserem Beispiel der Name des Servers - wird nur noch mit einem blauen Querbalken dargestellt.

Hinweis:

Bitte beachten Sie die grüne Markierung am oberen Ende der Auswahlliste. Diese zeigt an, dass aktuell alle Auswahlen gesichert werden, die für eine vollständige Wiederherstellung der Maschine „vom blanken Blech", also ein Disaster Recovery notwendig sind.

Entfernen Sie eine Auswahl, die Backup Exec für das Disaster Recovery benötigt, verschwindet die grüne Markierung:

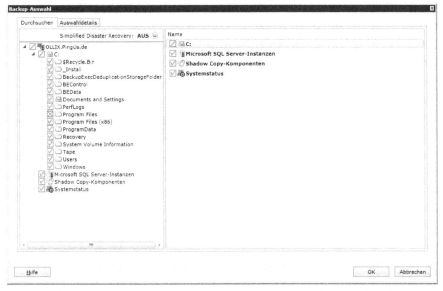

Hinweis:

Um ein Disaster Recovery wieder zu ermöglichen, können Sie mit der rechten Maustaste auf den Eintrag „Simplified Disaster Recovery" klicken und im Kontextmenü auf den Eintrag „Alle erforderlichen Komponenten für die Notfallwiederherstellung auswählen" klicken. Dadurch werden alle notwendigen ausgeschlossenen Auswahlen wieder aktiviert.
Bitte beachten Sie, dass in der aktuellen Version von Backup Exec die SDR-Funktionalität für Windows 2012 nicht angeboten wird. Der Eintrag bleibt also immer grau, unabhängig davon, was Sie an der Sicherungsauswahl ändern.

Da diese grafische Ansicht u. U. unübersichtlich werden kann, wenn Sie mehrere Auswahlen deaktivieren, können Sie in die zweite Registerkarte wechseln, und sich eine textbasierte Ansicht der Auswahlen anschauen:

Hier sehen Sie als ersten Eintrag den Server mit dem Hinweis „Einschließen - *.* [Subdir]"

Dies bedeutet, dass alle Ressourcen auf dem Server ausgewählt sind, inklusive aller Unterverzeichnisse („[Subdir]"). Dies ist der Standardeintrag für jeden Server.

Der nächste Eintrag lautet „Ausschließen - Program Files*.* [Subdir]" und zeigt an, dass das Verzeichnis „Program Files" auf dem Laufwerk „C:" (kenntlich gemacht durch die „Abschnittsüberschrift" in der Liste) von der Sicherung ausgeschlossen ist, und zwar inklusive aller seiner Unterverzeichnisse („[Subdir]").

Haben Sie alle Auswahlen Ihren Wünschen entsprechend angepasst, schließen Sie das Dialogfeld durch Klick auf die Schaltfläche **OK**, und Sie gelangen zurück zum Sicherungsassistenten.

Beachten Sie auch hier das grüne Symbol neben dem Servernamen, das anzeigt, dass ein Disaster Recovery mit den getätigten Auswahlen möglich ist:

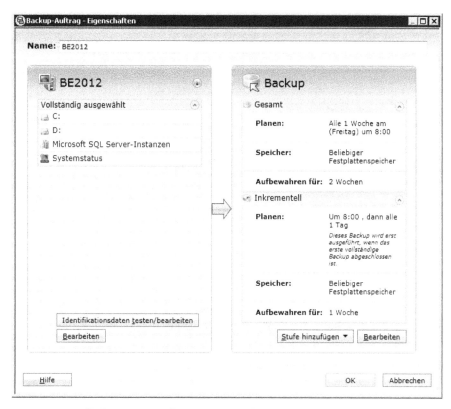

21.2   Implizite vs. Explizite Auswahlen

Auch wenn die Darstellung der von Ihnen getroffenen Auswahlen in Backup Exec 2012 weitaus deutlicher ist, als in den vorhergehenden Versionen, möchte ich doch kurz ein Thema anreißen, das immer wieder zu Missverständnissen führt:
Wenn Sie sich die Auswahlliste eines Servers ansehen, werden alle aktiven Auswahlen mit einem blauen Häkchen markiert, ausgeschlossene Ressourcen mit einem roten Kreuz:

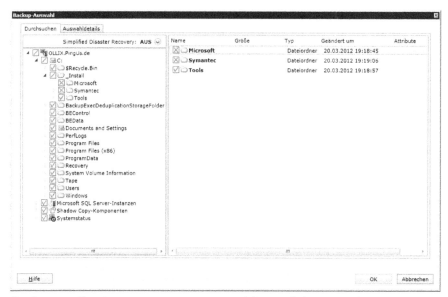

Sind nur Teile einer Ressource ausgewählt, wird die Ressource mit einem blauen Balken markiert, so wie im obigen Bild der Ordner „_Install".

Schauen Sie sich jetzt im Vergleich dazu das folgende Bild an:

Sehen Sie den Unterschied? Der Sicherungsumfang ist zum aktuellen Zeitpunkt in beiden Fällen identisch.

Was also macht hier den Unterschied?

Schauen wir uns beide Auswahlen einmal in der textbasierten Ansicht (zweite Registerkarte im Dialogfeld) an:

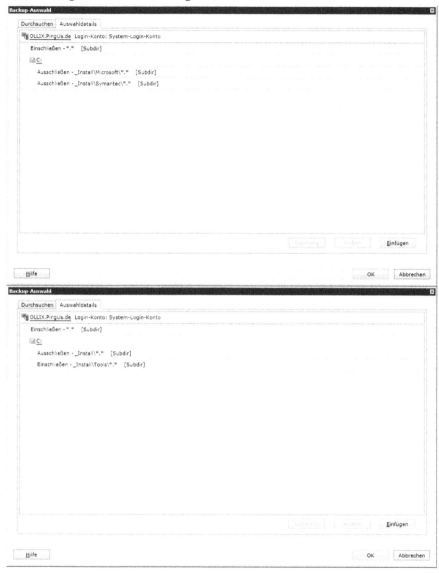

Wie Sie sehen, werden bei der ersten Methode zwei Verzeichnisse explizit ausgeschlossen. Der zweite Ansatz schließt das komplette Verzeichnis „_Install" aus und schließt das darin enthaltene Verzeichnis „Tools" wieder ein.

Wie gesagt: zum aktuellen Zeitpunkt sichern Sie dieselben Daten.

Der Unterschied wird erst deutlich, wenn innerhalb des Verzeichnisses ein weiterer Unterordner angelegt wird. Schauen Sie sich die beiden folgenden Bilder einmal an:

Was ist passiert? In der ersten Methode wird aufgrund des expliziten Ausschlusses zweier Verzeichnisse der neu hinzugekommene Ordner „Drivers" mitgesichert. In der zweiten Variante wurde aber der Ordner

„_Install" deaktiviert und nur der enthaltene Ordner „Tools"
ausgewählt. Damit wird der neu erstellte Ordner „Drivers" nicht
gesichert.

Tun Sie sich (und mir) bitte den Gefallen und verinnerlichen Sie diesen
auf den ersten Blick harmlos aussehenden Unterschied und
berücksichtigen Sie ihn bei der Erstellung Ihrer Sicherungsaufträge.
Bedenken Sie, dass ggf. auch andere Personen außer Ihnen
Verzeichnisse auf den zu sichernden Servern anlegen und Daten
verschieben, so dass diese dadurch plötzlich nicht mehr in Ihrer
Sicherung enthalten sein könnten.

Es ist daher durchaus sinnvoll, die Größe eines Sicherungsauftrags im
Auge zu behalten und aufmerksam zu werden, wenn diese plötzlich
kleiner wird. Die Wahrscheinlichkeit, dass sich in diesem Fall etwas an
Ihrer Auswahlliste geändert hat, ist ziemlich hoch.

> **Hinweis:**
> *Dieses explizite und implizite Ein- und Ausschließen von Auswahlen gilt*
> *nicht nur für Verzeichnisse, sondern auch für komplette Ressourcen, also*
> *z. B. gesamte Laufwerke.*
> *Wählen Sie daher im Zweifelsfalle immer zuerst den kompletten zu*
> *sichernden Server aus und deaktivieren Sie anschließend diejenigen*
> *Laufwerke, die Sie nicht sichern möchten.*

21.3   Entfernen nicht mehr existierender Auswahlen

Sollte eine Ressource auf einem Server nicht mehr existieren, weil Sie z.
B. eine Partition mit Daten vom Server entfernt haben, wird Ihnen
Backup Exec nach dem Backup des Servers einen Fehler melden, weil
die Ressourcen, die in der Auswahlliste definiert wurden, nicht gesichert
werden konnten. Wenn Sie nun versuchen, die Ressourcen in der
Auswahlliste zu entfernen, werden Sie feststellen, dass Sie sie dort nicht
mehr sehen. Das liegt daran, dass die Auflistung der verfügbaren
Ressourcen eines Servers in dem Moment erfolgt, in dem Sie darauf
zugreifen.

Um die nicht mehr zu sichernde Auswahl aus dem Auftrag zu
entfernen, wechseln Sie in die zweite Registerkarte AUSWAHLDETAILS.
Hier sehen Sie alle konfigurierten Auswahlen, ob erreichbar, oder nicht.
Markieren Sie also hier einfach die zu löschende Zeile und klicken Sie
am unteren Rand des Dialogs auf ENTFERNEN.

21.4 Ausklammern gesamter Verzeichnisebenen

Hin und wieder ist es sinnvoll, mehrere Verzeichnisse auszuschließen, die alle in einem Verzeichnisbaum liegen und sich nur in einer Verzeichnisebene unterscheiden. Als Beispiel hierfür sollen die Temp-Verzeichnisse der Benutzer eines Windows 2008R2-Servers dienen. Alle diese Verzeichnisse liegen im folgenden Pfad: C:\USERS\<USERNAME>\APPDATA\LOCAL\TEMP. In Windows wäre es jetzt sehr schwierig, alle diese Verzeichnisse zu benennen, da wir ja gar nicht wissen, welche Benutzer sich an diesem Server bereits angemeldet haben bzw. dies in der kommenden Zeit tun werden.

Praktischer Weise verfügt Backup Exec über eine Variable, um Verzeichnisebenen zu ersetzen. Die Variable besteht aus zwei Sternen (**), die einfach im Pfad eingefügt werden.

In unserem Beispiel wäre der Pfad also C:\USERS**\APPDATA\LOCAL\TEMP.

Sie können auch mehrere Verzeichnisebenen ausschließen. Selbst wenn Sie nicht wissen, in welcher Ebene sich ein Verzeichnis oder eine Datei befindet, können Sie eine solche Ausnahme definieren. So würde die Definition „**\Temp*.*" alle Verzeichnisse namens „Temp" ausschließen, egal wo sie sich auf dem zu sichernden System befinden.

Tragen Sie diese Definition in den Globalen Ausschlüssen von Backup Exec ein, betrifft sie sogar alle Verzeichnisse namens „Temp" – unabhängig davon, auf welchem Server und in welcher Verzeichnisebene sie existieren.

21.5 Globale Ausnahmen

Die globalen Ausnahmen definieren, wie ihr Name schon vermuten lässt, welche Verzeichnisse, Dateien oder Dateitypen Sie von allen Sicherungen ausschließen wollen.

Sie können hier z. B. mit dem Eintrag ***.mp* erreichen, dass keine Audiodateien gesichert werden.

> **Hinweis:**
> Bitte beachten Sie, dass die Globalen Ausnahmen nicht für Aufträge gelten, die eine SDR-Sicherung erstellen. Möchten Sie eine Gesamtsicherung eines Servers erstellen und die globalen Ausnahmen dabei beachten, müssen Sie in der Auswahlliste des Auftrags mit der rechten Maustaste auf das grüne Icon oben rechts klicken und die SDR-Sicherung deaktivieren.

21.6 Automatische Ausschlüsse durch Backup Exec

Backup Exec beinhaltet eine Logik namens ACTIVE FILE EXCLUSION, die diejenigen Dateien aus einem Sicherungslauf ausschließt, deren Sicherung keinen Sinn ergibt. So werden u. a. alle Dateiverzeichnisse ausgeschlossen, die Datenbankdateien enthalten, für die Backup Exec einen Agenten bereitstellt.

Ein Beispiel gefällig? Nehmen wir einen Microsoft SQL-Server. Jede Datenbank besteht aus (mindestens) einem Datenbank- und einem Logfile. Wenn Sie eine Datensicherung dieses Servers machen und einen SQL-Agenten installiert haben, werden alle Dateien mit den Endungen .MDF (Datenbanken) und .LDF (Logfiles) automatisch von der Sicherung ausgeschlossen.

Dieses automatische Ausklammern der Dateien passiert übrigens erst zur Laufzeit des Auftrags. Das hat zwei Dinge zur Folge: Zum einen sehen Sie die Ausschlüsse nicht in Ihrer Sicherungsauswahl, zum anderen werden die Dateien nur dann vom Backup ausgeschlossen, wenn der SQL-Serverdienst auf der zu sichernden Maschine läuft. Sollten Sie also die Dateien unbedingt doch mitsichern wollen, müssen Sie die SQL-Serverdienste vor Beginn der Datensicherung beenden.

Wie Sie Skripts verwenden, die vor bzw. nach der Datensicherung Änderungen auf den zu sichernden Systemen vornehmen, erfahren Sie im Kapitel 24 „Verwendung von Skripten vor und nach der Sicherung" auf Seite 268.

Die automatischen Ausschlüsse kennt Backup Exec für die folgenden Systeme:

- Microsoft Exchange Server
- Microsoft SQL Server
- Microsoft SharePoint Server
- Microsoft Active Directory
- IBM Lotus Notes Server

> **Hinweis:**
> Beachten Sie bitte, dass Backup Exec seine eigenen Ressourcen, speziell Backup-To-Disk-Ordner und Deduplizierungsspeicher, sowie die dazugehörigen Einträge in den Benutzerdaten der Schattenkopie-Komponenten nicht automatisch aus der Sicherung ausschließt. Das müssen Sie selbst tun.

22 Sicherungsmethode: Wie wollen Sie die Daten sichern?

Im rechten Bereich des Dialogfensters sehen Sie die Sicherungsmethoden, die Backup Exec für den Server vorschlägt.

Standardmäßig soll hier einmal pro Woche freitags ein Vollbackup laufen, sowie täglich eine inkrementelle Sicherung. Beide Sicherungstypen sollen je vier Wochen aufbewahrt werden, und als Ziel ist aufgrund unserer Auswahl zu Beginn der Deduplizierungsspeicher angegeben.

Auch hier können Sie über die Schaltfläche „Speicher konfigurieren" Änderungen an den vordefinierten Einstellungen machen.

> **Hinweis:**
> Welche Registerkarten Sie im folgenden Dialog angezeigt bekommen, hängt davon ab, welche Ressourcen auf den zu sichernden Maschinen existieren und welche Agenten und Optionen Sie in Backup Exec freigeschaltet haben.

22.1 Sicherungsaufträge einrichten

Um einen Sicherungsauftrag einzurichten, markieren Sie in der Registerkarte **BACKUP UND WIEDERHERSTELLUNG** den Server, den Sie sichern möchten und klicken auf die Schaltfläche **BACKUP** im Bereich **BACKUP**:

| Backup | Einmaliges Backup ▾ | Backups bearbeiten | Backup-Kalender |

Backup

Es öffnet sich ein Menü, aus dem Sie auswählen können, mit welcher Sicherungsmethode Sie den Auftrag anlegen möchten:

Auf Deduplizierungsspeicher sichern	
Auf Deduplizierungsspeicher sichern und dann auf Deduplizierungsspeicher duplizieren	
Auf Deduplizierungsspeicher sichern und dann auf Band duplizieren	
Auf Deduplizierungsdatenträger sichern und dann in virtuellen Computer konvertieren	
Auf Deduplizierungsdatenträger sichern und gleichzeitig in virtuellen Computer konvertieren	
Backup-to-Disk	
Auf Festplatte sichern und dann auf Band duplizieren	
Auf Datenträger sichern und dann in virtuellen Computer konvertieren	
Auf Datenträger sichern und gleichzeitig in virtuellen Computer konvertieren	
Auf Band sichern	

Neues Backup mit den Einstellungen eines vorhandenen Backups erstellen

---

Hinweis:

Je nachdem, welche Art von Sicherungsgeräten Sie an Ihrem Backupserver angeschlossen haben, sehen Sie hier eventuell eine andere Auswahl.

Für den ersten Sicherungsauftrag wählen wir Sicherung in einen Deduplizierungsspeicher, also den ersten Eintrag in diesem Menü, wodurch ein Assistent gestartet wird:

Vergeben Sie hier im oberen Abschnitt des Dialogs einen Namen für den zu erstellenden Auftrag.

Damit können Sie den Auftrag speichern und den ersten Sicherungslauf abwarten.

22.2 Staging: So erstellen Sie eine Kopie der Sicherung

Nachdem der erste Sicherungsauftrag erstellt ist, können wir uns Gedanken dazu machen, wie wir die gesicherten Daten auf Magnetbänder duplizieren, um sie auslagern zu können.

Klicken Sie hierzu auf den Eintrag des Servers mit der rechten Maustaste, und wählen Sie im Kontextmenü den Eintrag BACKUPS BEARBEITEN aus:

Klicken Sie nun im rechten Bereich des Dialogfensters auf STUFE
HINZUFÜGEN, wodurch sich das folgende Kontextmenü öffnet:

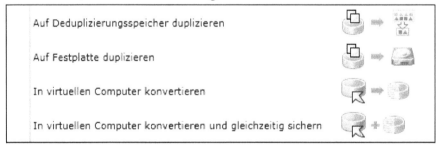

Hinweis:
*Je nachdem, welche Art von Sicherungsgeräten Sie an Ihrem
Backupserver angeschlossen haben, sehen Sie hier eventuell eine andere
Auswahl.*

Wir möchten in diesem Beispiel eine Kopie der Daten auf Disk
erzeugen und wählen daher den zweiten Eintrag aus.

Daraufhin wird in unseren Konfigurationsdialog ein weiteres Fenster eingeblendet:

Standardmäßig konfiguriert Backup Exec den Duplizierungsauftrag so, dass einmal pro Woche alle erstellen Backupsätze dupliziert werden.

In den meisten Fällen finde ich diesen Ansatz nicht so gut. Ich tendiere eher dazu, nur die Vollsicherungen auf Bänder auszulagern und die Teilsicherungen ausschließlich auf Festplatten vorzuhalten. Aber das ist meine subjektive Auffassung, und Sie sollten selbst entscheiden, welche Daten Sie wie oft gesichert haben möchten.

Ich zeige Ihnen einfach, welche Möglichkeiten Ihnen der Duplizierungsauftrag bietet.

Klicken Sie dazu im neu erschienen dritten Fenster auf **BEARBEITEN**, um die Konfiguration dieses Auftragsschritts zu ändern:

Öffnen Sie das Listenfeld **QUELLE**, und schauen Sie sich die Möglichkeiten an:

Sie können hier auswählen, ob Sie alle erstellten Sicherungssätze duplizieren wollen, nur die eines bestimmten Auftrags oder, und das finde ich sehr spannend, nur die des letzten Vollbackups. Spannend deshalb, weil es diese Option in den Vorgängerversionen nicht gab und ich sie immer vermisst habe.

Dazu können Sie definieren, wann dieser Duplizierungsauftrag starten soll.

Alternativ können Sie auch die Option **DATEN SOFORT NACH ABSCHLUSS DER QUELLAUFGABE DUPLIZIEREN** aktivieren. Dann bekommen Sie dieselbe Konfiguration, wie sie in Backup Exec 2010 Standard war: die

Daten des gewählten Sicherungsauftrags werden direkt nach der Fertigstellung des Backups dupliziert.

Beide hier wählbaren Optionen haben ihre Stärken und Schwächen. So ist es sicherlich schön, wenn die Daten direkt nach dem Vollbackup auf Band dupliziert werden, um so ausgelagert werden zu können. Allerdings hat dies in der Vergangenheit immer wieder dazu geführt, dass der Festplattenspeicher, auf dem die Sicherungen in erster Instanz auflaufen, unter so hohe Last kam, dass die Performance der gesamten Backup-Umgebung darunter zu leiden hatte. Schließlich musste jetzt nicht nur auf den Speicherort geschrieben werden, sondern gleichzeitig wurden auch noch große Datenmengen von dort wieder lesend angefordert.

Besonders, wenn Sie als erste Sicherungsinstanz einen Deduplizierungsspeicher verwenden, sollten Sie ernsthaft in Erwägung ziehen, das Duplizieren der gesicherten Daten von der eigentlichen Sicherung zu entkoppeln und außerhalb Ihres Sicherungszeitfensters durchzuführen.

Denken Sie daran, dass die deduplizierten Daten auf der Festplatte beim Kopieren auf Magnetbänder erst wieder zusammengesetzt, („rehydriert") werden müssen, was einige Last auf dem Backupserver verursacht.

> **Hinweis:**
> *Dieser Last, die das Rehydrieren der Daten verursacht, ist es auch geschuldet, dass das Ausgeben der Daten auf Band von einem Deduplizierungsspeicher deutlich länger dauert, als von einem klassischen Backup-To-Disk-Ordner auf demselben Backupserver.*

In der Registerkarte **SPEICHER** können Sie definieren, welches Gerät Sie als Ziel für die Duplizierung verwenden möchten.

Außerdem können Sie noch Benachrichtigungen für den Duplizierungsauftrag einstellen und festlegen, ob die duplizierten Daten nach dem Schreiben automatisch überprüft werden sollen. Beachten Sei hierzu bitte auch die Hinweise im Kapitel 17.7.5 „Überprüfung" auf Seite 204.

23 Spezielle Sicherungsaufträge

23.1 So sichern Sie Ihre Exchange Informationsspeicher

Wie bereits im Kapitel 15 „So installieren Sie Backup Exec" auf Seite 128 erläutert, müssen für die erfolgreiche Sicherung und Wiederherstellung von Exchange Servern bestimmte Voraussetzungen erfüllt sein. Hierzu gehört vor allem das Vorhandensein bestimmter Softwarekomponenten, wie der „Microsoft Exchange Server MAPI Client and Collaboration Data Objects 1.2.1" in der aktuellen Version auf allen Exchange Datenbank-Servern und die Installation der Exchange-Verwaltungs-Tools auf dem Backupserver.

Nachdem diese Voraussetzungen erfüllt sind, sollten Sie für die Exchange-Umgebung einen dedizierten Auftrag erzeugen, in dem ausschließlich die Exchange Informationsspeicher gesichert werden. Bitte schließen Sie die Informationsspeicher auch aus allen anderen Aufträgen aus, mit denen Sie Ihre Exchange Server sichern.

Erstellen Sie also einen neuen Sicherungsauftrag.

Markieren Sie in der Registerkarte **BACKUP UND WIEDERHERSTELLUNG** Ihren Exchange Server bzw. Ihre Datenbank-Verfügbarkeitsgruppen, und klicken Sie im Menü im Abschnitt „Backups" auf den Eintrag „Backup".

> **Hinweis:**
> Wie Sie Ihre Exchange Server bzw. Datenbank-Verfügbarkeitsgruppen in die Liste der Server aufnehmen, erfahren Sie im Kapitel20.5 „Hinzufügen einer Exchange Datenbank-Verfügbarkeitsgruppe (DAG)" auf Seite 230.

Wählen Sie aus der Liste der Sicherungsmodelle dasjenige aus, das zu Ihren Anforderungen passt. Ich wähle in diesem Beispiel den Eintrag **AUF DEDUPLIZIERUNGSSPEICHER SICHERN** aus, um Ihnen alle einzelnen Schritte im Detail erklären zu können:

Backup ▾	Einmaliges Backup ▾	Backups bearbeiten	Backup-Kalender	Wiederherstellung Suchen Konvertieren ▾	Hinzufügen VMware-Server hi Entfernen

Auf Deduplizierungsspeicher sichern

Auf Deduplizierungsspeicher sichern und dann auf Deduplizierungsspeicher duplizieren

Auf Deduplizierungsspeicher sichern und dann auf Band duplizieren

Auf Deduplizierungsdatenträger sichern und dann in virtuellen Computer konvertieren

Auf Deduplizierungsdatenträger sichern und gleichzeitig in virtuellen Computer konvertieren

Backup-to-Disk

Auf Festplatte sichern und dann auf Band duplizieren

Auf Datenträger sichern und dann in virtuellen Computer konvertieren

Auf Datenträger sichern und gleichzeitig in virtuellen Computer konvertieren

Auf Band sichern

Neues Backup mit den Einstellungen eines vorhandenen Backups erstellen

Darauf öffnet sich der Konfigurationsdialog für den neuen
Sicherungsauftrag:

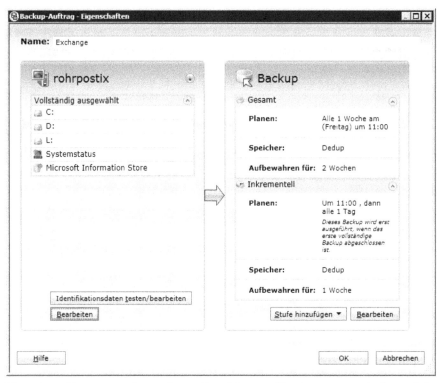

Vergeben Sie zuerst einen sinnvollen Namen für den neuen Auftrag. Ich habe ihn schlicht „Exchange" genannt. Da nach dem neuen serverorientierten Ansatz von Backup Exec alle unterschiedlichen Aufträge für die Sicherung eines Systems in einem Auftrag zusammengefasst werden, ist eine weitere Spezifizierung nicht mehr notwendig.

Als nächstes muss die Auswahlliste so verändert werden, dass nur die Exchange-Umgebung gesichert wird. Hierzu klicken Sie im linken Bereich auf **BEARBEITEN**.

Es öffnet sich die Auswahlliste, in der standardmäßig alle Ressourcen aktiviert sind:

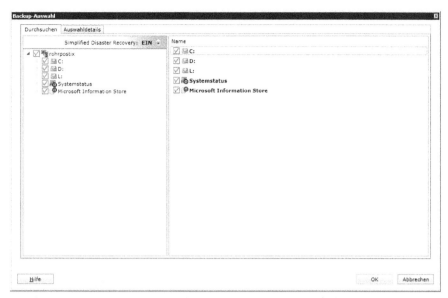

Deaktivieren Sie hier zuerst alle Ressourcen durch Klick in das Kästchen vor dem Servernamen, und aktivieren Sie hinterher ausschließlich den Exchange Informationsspeicher:

Hinweis:
Beachten Sie bitte die Informationen zum Thema implizite und explizite Auswahlen im Kapitel 21.2 „Implizite vs. Explizite Auswahlen" auf Seite 239.

Da wir das aber gar nicht wollen, klicken Sie bitte einfach auf **OK**, um die Änderungen zu speichern und in die Detailansicht des Sicherungsauftrags zurückzukommen.

Als nächstes passen wir die Sicherungsmethodik an. Klicken Sie diesmal im rechten Bereich auf **BEARBEITEN**, um in den Dialog für die die Backup-Optionen zu gelangen:

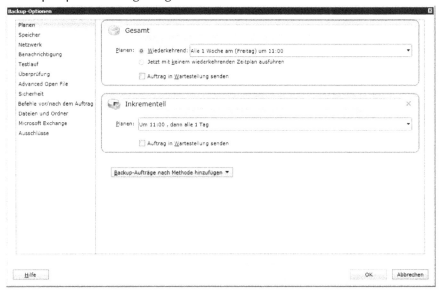

Wenn Sie das Optionsmenü in diesem Dialog betrachten, können Sie eine der interessanten Änderungen in Backup Exec 2012 gegenüber seinen Vorgängerversionen sehen: Es werden nur noch die Optionen angezeigt, die zu den Ressourcen passen, die in diesem Auftrag gesichert werden. Das macht das Leben doch gleich viel leichter, oder?

Das erste, was wir hier einstellen können und sollten, ist der Zeitplan für die Sicherungen. Standardmäßig schlägt Backup Exec 2012 vor, eine wöchentliche Vollsicherung mit täglichen inkrementellen Backups zu verwenden.

> **Hinweis:**
> *Wie genau das Konfigurieren der Zeitpläne funktioniert, steht im Kapitel 17.7.1 „Planen" auf Seite 199.*

In den meisten Workshops zum Thema Datensicherung wird das Thema E-Mail als unternehmenskritisch eingestuft. Daher möchte ich Ihnen an dieser Stelle den Vorschlag machen, das Sicherungsintervall zu ändern:

Stellen Sie den Zeitplan für die inkrementelle Sicherung auf alle vier Stunden um.

Klicken Sie hierzu auf das Listenfeld neben **PLANEN** im Bereich der inkrementellen Sicherung, um die Detailansicht zu öffnen:

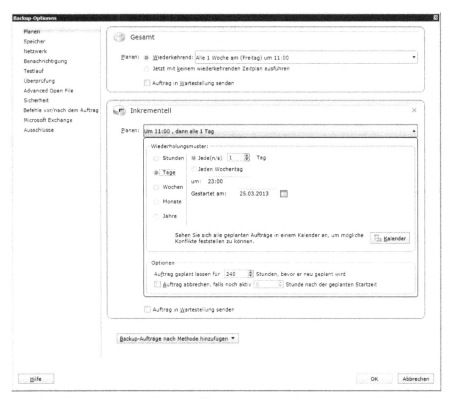

Wählen Sie hier zuerst die stündliche Wiederholung aus und ändern Sie dann das Intervall auf 4 Stunden:

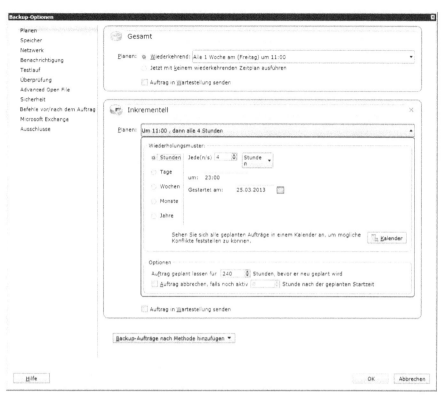

Den Startzeitpunkt lassen Sie auf dem voreingestellten Wert stehen. Damit starten die Vollsicherungen und die inkrementellen Sicherungen zur selben Zeit und Backup Exec übernimmt die Konfliktbehandlung.

Diese kleine Änderung führt dazu, dass Sie bei einem Ausfall Ihres Exchange Servers nicht mehr einen Datenverlust des letzten Tags, sondern nur noch der letzten vier Stunden in Kauf nehmen müssen. Und glauben Sie mir, wenn es dazu kommt, wird man sehr glücklich darüber sein.

Der nächste Schritt ist die Konfiguration der Vollsicherungen. In den Standardeinstellungen wird das Vollbackup einmal die Woche durchgeführt.

Das bedeutet im Falle einer Wiederherstellung des Exchange Servers, dass Sie das letzte Vollbackup und alle darauf aufbauenden inkrementellen Sicherungen zurückspielen müssen. Aufgrund des kurzen Sicherungsintervalls in diesem Beispiel wäre eine Rücksicherung recht unübersichtlich und würde vor allem einige Zeit in Anspruch nehmen. Erinnern Sie sich noch an meinen Leitsatz? „Wir machen die

Datensicherung ausschließlich zum Zwecke der Wiederherstellung". Sie erinnern sich?

Daher ist es sinnvoll, auch das Intervall der Vollsicherungen zu verkleinern. Die spannende Frage ist, wie weit. Nun, das hängt davon ab, wie groß zum einen Ihre Exchange-Umgebung ist und zum anderen davon, wie viele Daten Ihrer anderen Server Sie täglich sichern müssen. Wenn Ihre Exchange-Umgebung relativ klein und die zu sichernde Datenmenge insgesamt ebenfalls überschaubar ist, können Sie die Vollsicherung in diesem Auftrag hier auf „täglich" stellen. In den meisten Fällen wird das aber schwerlich möglich sein.

Meiner Meinung nach ist guter Mittelweg eine Halbierung des Sicherungsintervalls, so dass Sie zwei Vollbackups pro Woche machen.

Öffnen Sie hierzu den Zeitplan des Vollbackup-Eintrags, und aktivieren Sie die beiden Wochentage, an denen die Sicherung durchgeführt werden soll. Ich persönlich habe mit der Kombination Mittwoch/Samstag gute Erfahrungen gemacht:

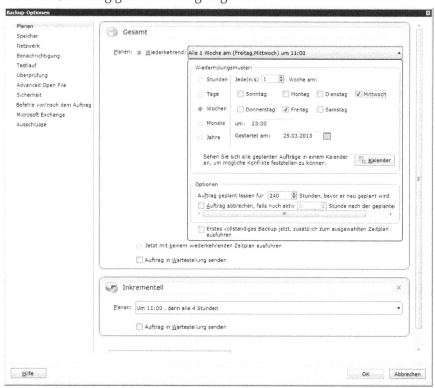

Als nächstes stellen wir ein, wohin die Sicherung erfolgen soll. Klicken Sie hierzu im linken Menü des Dialogfelds auf den Eintrag **SPEICHER**:

Stellen Sie hier bitte ein, dass das Vollbackup auf Ihren Deduplizierungsspeicher zeigt, die inkrementellen Sicherungen aber in einen klassischen Backup-To-Disk-Ordner laufen:

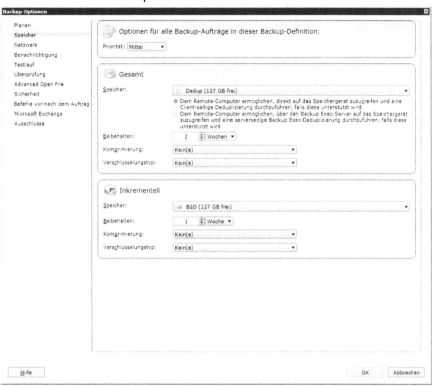

Hintergrund hierfür ist, dass inkrementelle Sicherungen von Exchange-Umgebungen nur Logfiles beinhalten, die sich nicht oder nur sehr schlecht deduplizieren lassen. Daher empfiehlt Symantec die hier konfigurierte Lösung.

Im Register **ADVANCED OPEN FILE** deaktivieren Sie bitte die AOFO, indem Sie das Häkchen ganz oben in der Registerkarte entfernen.

Hintergrund hierfür ist, dass die AOFO nicht bei Sicherungen von Datenbanken verwendet werden soll und darf, bei denen ein spezieller Agent zu Einsatz kommt. Ansonsten kann es Ihnen passieren, dass die Sicherung zwar durchläuft, Sie bei einer Wiederherstellung aber auf Fehler treffen, die ein Restore unmöglich machen.

Auf die anderen Einstellungen in den Sicherungsoptionen möchte ich hier nicht weiter eingehen; sie sind ausführlich im Kapitel 17.7 „Auftragseinstellungen" auf Seite 198 beschrieben.

23.2 So sichern Sie Datenbanken

Die Optionen für die Sicherung verschiedener Typen von Datenbanken unterscheiden sich nur leicht voneinander, so dass ich in diesem Kapitel alle Datenbanktypen auf einmal abhandeln möchte und auf die einzelnen Unterschiede direkt hinweisen werde.

Die Sicherung von Datenbanken sollte, ebenso wie die Sicherung von Exchange Informationsspeichern, in einem dedizierten Auftrag erfolgen und nicht zusammen mit den anderen Ressourcen der Datenbank-Server.

Nur zur Erinnerung: Ich möchte an dieser Stelle nicht auf jede kleine Stellschraube in Backup Exec eingehen. Zum einen, weil ich gar nicht zu jeder eine valide Beschreibung liefern könnte, zum anderen, weil ich dazu auf das Administrationshandbuch zu Backup Exec von Symantec verweisen möchte, das sich als .PDF-Datei im Installationsverzeichnis von Backup Exec auf Ihrem Backupserver befindet.

Was aber tun Sie bei Datenbanken, für die es keinen dedizierten Agenten gibt? Diese Datenbanken können Sie nicht online, also im laufenden Betrieb sichern. Vielmehr müssen Sie eine der beiden folgenden Methoden anwenden:

1. Offline-Sicherung. Beenden Sie die Datenbank-Dienste und führen Sie anschließend eine Datensicherung der Verzeichnisse durch, in denen die Datenbank-Dateien liegen. Nach Abschluss der Sicherung starten Sie die Datenbank-Dienste wieder.

2. Erstellen einer Sicherungsdatei mit Bordmitteln der Datenbank in ein Verzeichnis außerhalb der Verzeichnisstruktur der Datenbank selbst. Diese Datei können Sie jederzeit mit Backup Exec sichern, ohne dafür die Datenbank-Dienste stoppen zu müssen.

In beiden Fällen müssen Sie sich aber bewusst sein, dass eine Wiederherstellung aus mehreren Schritten besteht, für die u. U. unterschiedliche Personen oder Teams verantwortlich sind. In den meisten Fällen werden Wiederherstellungen von Sicherungen mit den eben genannten Methoden deutlich mehr Zeit in Anspruch nehmen, als wenn Sie eine Online-Sicherung mittels Agenten durchführen.

Sollte es also für die von Ihnen verwendete Datenbank einen Agenten von Backup Exec geben, kann ich Ihnen nur empfehlen, diesen zu erwerben und einzusetzen. Sie sparen einfach im Falle einer Wiederherstellung wertvolle Zeit. Und diese Zeitersparnis ist sicherlich mehr Wert als der Anschaffungspreis des Agenten.

23.3 GFS-Sicherungen

Das Deutsche Bundesinstitut für Sicherheit in der Informationstechnik (BSI) hat als Teil seines Grundschutz-Katalogs den Mindestumfang einer Datensicherung definiert.

Hierbei wird von einer Sicherung im „Drei-Generationen-Prinzip" gesprochen. Was verbirgt sich hinter diesem Begriff und wie erstelle ich eine solche Sicherung in Backup Exec?

Das sogenannte „Drei-Generationen-Prinzip", auch Großvater-Vater-Sohn-Prinzip genannt (im Englischen „Grandfather-Father-Son", daher die Abkürzung „GFS"), sieht vor, unterschiedliche Sicherungsmethoden mit einander zu kombinieren, um mit minimaler Anzahl von Sicherungsmedien einen möglichst großen Sicherungszeitraum abdecken zu können.

Die Idee dahinter möchte ich kurz erläutern:

Sie erstellen montags bis donnerstags Teilsicherungen Ihrer Daten (inkrementell oder differentiell, wie es Ihnen beliebt), und freitags machen Sie eine Vollsicherung.

Die Bänder der täglichen Teilsicherungen werden jede Woche überschrieben, wir können also der Einfachheit halber von einem Montagsband, einem Dienstags-, einem Mittwochs- und einem Donnerstagsband sprechen. Diese Tagesbänder werden als „Sohn-Sicherungen" bezeichnet.

Die Vollsicherung am Freitag erfolgt auf ein Medium, das einen Monat lang aufbewahrt wird. Es gibt also am Ende des Monats vier Freitagsbänder. Diese Bänder bezeichnet man in diesem Modell als „Vater-Bänder". Obwohl es mitunter Monate mit fünf Freitagen gibt, benötigen Sie kein fünftes Monatsband, da in diesem Fall der fünfte Freitag immer der letzte Tag des Monats ist.

Am letzten Tag eines Monats erstellen Sie eine weitere Vollsicherung, die sogenannte Monatssicherung. Diese Bänder, die als „Großvater-Bänder" bezeichnet werden, werden ein Jahr lang aufbewahrt.

Sie können also mit zwanzig Bändern (12x Großvater, 4x Vater, 4x Sohn) die Datensicherung eines ganzen Jahres bestreiten.

So weit, so gut. Ich muss Ihnen allerdings an dieser Stelle sagen, dass ich, trotz der offensichtlichen Genialität dieses Modells, kein Freund der GFS-Sicherung bin. Das liegt aber nicht an der Methode selbst, sondern daran, dass sie in vielen Fällen leider falsch oder nicht vollständig verstanden wird.

Ich begegne immer wieder Administratoren, IT-Leitern und Geschäftsführern, die der Meinung, sind dass Sie aus den mit Hilfe der GFS-Sicherung erstellten Backups alle Daten des vergangenen Jahres wiederherstellen können.

Und genau das können Sie nämlich nicht. Lassen Sie mich anhand von drei Bespielen erläutern, was ich meine:

1. Ein Kollege von Ihnen kommt zu Ihnen und bittet Sie um die Wiederherstellung einer Datei, die er ein paar Tage zuvor erstellt hat. Er hat diese Datei (eine Präsentation) für einen Vortrag gebraucht und vergangenen Dienstag erstellt. Den Vortrag hat er am Mittwoch gehalten und war anschließend davon ausgegangen, dass die Präsentation danach nicht mehr vonnöten sei. Also hat er sie am Mittwoch gelöscht. Nun soll er den Vortrag aber ein zweites Mal halten und benötigt daher die Präsentation doch noch einmal.
   Da er sie am Dienstag erstellt und am Mittwoch gelöscht hat, befindet sich die Datei auf der Dienstagssicherung, und Sie können sie dem Kollegen wieder bereitstellen.

2. Derselbe Kollege kommt mit derselben Problematik auf Sie zu, allerdings liegen Erstellungs- und Löschdatum in diesem Beispiel drei Wochen zurück. In diesem Fall müssen Sie den Kollegen enttäuschen. Die Sicherung besagten Dienstags wurde bereits überschrieben und in der Wochensicherung ist die Datei nicht enthalten, da sie ja zwischen zwei Vollsicherungen erstellt und wieder gelöscht wurde. Der Kollege muss seine Präsentation also neu erstellen.

3. Der Abteilungsleiter der Personalabteilung kommt zu Ihnen und bittet Sie um die Wiederherstellung eines Projektverzeichnisses. Ein paar Monate zuvor war eine externe Beratungsfirma im Haus, und es wurde ein zweiwöchiger Workshop durchgeführt. Beginn war der Fünfte des Monats, Ende des Workshops am 16.

des Monats. Nach Abschluss des Projekts wurden alle Dateien auf eine DVD gebrannt und vom Server gelöscht, schließlich seien ja alle Abteilungen angewiesen, die Dateiserver soweit möglich zu entlasten. Leider sei nun die DVD nicht mehr auffindbar und somit die Unterlagen des Workshops nicht mehr verfügbar. Aber es gäbe doch sicherlich eine Datensicherung, oder?

Schon, müssen Sie dem Kollegen nun mitteilen, allerdings sind seine Workshop-Unterlagen darin nicht enthalten. Denn die Wochenbänder sind bereits überschrieben und da der Workshop innerhalb eines Monats stattfand, sind die Dateien nicht Bestandteil der Monatssicherungen.

Spätestens das letzte Beispiel wird sicherlich zu Nachfragen und vermutlich Ärger führen, da hier Dateien betroffen sind, deren Wiederbeschaffung bzw. Neuerstellung das betroffene Unternehmen sicherlich viel Geld kosten werden.

Sicherlich, ich bin mir bewusst, dass den Abteilungsleiter in meinem Bespiel mindestens eine Teilschuld trifft. Dennoch will ich Ihnen mit den Beispielen zeigen, dass Sie beim Einsatz der GFS-Sicherung vorsichtig sein müssen.

Erläutern Sie den Personen, die letztendlich für die Sicherung der Daten verantwortlich sind, dass diese Methode einen Sicherungshorizont ergibt, der immer größere Lücken aufweist, je länger das Löschdatum der gesuchten Dateien zurückliegt.

In vielen Fällen erlebe ich, dass nach einer detaillierten Beschreibung der oben aufgeführten Problematik entschieden wird, vom Drei-Generationen-Prinzip zum Zwei-Generationen-Prinzip zu wechseln. Es werden also tägliche Teil- und wöchentliche Vollsicherungen erstellt und die Vollsicherungen über einen längeren Zeitraum aufbewahrt. In vielen Fällen schlicht für ein Jahr.

Datensicherungen länger als ein Jahr aufzubewahren, halte ich in den meisten Fällen für nicht notwendig. Bitte verwechseln Sie die Datensicherung nicht mit einer Archivierung. Sicherlich gibt es immer wieder Unternehmen, die triftige Gründe haben, Sicherungsmedien länger, z. B. vier Jahre, vorzuhalten. Aber dies sind Ausnahmen und nicht die Regel.

24 Verwendung von Skripten vor und nach der Sicherung

Es gibt immer wieder Situationen bei der Datensicherung, in denen Vor- und/oder Nacharbeiten auf den zu sichernden Systemen vorgenommen werden müssen.
Hierzu bietet Backup Exec die Möglichkeit, Skripte auszuführen.

Damit dies sauber und stressfrei funktioniert, hier ein paar Hinweise dazu:

24.1 Ablageort der Skripte

Entscheiden Sie sich zuerst, ob Sie alle Skripte auf dem Backupserver ablegen möchten oder auf den Maschinen, zu denen die Skripte jeweils gehören. Ich persönlich bevorzuge die Ablage der Skripte auf dem jeweils zu sichernden Server, weil die Skripte dann alle denselben Namen haben können und ich die Ausführung an zentraler Stelle konfigurieren kann.

24.2 Meine persönlich bevorzugte Vorgehensweise

Ich erstelle zuerst auf jedem zu sichernden Server einen Ordner c:\BackupScripts.

In jeden dieser Ordner kommen zwei Dateien mit den Namen „prebackup.bat" und „postbackup.bat".
Beide enthalten zuerst nur eine einzige Zeile mit dem Wort „Exit". Dies führt dazu, dass das Skript direkt nach dem Start wieder beendet wird.

Wenn jetzt auf einem Server Vor- oder Nacharbeiten durchzuführen sind, werden diese über das jeweilige Skript auf dem Server angestoßen.

So könnte eine einfache prebackup.bat für einen Server mit einer PostgreSQL-Datenbank z. B. wie folgt aussehen:

```
net stop postgresql-8.3
Exit
```

Die dazu passende postbackup.bat wäre dann wie folgt:

```
net start postgresql-8.3
Exit
```

In den Standard-Optionen für Sicherungsaufträge stelle ich die folgende Konfiguration ein:

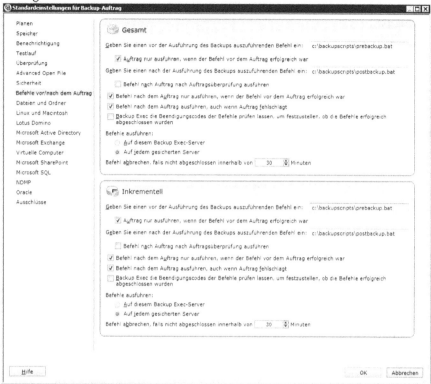

So erreiche ich, dass der Sicherungsauftrag nur ausgeführt wird, wenn die prebackup.bat erfolgreich durchgelaufen ist. Die postbackup.bat wird ausgeführt, wenn das Backup beendet ist, ohne jedoch die Überprüfung der Sicherung abzuwarten. Damit ist sichergestellt, dass die Datenbank, die in diesem Beispiel für die Sicherung gestoppt wird, nur so lange offline ist, wie unbedingt notwendig.

Stellen Sie hier die Optionen so ein, wie Sie sie für sinnvoll erachten. So kann es z. B. sein, dass Ihr Skript nach dem Auftrag auf keinen Fall laufen darf, wenn der Sicherungsauftrag nicht erfolgreich war. Deaktivieren Sie in diesem Fall das Kontrollkästchen vor **BEFEHL NACH DEM AUFTRAG AUSFÜHREN, AUCH WENN AUFTRAG FEHLSCHLÄGT**.

Denken Sie bitte daran, dass Sie hier die Standard-Optionen einstellen, die bei der Erstellung eines neuen Auftrags als Vorgabewerte genommen werden. Sie können diese Angaben jederzeit wieder überschreiben und für einen spezifischen Auftrag abändern.

Ebenso wirken sich Änderungen, die Sie an den Standard-Optionen vornehmen, auch nicht auf bereits bestehende Aufträge aus.

> **Hinweis:**
> *In Backup Exec 2012 können (und müssen) Sie die Standard-Optionen für Sicherungsaufträge je nach Art des Sicherungsziels gesondert einstellen. So können Sie z. B. für Sicherungen in Deduplizierungsspeicherplätze andere Optionen einstellen als für Aufträge, die einen klassischen Backup-To-Disk-Ordner oder ein Bandlaufwerk als Ziel haben.*

24.3 Verwendung von Skripten in virtuellen Umgebungen

Wenn Sie virtuelle Maschinen direkt über den jeweiligen Hypervisor sichern, wird das Skriptverzeichnis innerhalb der virtuellen Maschine nicht beachtet. Schließlich sichern Sie die VM ja „von außen".

Wie Sie vor bzw. nach dem Backup einer virtuellen Maschine mit Skripten arbeiten können, möchte ich Ihnen im Folgenden erläutern.

24.3.1 Skripte bei VMware-Sicherungen

In einer VMware-Umgebung werden auf den virtuellen Maschinen die so genannten VMware Tools installiert.

> **Hinweis:**
> *Bitte beachten Sie bei der Installation der VMware Tools die Hinweise im Kapitel 25.7.1 „VMware-Tools" auf Seite 278.*

Nach der Installation der Tools gibt es auf dem virtuellen System ein Verzeichnis namens **C:\PROGRAM FILES\VMWARE\VMWARE TOOLS\BACKUPSCRIPTS.D**. Sollte das Verzeichnis nicht existieren, müssen Sie es bitte manuell erstellen.

Wenn Sie nun einen Snapshot-Befehl gegen eine virtuelle Maschine absetzen, werden alle Skripts in diesem Verzeichnis in alphabetischer Reihenfolge abgearbeitet. Dabei wird der Parameter „freeze" an das jeweilige Skript übergeben, den Sie damit innerhalb Ihres Skripts auswerten können.

Wird der Snapshot wieder aufgelöst, werden ebenfalls alle Skripte im genannten Verzeichnis abgearbeitet, allerdings diesmal in umgekehrter Reihenfolge. Der übergebene Parameter lautet in diesem Fall „thaw" bzw. „freeze fail". Letzterer Parameter bedeutet, dass die Erstellung des

Snapshots fehlgeschlagen ist und der Snapshot daher wieder abgeräumt wird.

Ein Beispiel für ein solches Skript könnte wie folgt aussehen:

```
echo off
if "%1" == "freeze" goto PreBackup
goto PostBackup
:PreBackup
call c:\BackupScripts\prebackup.bat
goto End
:PostBackup
call c:\BackupScripts\postbackup.bat
:End
```

25 Virtuelle Systeme

Die immer leistungsfähigeren Hardwarekomponenten Im Server- und Storage-Umfeld führen seit einigen Jahren dazu, dass die meisten Softwaresysteme die aktuelle Hardware nur noch zu einem Bruchteil nutzen. Dies und einige weitere Überlegungen führten dazu, dass sich einige Softwarehersteller Gedanken darum machten, wie man mehrere Softwaresysteme auf ein und derselben Hardware betreiben könne, ohne, dass sie sich gegenseitig beeinflussen können.

Diese Idee, mehrere Serverbetriebssysteme samt der jeweils installierten Anwendungen parallel auf einer Hardwareplattform zu betreiben, wird als Servervirtualisierung bezeichnet. Daneben gibt es weitere Ansätze der Virtualisierung von z. B. Applikationen oder auch Client-Betriebssystemen.

Wir betrachten an dieser Stelle aber ausschließlich die Virtualisierung von Serverbetriebssystemen.

Zum Zeitpunkt der Erstellung dieses Buches gab es im Bereich der Servervirtualisierung drei Hersteller, die den Großteil des Marktes unter sich aufteilten: VMware, Microsoft und Citrix. Auf die ersten beiden Hersteller soll im Folgenden näher eingegangen werden. Virtuelle Systeme unter Citrix werde ich nicht weiter behandeln, da es keinen speziellen Agent für diesen Hypervisor gibt und daher alle mit Citrix virtualisierten Maschinen so gesichert werden müssen, als ob sie physikalisch seien.

Zuerst aber ein paar allgemeine Dinge, die es bei der Einführung virtueller Serversysteme aus Sicht der Datensicherung zu beachten gibt:

25.1 Gemeinsame Nutzung der Hardware-Ressourcen

Der hauptsächliche Grund für die Einführung einer Virtualisierung im Serverumfeld ist, wie bereits erwähnt, die Reduzierung der zu betreibenden Hardwaresysteme. Dieser Vorteil in der Virtualisierung ist zugleich auch der größte Fallstrick bei der Planung der virtuellen Umgebung. Denn die virtuellen Server teilen sich nicht nur die Prozessoren und den Arbeitsspeicher des physikalischen Servers, auf dem sie laufen, sondern auch die restliche Hardware, wie z. B. die Netzwerkkarten und den Festplattenspeicher.
Und während die gemeinsame Nutzung der Festplattensysteme aufgrund deren Leistungsfähigkeit in den meisten Fällen als unkritisch

zu betrachten ist, sind mir bereits des Öfteren virtualisierte Umgebungen begegnet, bei denen die zu geringe Netzwerkanbindung der physikalischen Server zum Nadelöhr für die ganze Virtualisierung wurde.

25.2   Nicht immer ist Virtualisierung sinnvoll

Nicht jede Anwendung lässt sich sinnvoll virtualisieren. Sprich, wenn die Ausführung der Anwendung intensive Hardwarenutzung erfordert, kann es passieren, dass die Applikation, die auf einer physikalischen Maschine einwandfrei lief, in einer virtuellen Umgebung nur zögerlich anspricht.

Bitte bedenken Sie immer, dass sich in einer virtuellen Umgebung eine weitere Ebene zwischen der Applikation und dem Betriebssystem (auf dem die Anwendung läuft) und der Hardware befindet: die Virtualisierungsschicht, genannt Hypervisor.

Und diese Ebene, die der virtuellen Maschine ja virtuelle Hardware vorgaukelt, muss die Anforderungen der virtuellen Maschine an eben diese Hardware umsetzen und die entsprechenden Befehle an die physikalische Maschine weiterleiten.

Dass dieser Prozess Systemressourcen erfordert und somit bedingt, dass eine virtuelle Maschine niemals 100% der Performance eines „echten" Systems erreichen kann, steht außer Frage.

Ein weiterer Fall, bei dem ich physikalische Systeme virtuellen vorziehe, sind Fileserver. Üblicherweise sind dies mit die voluminösesten Systeme in einer IT-Umgebung und speichern extrem viele Daten, die sich nur selten ändern. In vielen Fällen, bei denen ich eine Analyse durchgeführt habe, wurden mehr als drei Viertel der Dateien auf einem Fileserver seit mehreren Jahren nicht geöffnet.

Wenn Sie solche Server virtualisieren, belegen Sie jede Menge Speicherplatz auf Ihrem wertvollen Speichersystem.

Darüber hinaus sehe ich folgende Problematik aus Sicht der Datensicherung:

Aufgrund der Menge an Daten sind die virtuellen Festplatten des Fileservers erfahrungsgemäß ziemlich groß. Da es bei diesen Servern überdurchschnittlich viele Anfragen nach der Wiederherstellung einzelner Dateien gibt, benötigen Sie zwingend eine GRT-taugliche Sicherung. Damit müssen Sie also sicherstellen, dass Sie die virtuellen Festplatten dieser Server so lange wie möglich auf plattenbasierten

Backup-Speichern halten. Denn wie bereits besprochen, ist eine granulare Wiederherstellung von Band nur mit vorherigem Staging möglich. Im Klartext dauert das Wiederherstellen einer einzelnen Word-Datei also u. U. mehrere Stunden und bedingt, dass sich die für die Sicherung verwendeten Bänder noch in der Bandbibliothek befinden.

Haben Sie also virtualisierte File-Server, lege ich Ihnen ans Herz, diese über den lokal installierten Agenten so zu sichern, als seien sie physikalisch.

Der Nachteil dabei ist, dass Sie hierbei die Netzwerkkarten des Hypervisors deutlich unter Last setzen, zum Nachteil aller anderen virtualisierten Systeme auf diesem Host.

Daher bin ich, zumindest aus Gründen der Datensicherung, immer noch ein großer Freund physikalischer File-Server. Hier haben Sie all die oben angesprochenen Schwierigkeiten nicht, sondern können eine klassische Datensicherung durchführen, die Ihnen jederzeit die Wiederherstellung einzelner Dateien ermöglicht.

25.3 Virenschutz in virtuellen Umgebungen

Leider sind auch einige der Anwendungen, die nur im Hintergrund laufen, in vielen Fällen noch nicht wirklich für virtuelle Umgebungen optimiert. Ein Softwaretyp, der uns im Datensicherungsumfeld dabei immer wieder in die Quere kommen kann, ist ein installierter Virenscanner.
Sicherlich ist dieser Softwaretyp in der heutigen Zeit unerlässlich. Dennoch, oder vielleicht gerade deswegen, ist es immer wieder erschreckend, wenn man sieht, was Virenschutzsoftware für einen Einfluss auf die Leistungsfähigkeit der Serversysteme haben kann.
In vielen Unternehmen sind die Virenscanner so eingestellt, dass sie nachts eine vollständige Überprüfung der Festplatten durchführen. Da dies bei den meisten Virenscannern auf allen Servern gleichzeitig passiert, steigt die Anzahl der Festplattenzugriffe auf den physikalischen Servern, die als Basis für virtuelle Server dienen, massiv an.

Leider läuft genau in diesem Zeitraum in vielen Fällen die Datensicherung. Daher kommt es hier oft zu Performance-Einbrüchen.

Abhilfe schaffen hier Virenscanner, die für virtuelle Systeme optimiert wurden und nicht nur die einzelnen virtuellen Maschinen zeitversetzt scannen, sondern u. U. auch Technologien mitbringen, die Dateien, die auf einem Server geprüft wurden, auf anderen Servern einfach überspringen.

25.4   Welchen Datenträgertyp sollten Sie bei der Virtualisierung verwenden?

Die Bereitstellung von Speicherplatz für die virtuellen Systeme kann auf unterschiedliche Weise erfolgen: Entweder durch die Erstellung sogenannter virtueller Festplatten oder durch die direkte Anbindung physikalischer Laufwerke an die virtuelle Maschine.

Die direkte Anbindung physikalischer Laufwerke (RAW-Disks) an virtuelle Maschinen ist zwar u. U. etwas schneller als die Verwendung virtueller Festplatten, bringt jedoch einige Nachteile mit sich:

So kann der physikalische Wirt der virtuellen Maschinen nicht auf die RAW-Disks zugreifen, da diese exklusiv an die virtuelle Instanz durchgereicht werden. Damit ist es für den Wirt auch nicht möglich, einen Snapshot des Datenträgers zu erstellen.

Dies wiederum führt dazu, dass es für Backup Exec keine Möglichkeit gibt, eine virtuelle Maschine, die RAW-Disks verwendet, über die Virtualisierungsebene zu sichern.

Solche Maschinen müssen aus Sicht der Datensicherung behandelt werden wie physikalische Maschinen. Backup Exec nimmt also über das Netzwerk Kontakt mit dem Agenten innerhalb der virtuellen Maschine auf und fordert die einzelnen Dateien der verschiedenen Datenträger der virtuellen Maschine an, die über das Netzwerk übertragen werden. Aufgrund der vielen einzelnen Dateien, die so übertragen werden müssen, ist diese Sicherungsmethode in den meisten Fällen deutlich langsamer als die Sicherung virtueller Festplatten, die als je nur eine Datei übertragen werden müssen.

Aus der Praxis:
Mit der fortschreitenden Weiterentwicklung der Technologie hinter den virtuellen Festplatten (und dem damit immer kleiner werdenden Unterschied in der Leistungsfähigkeit der virtuellen Festplatten gegenüber direkt angebundenen physikalischen Laufwerken) gehen meine Empfehlung und die der Virtualisierungshersteller ganz klar in Richtung Nutzung virtueller Festplatten.

25.5 Wie sollten Sie virtuelle Festplatten dimensionieren?

Eine der spannendsten Fragen im Rahmen der Virtualisierung ist die Frage nach der Größe virtueller Festplatten. Leider wird diese Frage nur selten aus Sicht der Datensicherung betrachtet. Damit laufen viele Unternehmen in Schwierigkeiten, die vermeidbar gewesen wären.

Die Frage der Festplattengröße ist aus Sicht der Datensicherung einfach zu klären:

Wie bereits im Kapitel 8.1 „Granulare Wiederherstellungstechnologie (Granular Recovery Technology - GRT)" auf Seite 82 besprochen, muss Backup Exec zur Anwendung granularer Wiederherstellungen die komplette Containerdatei, die die wiederherzustellende Datei oder die Dateien beinhaltet, auf lokalen Festplatten vorhalten.

Eine Wiederherstellung mittels GRT direkt vom Band ist nicht möglich, die Daten müssen zuvor auf lokalen Platten des Backupservers zwischengespeichert werden.

Um also eine GRT-Rücksicherung auch von Band zu ermöglichen, müssen Sie mindestens so viel Speicherplatz auf dem Backupserver freihalten, wie die Größe der größten Containerdatei sein kann.

Daher ist es in den meisten Fällen keine gute Idee, die theoretisch maximale Größe virtueller Festplatten von zur Zeit 2 TB auszureizen, da Sie ansonsten permanent mindestens 2 TB freien Plattenplatz auf dem Backupserver vorhalten müssten, um die Möglichkeit granularer Wiederherstellungen auch von Band zu haben.

Darüber hinaus sollten Sie auch bedenken, dass selbst, wenn Sie so viel Plattenplatz bereitstellen können und wollen, die Rücksicherung einer einzelnen Office-Datei von Band jedes Mal die Wiederherstellung von 2 TB bedeutet. Selbst bei Verwendung der aktuell schnellsten Bandsysteme mit LTO-5-Laufwerken und einer optimalen Datenübertragung müssen Sie für die Rücksicherung von 2 TB Daten mehr als zwei Stunden rechnen.

Aus der Praxis:
Ich habe gute Erfahrungen damit gemacht, die maximale
Festplattengröße virtueller Server auf 300 bis maximal 500 GB
festzulegen und etwaige Dateiablagen, die mehr Speicherplatz
benötigen, auf mehrere virtuelle Festplatten aufzuteilen. So können Sie
auch große Dateiablagen abbilden, kommen aber bei der
Wiederherstellung vom Band nicht in zeitliche Schwierigkeiten.
Außerdem hat es sich als nützlich erwiesen, auf dem Backupserver eine
dedizierte Partition für eben diese Rücksicherungen einzurichten, damit
nicht aus Versehen der Backup-To-Disk-Speicherplatz oder andere
Dateien so weit wachsen, dass Sie bei einer Wiederherstellung plötzlich
doch keinen ausreichenden Platz haben.

25.6 Agenten auf virtuellen Maschinen

Ich werde immer wieder gefragt, ob man auf den virtuellen Maschinen
Agenten installieren solle oder müsse. Schließlich wird doch die
Sicherung über den Hypervisor gemacht und die VM gar nicht
„angefasst", oder?

Nun ja, so ganz stimmt das nicht. Es ist zwar korrekt, die eigentliche
Datensicherung erfolgt über den Hypervisor. Sollten Sie aber vorhaben,
einzelne Dateien oder Applikationsobjekte (Emails, SharePoint-Listen
etc.) aus Ihrer Datensicherung wiederherstellen zu können, brauchen
Sie den Agenten in der VM zwingend. Denn zum einen muss der Inhalt
der virtuellen Datenträger katalogisiert werden. Schließlich „weiß"
Backup Exec ja gar nicht, was sich darin befindet. Zum anderen muss
Backup Exec während einer Wiederherstellung mit dem Zielsystem in
Kontakt treten, und das geht nur über den Agenten.

Sollten Sie jetzt etwas irritiert die Marketing-Unterlagen von Backup
Exec (oder ggf. Mitbewerber-Produkten) zu Rate ziehen und dort über
den Begriff „Agentless Backup" stolpern, kann ich Sie beruhigen:
Natürlich kann Backup Exec virtuelle Maschinen auch ohne Agenten
sichern. Sie müssen dann nur auf den Luxus der GRT verzichten.
Schalten Sie in diesem Fall die GRT-Funktion direkt im
Sicherungsauftrag ab, um die ansonsten angezeigten Warnungen zu
diesem Thema im Auftragsprotokoll zu umgehen.

25.7 Gasterweiterungs-Software

Sowohl Microsoft, als auch VMware liefern spezielle Tools mit, die auf
den virtuellen Maschinen installiert werden, um die Performance und

Zuverlässigkeit der Systeme zu erhöhen. Je nach Hersteller unterscheiden sich dabei die einzelnen Komponenten.

Um eine fehlerfreie Datensicherung zu ermöglichen, sollten Sie die in den folgenden Kapiteln aufgeführten Punkte beachten.

25.7.1 VMware-Tools

Die VMware Tools installieren standardmäßig einen Snapshot Provider für VSS mit. Dieser „kümmert" sich allerdings leider nur um die Integrität des Dateisystems. Die Konsistenz von Datenbanken wie Exchange, SharePoint etc. wird von diesem Provider nicht beachtet. Daher darf der VSS-Provider von VMware nicht mit installiert werden, wenn Sie die Datensicherung mit Backup Exec machen wollen.

Sind die VMware-Tools inklusive VSS-Provider bereits installiert, wenn Sie den Backup Exec-Agenten das erste Mal auf eine virtuelle Maschine verteilen, deinstalliert die Installationsroutine des Agenten den VSS-Provider automatisch. So weit, so gut.

Aktualisieren Sie allerdings zu einem späteren Zeitpunkt die VMware-Tools mit der Standard-Installation, wird der VSS-Provider wieder installiert. Und anschließend schlagen Ihre Datensicherungen fehl.

Die zweite Komponente in den VMware-Tools, die nicht mit installiert werden darf, ist der sogenannte „Filesystem Sync Driver".

Bitte installieren und aktualisieren Sie daher die VMware-Tools in Ihrer Umgebung immer über eine benutzerdefinierte Installation und schließen Sie die Komponenten „VSS Snapshot Provider" und „Filesystem Sync Driver" aus.

25.7.2 Hyper-V Integration Services

Um virtuelle Maschinen innerhalb einer Hyper-V-Umgebung online, also im laufenden Betrieb, sichern zu können, müssen die Hyper-V Integration Services in der virtuellen Maschine installiert sein. Sind diese nicht installiert, besteht keine Möglichkeit, das Dateisystem und etwaige Datenbanken innerhalb der VM in einen konsistenten Zustand zu bringen.

Findet Backup Exec eine Maschine ohne installierte Hyper-V Integration Services, wird die VM in den Save State gefahren und die Sicherung offline durchgeführt.

> *Hinweis:*
> *Sie können dieses Verhalten ändern, indem Sie die Option VIRTUELLE*
> *COMPUTER, DIE SICH FÜR BACKUPS IN EINEM GESPEICHERTEN ZUSTAND*
> *BEFINDEN MÜSSEN, AUSSCHLIESSEN im Sicherungsauftrag deaktivieren. In*
> *diesem Fall werden VMs die nicht online gesichert werden können,*
> *übersprungen.*

25.8 Sichern virtueller Systemen unter VMware

Nachdem Sie, wie in Kapitel 20.2 „Hinzufügen eines VMware vCenters oder ESX-Servers" auf Seite 227 beschrieben, Ihr VCenter bzw. Ihre(n) ESX-Server zu Ihrer Backup-Umgebung hinzugefügt haben, können Sie anfangen, die virtuellen Maschinen zu sichern.

Markieren Sie hierfür in der Serverliste den VCenter-Server, und klicken Sie in der Symbolleiste im Bereich **BACKUP** auf **BACKUP**:

> *Hinweis:*
> *Sollten Sie kein VCenter im Einsatz haben, wählen Sie an dieser Stelle*
> *bitte den ESX-Server aus, der die zu sichernden virtuellen Maschinen*
> *hält.*

Es öffnet sich ein Menü, in dem Sie auswählen können, wohin Sie die Datensicherung durchführen können:

Auf Deduplizierungsspeicher sichern

Auf Deduplizierungsspeicher sichern und dann auf Deduplizierungsspeicher duplizieren

Auf Deduplizierungsspeicher sichern und dann auf Band duplizieren

Auf Deduplizierungsdatenträger sichern und dann in virtuellen Computer konvertieren

Auf Deduplizierungsdatenträger sichern und gleichzeitig in virtuellen Computer konvertieren

Backup-to-Disk

Auf Festplatte sichern und dann auf Band duplizieren

Auf Datenträger sichern und dann in virtuellen Computer konvertieren

Auf Datenträger sichern und gleichzeitig in virtuellen Computer konvertieren

Auf Band sichern

Neues Backup mit den Einstellungen eines vorhandenen Backups erstellen

Wie bereits früher erwähnt, werden Ihnen an dieser Stelle nur diejenigen Optionen angezeigt, die aufgrund der von Ihnen verwendeten Hardware zur Verfügung stehen. Die Darstellung in Ihrer Umgebung weicht also u. U. vom hier gezeigten Bild ab.

Ich wähle in diesem Beispiel die Option, in einen klassischen Backup-To-Disk-Ordner zu sichern.

Daraufhin öffnet sich der neue Sicherungsauftrag mit den in den Backup Exec-Optionen eingestellten Werten:

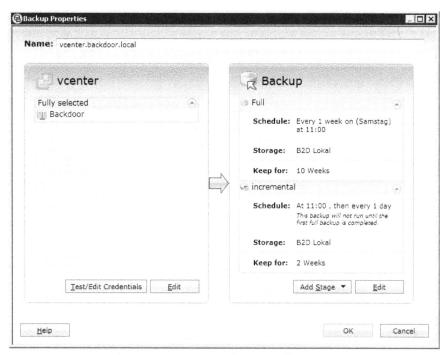

Wie immer in Backup Exec 2012 sind zuerst alle Ressourcen auf dem Server ausgewählt.

Beachten Sie bitte, dass Sie für die Sicherung der Virtualisierungs-Umgebung die Anmeldedaten eines Kontos verwenden müssen, das sowohl vollen Zugriff auf den VCenter-Server hat, als auch auf alle zu sichernden virtuellen Maschinen und die darin laufenden Applikationen.

Sollte es in der Umgebung VMs geben, für deren Sicherung andere Anmeldedaten notwendig sind, müssen Sie diese hier eintragen.

Klicken Sie hierzu auf die Schaltfläche **IDENTIFIKATIONSDATEN TESTEN/BEARBEITEN**, um den dazu notwendigen Dialog zu öffnen.

Hinweis:
Die genauen Anweisungen zum Erstellen und Ändern von Anmeldeinformationen in Backup Exec finden Sie im Kapitel 17.1 „So richten Sie ein Dienstkonto ein" auf Seite 167 bzw. im Kapitel 17.2 „So ändern Sie das Kennwort für ein Anmeldekonto" auf Seite 169.

Um die Details einzusehen, öffnen Sie bitte die Auswahlliste durch Klick auf die Schaltfläche **BEARBEITEN**, wodurch folgende Ansicht geöffnet wird:

Hier können Sie nun auswählen, welche virtuellen Systeme Sie sichern möchten.

> **Hinweis:**
> *Bitte beachten Sie an dieser Stelle die Hinweise im Kapitel21.2 „Implizite vs. Explizite Auswahlen" auf Seite 239.*

Wenn Sie die Liste der virtuellen Systeme einmal aufklappen und sich die Details solch einer VM ansehen, werden Sie feststellen, dass Sie innerhalb der VM keine Einzelauswahlen treffen können, sondern immer die komplette VM für die Sicherung auswählen müssen:

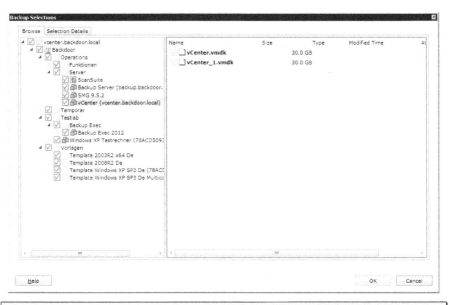

Hinweis:

Wie Sie dennoch einzelne virtuelle Festplatten aus der Sicherung einer VM ausschließen können, erfahren Sie im Kapitel 25.8.2 „Ausschließen einzelner Volumes bei der VMware-Sicherung" auf Seite 286.

Nachdem Sie Ihre Auswahlliste erstellt haben, klicken Sie auf **OK**, um in den Sicherungsauftrag zurückzukehren.

Wenn Sie nun im rechten Teil des Auftrags-Setups auf BEARBEITEN klicken, können Sie die für diesen Auftrag zu verwendenden Optionen einstellen.

Ich möchte hier nur die Optionen beschreiben, die spezifisch für VMware sind. Alle anderen Einstellungen werden im Kapitel 17.7 „Auftragseinstellungen" auf Seite 198 beschrieben.

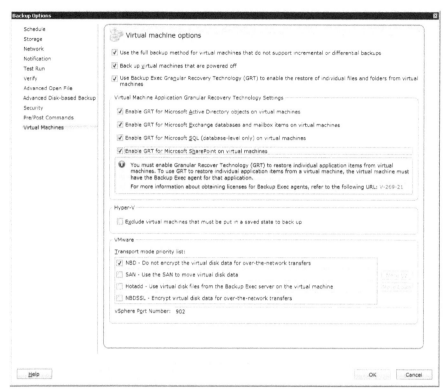

Im oberen Teil der Registerkarte **VIRTUELLE SYSTEME** können Sie allgemeine Einstellungen vornehmen. So können Sie z. B. definieren, ob bei Maschinen, für die keine Teilsicherungen erstellt werden können, eine Vollsicherung gemacht werden soll und ob ausgeschaltete Maschinen mitgesichert werden sollen.

Außerdem können Sie hier das GRT für Dateien ein- bzw. ausschalten.

Im nächsten Abschnitt der Registerkarte können Sie GRT für einzelne Applikationen aktivieren bzw. deaktivieren.

> **Hinweis:**
> *Sollten die Applikationen auf den zu sichernden virtuellen Maschinen nicht angetroffen werden, wird die hier gewählte Einstellung ignoriert. Sie brauchen also nicht für jeden Applikationstyp einen eigenen Sicherungsauftrag zu erstellen.*

In den VMware-spezifischen Optionen können Sie nun festlegen, welche Transport-Methoden Sie gerne zum Einsatz bringen möchten. Diese sind:

Transportmethode	Beschreibung
SAN	Die Daten werden direkt aus dem SAN gesichert. Voraussetzung ist, dass der Backupserver die LUNs präsentiert bekommt, auf denen die VMs abgelegt wurden. Dies ist die üblicherweise Verwendete Transport-Methode.
Hotadd	Diese Transport-Methode setzt voraus, dass Backup Exec in einer virtuellen Maschine installiert ist, die sich auf demselben ESX-Server befindet wie die zu sichernde VM. Dann wird der vom ESX erstellte Snapshot der Quell-VM als weiteres Laufwerk an den virtuellen Backupserver gebunden, so dass dieser die Daten „lokal" sichern kann.
NBD (network block device)	Wenn Sie NBD als Transport-Methode auswählen, werden die Daten der VM vom ESX Server unverschlüsselt über das Netzwerk an den Backupserver gesendet.
NBDSSL (encrypted)	Entspricht NBD, mit dem Unterschied, dass hier die Daten verschlüsselt übers LAN übertragen werden.

Die letzte Einstellung betrifft den TCP-Port, auf dem sich Backup Exec mit dem VCenter verbinden soll. Der Standard-Port ist 902. Sollten Sie in Ihrer VMware-Umgebung diesen Port geändert haben, müssen Sie hier den Wert eingeben, der für Ihre Umgebung passt.

25.8.1 Mehrere zu sichernde VMware-Umgebungen

Auch wenn dies in einer Backup Exec 2012-Umgebung nicht passieren kann, möchte ich den folgenden Hinweis trotzdem aufnehmen, falls jemand dieses Buch liest, der noch eine Backup Exec 2010-Umgebung betreut:

Sollten Sie über mehrere VMware-Umgebungen verfügen, müssen Sie darauf achten, dass sie diese in getrennten Aufträgen sichern. Der Versuch, innerhalb eines Auftrags virtuelle Maschinen über unterschiedliche VCenter anzusprechen, schlägt reproduzierbar fehl.

Erstellen Sie also pro VCenter einen separaten Auftrag.

25.8.2 Ausschließen einzelner Volumes bei der VMware-Sicherung

Sollten Sie vor der Herausforderung stehen, virtuelle Maschinen sichern zu müssen, die entweder RDM (Raw Device Mapping) Festplatten beinhalten oder von denen Sie aus anderen Gründen einzelne Festplatten aus dem Backup ausschließen wollen, erläutere ich Ihnen jetzt, wie das geht:

Zuerst wählen Sie in der Auswahlliste Ihres Sicherungsauftrags die VM ganz normal aus. Wenn Sie die Details betrachten, sehen Sie, dass alle VMDKs ausgewählt wurden und dass deren Auswahl ausgegraut ist.

Wechseln Sie nun in die zweite Registerkarte der Auswahlliste AUSWAHL-DETAILS.

Klicken Sie auf HINZUFÜGEN und browsen Sie in der Liste der virtuellen Maschinen wieder zu der gewünschten VM. Wählen Sie nun auf der rechten Seite im Dialogfeld oben die Option AUSSCHLIESSEN, und tragen Sie bei Dateiname den Namen der VMDK oder des RDM-Volumes ein, die Sie aus der Sicherung ausschließen wollen.

Nach einem Klick auf OK wird diese Änderung übernommen und das Laufwerk bei der Sicherung übersprungen.

25.8.3 Optimieren von Auswahllisten für VMware-Sicherungen

In den letzten Jahren wurde ich immer wieder gefragt, ob man alle virtuellen Maschinen einer VMware-Umgebung in einem Auftrag sichern sollte oder ob eine Unterteilung sinnvoll sei.

Ich rate an dieser Stelle immer zur Unterteilung der VMs in Gruppen von Systemen, die ähnliche Datensicherungsanforderungen haben. In den meisten Fällen ergeben sich damit folgende Servergruppen:

- Server, die täglich gesichert werden sollen (mit GRT)
- Server, die täglich gesichert werden sollen (ohne GRT)
- Server, die wöchentlich gesichert werden sollen (ohne GRT)
- Server, die monatlich gesichert werden sollen (ohne GRT)
- Server, die nur bei Bedarf gesichert werden sollen (ohne GRT)

Die Überlegung, dass diejenigen Server, die wöchentlich oder sogar nur monatlich gesichert werden müssen, kein GRT benötigen liegt schlicht in der Tatsache begründet, dass es sich hier zumeist um Applikationsserver handelt, bei denen sich nichts oder nur wenig ändert und die im Falle eines Falles sowieso vollständig wiederhergestellt werden müssten.

Ein typisches Beispiel hierfür könnte z. B. der vSphere-Server sein.

Ebenso werden Sie Maschinen haben, von denen Sie zwar eine wöchentliche Sicherung benötigen, um etwa regelmäßige Konfigurationsänderungen zu sichern, bei denen ein Ausfall aber ebenfalls eine vollständige Wiederherstellung des Servers bedeutet. Daher gibt es in der oben stehenden Liste auch eine Gruppe für Server mit wöchentlicher Sicherung ohne GRT.

Um den Administratoren, bei denen ich die Backup-Umgebung einrichte, das Leben leichter zu machen, nutze ich eine Funktion des vCenters, die nur selten verwendet wird, nämlich die Möglichkeit, in der Ansicht **VMs und Vorlagen** Gruppen einzurichten und die virtuellen Systeme in diesen Gruppen zu organisieren.

Ich erstelle also in dieser Ansicht fünf Gruppen:

- Tägliche Sicherung (mit GRT)
- Tägliche Sicherung (ohne GRT)
- Wöchentliche Sicherung (ohne GRT)
- Monatliche Sicherung (ohne GRT)
- Keine oder manuelle Sicherung (ohne GRT)

In diese Gruppen sortiere ich nun die entsprechenden Maschinen ein.

> **Hinweis:**
> *Erstellen Sie bitte nur die Gruppen, die für Ihre Umgebung passen und in die Sie auch wirklich VMs einsortieren. Der Versuch, eine leere Gruppe zu sichern, verursacht in Backup Exec einen Fehler.*

Anschließend erzeugen Sie in Backup Exec entsprechend fünf Auftragsrichtlinien, in denen Sie die Auswahlliste explizit auf je eine der oben genannten Gruppen beschränken.

Beachten Sie an dieser Stelle bitte die Hinweise zum Thema implizite bzw. explizite Auswahlen im Kapitel 21.2 „Implizite vs. Explizite Auswahlen" auf Seite 239.

Um sicherzustellen, dass auch VMs gesichert werden, die versehentlich keiner Gruppe zugewiesen wurden, nutzen Sie bei einem Auftrag einfach die Funktion der expliziten Ausschlüsse aller anderen Gruppen. Ich verwende hierzu üblicherweise den Auftrag, der die VM-Gruppe „Wöchentliche Sicherung (ohne GRT)" sichert.

> **Hinweis:**
> *Aus Gründen der Übersichtlichkeit habe ich mir angewöhnt, die Aufträge möglichst ähnlich zu nennen wie die VMware-Gruppen, z. B. „VMs täglich (mit GRT)" oder „VMs wöchentlich (ohne GRT)".*

Einer der Vorteile des so erstellten Zusammenspiels zwischen VMware und Backup Exec liegt darin, dass Administratoren durch einfaches Verschieben einer virtuellen Maschine von einem Ordner im vCenter in einen anderen die Sicherungslogik für diese VM ändern können, ohne sich in Backup Exec auch nur anzumelden.

25.8.4 Löschen verwaister Snapshot in VMware

Aus diversen Gründen kann es vorkommen, dass während einer laufenden Sicherung die Backup Exec-Dienste nicht mehr mit dem zu sichernden ESX-Server kommunizieren können. In so einem Fall kann es passieren, dass Backup Exec nicht dazu in der Lage ist, die für die Sicherung erstellten Snapshots wieder zu entfernen, so dass diese verwaist zurück bleiben.

In der Vergangenheit hat dies immer wieder zu teils massiven Problemen geführt und die Administratoren der betroffenen Systeme gezwungen, die nach der Sicherung übrig gebliebenen Snapshots manuell zu bereinigen.

Mit dem Hotfix 199866 (im Service Pack 2 enthalten) hat Symantec die technischen Voraussetzungen dafür geschaffen, vor dem Beginn eines Sicherungsauftrags die Eigenschaften der virtuellen Maschine daraufhin zu prüfen, ob noch ein verwaister Snapshot vom letzten Sicherungslauf existiert und wenn ja, diesen zu löschen.

Damit diese Technik wirklich zum Einsatz kommt, müssen Sie auf dem Backupserver einen Registrierungseintrag erstellen.

> **Hinweis:**
> *Die inkorrekte Verwendung des Registrierungs-Editors kann weitreichende Schäden am Betriebssystem und/oder installierten Anwendungen zur Folge haben. Weder Symantec noch die Autoren dieses Buches haften für Änderungen, die Sie an der Registrierung Ihres Computers vornehmen.*

1. Stoppen Sie die Backup Exec-Dienste auf dem Backupserver
2. Starten Sie den Registrierungs-Editor und navigieren Sie in der Registrierung zum Schlüssel **HKEY_LOCAL_MACHINE\SOFTWARE\SYMANTEC\BACKUP EXEC FOR WINDOWS\BACKUP EXEC\ENGINE\VMWARE AGENT**
3. Ändern Sie den Wert **AUTOORPHANSNAPSHOTREMOVAL** auf **1**, bzw. erstellen Sie ihn, wenn er nicht existiert (DWORD, 32-bit)
4. Ändern Sie den Wert **REMOVESNAPSHOTRETRYCOUNT** auf **2**, bzw. erstellen Sie ihn, wenn er nicht existiert (DWORD, 32-bit)
5. Beenden Sie den Registrierungs-Editor
6. Starten Sie die Backup Exec-Dienste

> **Hinweis:**
> *Verwaiste Snapshots, die bereits vor dieser Konfigurationsänderung existierten, werden nicht automatisch entfernt und müssen von Hand gelöscht werden.*

25.8.5 Performance-Tuning für VMware-Sicherungen

Wenn Sie als Backup-Server einen Computer mit aktueller Hardware verwenden und Ihre VMware-Umgebung entweder direkt aus dem SAN oder über eine breitbandige Netzwerkverbindung sichern, können Sie mit Hilfe einiger Registrierungsschlüssel die Performance ihrer Sicherungen deutlich erhöhen.

> **Hinweis:**
> Alle hier genannten Registrierungsschlüssel finden Sie im Pfad
> **HKLM/SOFTWARE/SYMANTEC/BACKUP EXEC FOR WINDOWS/BACKUP EXEC/ENGINE/VMWARE AGENT** auf Ihrem Backupserver.

Setzen Sie die folgenden Schlüssel auf die angegebenen Werte:

SCHLÜSSELNAME	ORIGINALWERT	ZIELWERT
ENABLE BUFFERED READS	1	1
ENABLE BUFFERED WRITES	1	1
NUMBERS OF READ BUFFERS	4	14
NUMBERS OF WRITE BUFFERS	4	16
SIZE OF READ BUFFERS	1024	8192
SIZE OF WRITE BUFFERS	1024	8192

Starten Sie nach diesen Änderungen die Backup Exec-Dienste neu.

Weitere Hinweise zu diesen Registrierungsschlüsseln erfahren Sie in der Wissensdatenbank von Symantec unter der URL http://www.symantec.com/docs/TECH185691.

25.9 Sichern virtueller Systemen unter Hyper-V

Nachdem Sie, wie in Kapitel 20.1 „Hinzufügen eines einzelnen Windows Servers oder eines Windows Server-Clusters" auf Seite 221 beschrieben, Ihre(n) Hyper-V-Server zu Ihrer Backup-Umgebung hinzugefügt haben, können Sie anfangen, die virtuellen Maschinen zu sichern.

Markieren Sie hierfür in der Serverliste den Hyper-V-Server, und klicken Sie in der Symbolleiste im Bereich **BACKUP** auf **BACKUP**:

> **Hinweis:**
> *Wenn Sie eine hochverfügbare Hyper-V-Umgebung im Einsatz haben, finden Sie die virtuellen Maschinen nicht unterhalb der einzelnen Hyper-V-Knoten, sondern unterhalb des Clusterobjekts. Dieses taucht als eigener **SERVER** in der Serverliste von Backup Exec auf. Markieren Sie in diesem Fall diesen Eintrag.*

Backup   Einmaliges   Backups   Backup-Kalender
▼   Backup ▼   bearbeiten

Backup

Es öffnet sich ein Menü, in dem Sie auswählen können, wohin Sie die Datensicherung durchführen können:

Wie bereits früher erwähnt, werden Ihnen an dieser Stelle nur diejenigen Optionen angezeigt, die aufgrund der von Ihnen verwendeten Hardware zur Verfügung stehen. Die Darstellung in Ihrer Umgebung weicht also u. U. vom hier gezeigten Bild ab.

Ich wähle in diesem Beispiel die Option, in einen klassischen Backup-To-Disk-Ordner zu sichern.

Daraufhin öffnet sich der neue Sicherungsauftrag mit den in den
Backup Exec-Optionen eingestellten Werten:

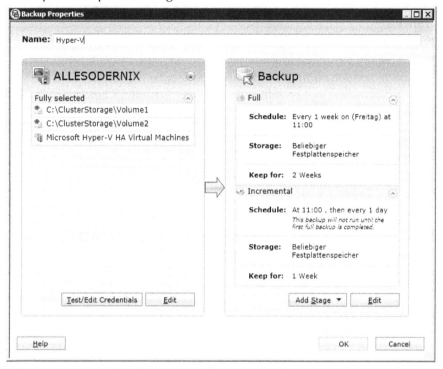

Wie immer in Backup Exec 2012 sind zuerst alle Ressourcen auf dem
Server ausgewählt.

Wie Sie sehen, würde Backup Exec in der aktuellen Auswahl aber alle
virtuellen Maschinen doppelt sichern: einmal über die Cluster Shared
Volumes (CSVs) und einmal als virtuelle Maschinen.

Diese Einstellung müssen Sie bitte ändern, da ansonsten die
Datensicherung auf Fehler stößt.

Normalerweise werden Sie immer nur die virtuellen Maschinen
auswählen und die Sicherung der CSVs deaktivieren.
Der einzige Grund, der mir einfällt, doch einmal die CSVs selbst zu
sichern, wäre ein Backup virtueller Festplatten, die keiner virtuellen
Maschine zugeordnet sind, die Sie aber dennoch sichern möchten.

> **Hinweis:**
> *In jedem Fall sollten Sie die Sicherung von CSVs aber von der der
> virtuellen Maschine trennen, um Snapshot-Probleme zu vermeiden.*

Beachten Sie bitte, dass Sie für die Sicherung der Virtualisierungs-Umgebung die Anmeldedaten eines Kontos verwenden müssen, das sowohl vollen Zugriff auf den Hyper-V-Server hat, als auch auf alle virtuellen Maschinen und die darin laufenden Applikationen.

Sollte es in der Umgebung VMs geben, für deren Sicherung andere Anmeldedaten notwendig sind, müssen Sie diese hier eintragen.

Klicken Sie hierzu auf die Schaltfläche **IDENTIFIKATIONSDATEN TESTEN/BEARBEITEN**, um den dazu notwendigen Dialog zu öffnen.

> **Hinweis:**
> *Die genauen Anweisungen zum Erstellen und Ändern von Anmeldeinformationen in Backup Exec finden Sie im Kapitel 17.1 „So richten Sie ein Dienstkonto ein" auf Seite 167 bzw. im Kapitel 17.2 „So ändern Sie das Kennwort für ein Anmeldekonto" auf Seite 169.*

Da uns hier nur die virtuellen Maschinen interessieren, öffnen Sie bitte die Auswahlliste durch Klick auf die Schaltfläche **BEARBEITEN**, wodurch folgende Ansicht geöffnet wird:

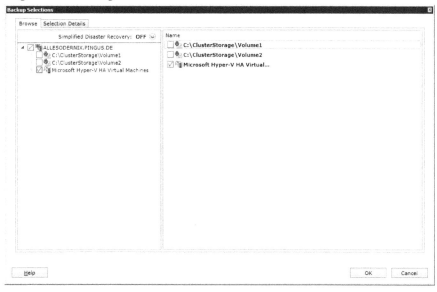

Hier können Sie nun auswählen, welche Teile der Hyper-V-Umgebung Sie sichern möchten.

> **Hinweis:**
> *Bitte beachten Sie an dieser Stelle die Hinweise im Kapitel21.2 „Implizite vs. Explizite Auswahlen" auf Seite 239.*

Wenn Sie die Liste der virtuellen Systeme einmal aufklappen und sich die Details solch einer VM ansehen, werden Sie feststellen, dass Sie innerhalb der VM keine Einzelauswahlen treffen können, sondern immer die komplette VM für die Sicherung auswählen müssen:

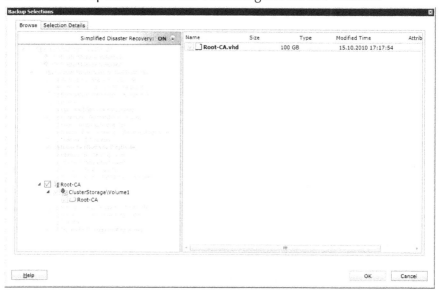

Nachdem Sie Ihre Auswahlliste erstellt haben, klicken Sie auf **OK**, um in den Sicherungsauftrag zurückzukehren.

Wenn Sie nun im rechten Teil des Auftrags-Setups auf BEARBEITEN klicken, können Sie die für diesen Auftrag zu verwendenden Optionen einstellen.

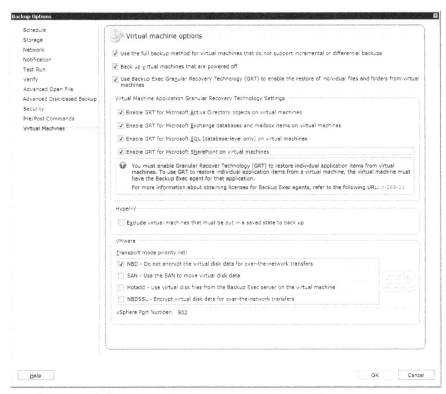

Im oberen Teil der Registerkarte **VIRTUELLE SYSTEME** können Sie allgemeine Einstellungen vornehmen. So z. B. definieren, ob bei Maschinen, für die keine Teilsicherungen erstellt werden können, eine Vollsicherung gemacht werden soll und ob ausgeschaltete Maschinen mitgesichert werden sollen.

Außerdem können Sie hier das GRT für Dateien ein- bzw. ausschalten.

Im nächsten Abschnitt der Registerkarte können Sie GRT für einzelne Applikationen aktivieren bzw. deaktivieren.

> **Hinweis:**
> *Sollten die Applikationen auf den zu sichernden VMs nicht angetroffen werden, wird die hier gewählte Einstellung ignoriert. Sie brauchen also nicht für jeden Applikationstyp einen eigenen Sicherungsauftrag zu erstellen.*

Als nächstes kommt die einzige Einstellung, die explizit nur für Hyper-V gilt, nämlich die Angabe, ob Maschinen mitgesichert werden sollen, die dazu in den Ruhezustand (Save State) gebracht werden müssen.

Die weiteren Einstellungen betreffen ausschließlich Virtualisierungs-Umgebungen unter VMware. Daher will ich sie hier nicht weiter betrachten.

25.10 Erläuterung der Datensicherung von Hyper-V 2.0-Clustern

Die Datensicherung von hochverfügbaren Hyper-V-Umgebungen in der Version 2.0 (Windows Server 2008 R2) funktioniert in einigen Punkten anders, als es auf den ersten Blick zu erwarten ist.

Daher will ich hier einmal die Details und die zur Anwendung kommenden Technologien und Begriffe erläutern.

25.10.1   Clustered Shared Volumes (CSV)

Wenn Hyper-V als Cluster betrieben wird, kommen in den meisten Fällen CSVs zum Einsatz.

Ohne zu sehr ins Detail zu gehen, ist die CSV-Technologie von Microsoft ein Add-On zum NTFS, das den gleichzeitigen Zugriff mehrerer Server auf dasselbe Volume zulässt. Das bedeutet, dass mehrere Hyper-V Hosts ihre virtuellen Maschinen gleichzeitig auf demselben Laufwerk ablegen können.

Um Konflikte beim Zugriff zu verhindern, hat jedes CSV einen Besitzer, der darüber entscheidet, welcher Server auf welchen Block auf dem Volume zu einem bestimmten Zeitpunkt zugreifen darf.

In Windows 2008R2 sind CSVs ausschließlich für die Verwendung mit Hyper-V zugelassen und dürfen keine anderen Daten beinhalten, als die für die Virtualisierung.

25.10.2   Snapshots

Einen Snapshot einer virtuellen Maschine unter Hyper-V 2.0 zu erstellen, bedeutet, dass der Inhalt des Arbeitsspeichers der VM auf die Festplatte geschrieben und die virtuelle Festplatte (VHD) der VM schreibgeschützt wird. Zusätzlich wird eine neue virtuelle Festplatte (AVHD) erstellt, in die ab diesem Moment alle Änderungen geschrieben werden.

Wird ein zweiter Snapshot der VM erstellt, wird wieder der RAM-Inhalt gespeichert, die AVHD mit einem Schreibschutz versehen und eine weitere AVHD angelegt, die die zukünftigen Änderungen aufnimmt.

Soweit unterscheidet sich der Snapshot-Prozess nicht oder nur leicht von dem anderer Virtualisierungslösungen wie z. B. VMware.
Der Unterschied (und damit der problematische Teil) liegt in der Auflösung der Snapshots:

Wird der Snapshot über die Hyper-V-Konsole gelöscht, verschwindet er zwar aus der Ansicht, die Dateien auf der Platte bleiben aber bestehen. Diese werden erst gelöscht, wenn die virtuelle Maschine ausgeschaltet wird. Und mit ausgeschaltet meine ich wirklich ausgeschaltet, ein Neustart der Maschine hilft nicht.
Denn Hyper-V kann den bzw. die Snapshots nur dann auflösen und die AVHD Datei(en) in die VHD einarbeiten, wenn die virtuelle Maschine ausgeschaltet ist.

Daher ist es eine schlechte Idee, diese Form der Snapshots für die Datensicherung zu verwenden, es sei denn, Sie sind damit einverstanden, dass Backup Exec alle Maschinen direkt nach der Datensicherung herunterfährt, um den erstellten Snapshot aufzulösen…

Was Backup Exec anstelle dessen tut, ist, einen Snapshot des kompletten CSVs anzufordern, auf dem sich die Ressourcen der zu sichernden virtuellen Maschine befinden.

25.10.3   Redirected Access

Redirected Access bzw. Umgeleiteter Zugriff bedeutet, dass der schreibende Zugriff auf ein CSV nicht über die direkte Verbindung des Hosts mit dem Storage geschehen darf, sondern die Daten stattdessen per Netzwerk an den Besitzer des CSVs geschickt werden, damit dieser die Daten im Namen des sendenden Hosts auf das CSV schreibt.

Diese Technologie wird verwendet, wenn ein Host eines Hyper-V Clusters seine Verbindung zum Storage verliert, z. B. weil jemand alle Fibre Channel-Kabel gleichzeitig gezogen hat. Anstatt alle virtuellen Maschinen abstürzen zu lassen, greift der entsprechende Host einfach über das Netzwerk auf den Besitzer des CSVs zu und nutzt diesen als eine Art Proxy für den Zugriff auf das Storage.

Eine weitere Anwendung für den Redirected Access ist der Moment, in dem ein Snapshot eines CSVs erstellt werden muss. Wenn der Besitzer des CSVs den Befehl erhält, einen Snapshot des Volumes zu erstellen, setzt er das CSV in den Redirected Access und verbietet so für alle anderen Server den Zugriff auf das Volume. Nachdem dies erledigt ist, wird der Snapshot erstellt.

Erst wenn der Snapshot des Volumes entfernt wurde, löscht der Besitzer des CSVs die Markierung für den Redirected Access von dem Volume und die anderen Server können wieder direkt zugreifen.

25.10.4   Backup-Beispiel 1 (einfach)

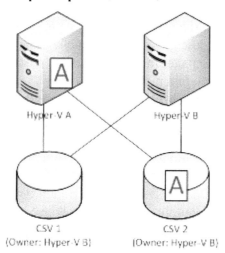

In diesem Beispiel gibt es eine virtuelle Maschine A, die auf Hyper-V Knoten A vorgehalten wird und deren Ressourcen auf CSV 2 liegen.

Wenn ein Backup-Auftrag für die VM A gestartet wird, kontaktiert Backup Exec den Cluster um zu erkunden, auf welchem Host die VM liegt. Anschließend kontaktiert Backup Exec den Host und fordert einen Snapshot des Volumes an, auf dem die Ressourcen von VM A liegen.

In diesem Beispiel würde Backup Exec Hyper-V Knoten A beauftragen, einen Snapshot von CSV 2 zu erstellen.

Um dies tun zu können, muss Knoten A zuerst den Besitz des CSV 2 übernehmen, da nur der Besitzer eines Volumes einen Snapshot erstellen kann. Die Besitzübernahme erfolgt unterbrechungsfrei, daher wird der Betrieb der virtuellen Maschine nicht unterbrochen.

Nachdem Knoten A den Besitz übernommen hat, setzt er das CSV 2 auf Redirected Access, erstellt den gewünschten Snapshot und informiert Backup Exec, welche Daten zu sichern sind.

Nach Fertigstellung des Sicherungsauftrags ordnet Backup Exec die Bereinigung des Snapshots an. Nachdem Knoten A dies erledigt hat, löst er den Redirected Access wieder auf.

25.10.5 Backup-Beispiel 2 (immer noch einfach)

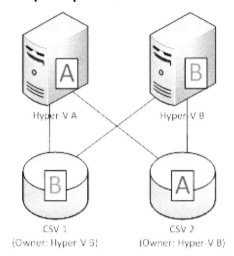

In diesem Beispiel haben wir zwei Maschinen auf unserem Cluster. Unsere Backup-Strategie erfordert es, die beiden virtuellen Maschinen gleichzeitig (und damit in separaten Aufträgen) zu sichern.

Die Sicherung der VM A wird genau nach dem Schema erfolgen wie in Beispiel 1, und das Backup der virtuellen Maschine B ist noch einfacher, da der Knoten B, der die VM vorhält, bereits Besitzer des CSV 1 ist, auf dem die Ressourcen der virtuellen Maschine liegen.

Daher sind in diesem Beispiel keine Probleme zu erwarten.

Schauen wir uns das nächste Beispiel an:

25.10.6 Backup-Beispiel 3 (langsam wird es komplizierter)

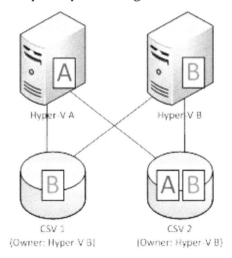

Die Anzahl der virtuellen Maschinen hat sich gegenüber dem letzten Beispiel nicht geändert. Allerdings hat irgendjemand eine zweite virtuelle Festplatte für VM B erstellt und diese auf CSV 2 abgelegt.

Damit läuft die Datensicherung der virtuellen Maschine A weiterhin wie besprochen.

Aber, und hier wird es jetzt spannend, wenn wir versuchen, ein Backup der virtuellen Maschine B zu erstellen, versucht Knoten B, den Besitz von CSV 2 zu übernehmen, um den für die Datensicherung notwendigen Snapshot zu erstellen. Da sich das Volume aber im Redirected Access befindet (schließlich läuft aktuell die Sicherung von VM A) wird diese Anforderung verweigert, und Knoten B muss so lange warten, bis das Backup von VM A abgeschlossen ist und Knoten A den Snapshot von CSV 2 abgeräumt und den Redirected Access entfernt hat. Erst dann kann die Datensicherung für VM B starten…

25.10.7 Backup-Beispiel 4 (Das wahre Leben)

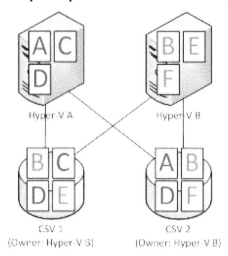

In der Realität finden wir meistens viele verschiedene VM auf einem Hyper-V Cluster, die ihre Ressourcen über die diversen CSVs verteilt haben.

Ohne hier auf die Details eingehen zu wollen, stellt das bisher Gelesene vermutlich klar, dass die Konfiguration von sich nicht gegenseitig beeinflussenden Datensicherungsjobs für die in diesem Beispiel existierenden virtuellen Maschinen zumindest extrem schwierig sein dürfte.

25.10.8 Lösung (oder zumindest ein Ansatz dazu)

Nachdem ich viele, viele Ideen ausprobiert und dutzende Jobs beobachtet hatte, bin ich zu dem Schluss gekommen, dass der einzige wirkliche Ausweg aus dem oben beschriebenen Dilemma darin besteht, den Hyper-V Cluster konsequent aufzuräumen.

Im Klartext: sorgen Sie dafür, dass die Ressourcen aller virtuellen Maschinen, die auf Host A vorgehalten werden, auf einem dedizierten CSV liegen und die Ressourcen der virtuellen Maschinen von Knoten B auf einem anderen CSV:

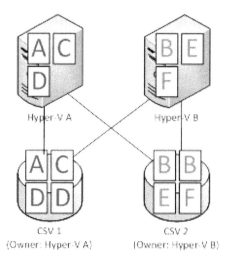

CSV 1   CSV 2
(Owner: Hyper-V A)   (Owner: Hyper-V B)

Nachdem dies erfolgt ist, müssen in Backup Exec nur die Jobs so
konfiguriert werden, dass sie jeweils alle Maschinen eines CSVs in
einem Auftrag sichern.

In unserem Beispiel benötigen Sie also zwei Sicherungsaufträge, von
denen einer die virtuellen Maschinen A, C und D sichert und der
andere die Maschinen B, E und F.

25.10.9   Zukunft

Die neueste Betriebssystemversion von Windows, Windows Server
2012, bringt auch eine neue Version von Hyper-V mit, die Version 3.0.

Die wichtigste Neuerung in Hyper-V 3.0, zumindest aus Sicht der
Datensicherung, ist die Möglichkeit, Snapshots virtueller Maschinen im
laufenden Betrieb auflösen zu können. Die bestehenden AVHD-
Dateien werden also wirklich in die VHD eingearbeitet und
anschließend vom Datenträger gelöscht. Details zur Sicherung von
Microsofts neuester Virtualisierungsplattform finden Sie im Kapitel
25.11 „Datensicherung von Hyper-V 3.0-Clustern" auf Seite 302.

25.11 Datensicherung von Hyper-V 3.0-Clustern

Wie bereits erwähnt, bringt die aktuelle Version von Microsofts
Virtualisierungsplattform deutliche Veränderungen (und
Verbesserungen) in Bezug auf die Datensicherung virtueller Maschinen
mit.

Die wichtigste Änderung besteht in der Möglichkeit, Snapshot virtueller
Maschinen nach deren Entfernung online aufzulösen. Die beim

Snapshot erstellten .AVHD-Dateien werden dabei im laufenden Betrieb in die VHD eingearbeitet.

Damit besteht für Backup Exec die Möglichkeit, einen Snapshot der zu sichernden virtuellen Maschine anzufordern, anstatt einen Snapshot des oder der Volumes anfordern zu müssen, auf dem sich die Ressourcen der virtuellen Maschine befinden.

Dadurch ist es auch nicht mehr nötig, die Datenträger in den **REDIRECTED ACCESS** zu schalten, um die Sicherung durchführen zu können.

Das wiederum versetzt Backup Exec in die Lage, mehrere Datensicherungsaufträge gleichzeitig abzusetzen, ohne dass sich diese gegenseitig behindern.

Für die Erstellung des Snapshots einer virtuellen Maschine ist immer derjenige Host zuständig, auf dem die virtuelle Maschine vorgehalten wird.

Hinweis:

Auch mit Hyper-V 3.0 ist es nicht möglich, virtuelle Maschinen direkt aus dem SAN zu sichern. Der Transport der Daten erfolgt, im Gegensatz zu VMware-Sicherungen, immer über das LAN. Dies sollten Sie beim Design Ihrer Backup-Umgebung berücksichtigen und die Netzwerkanbindung des Backup-Servers entsprechend breitbandig gestalten.

---

26 „Restore Exec" - Wiederherstellungsaufträge

Im Gegensatz zu den Vorgängerversionen können in Backup Exec 2012 Wiederherstellungsaufträge ausschließlich über einen Assistenten durchgeführt werden.

Markieren Sie hierzu einfach den Server, von dessen Backup Sie gerne eine Wiederherstellung durchführen möchten, und klicken Sie im Menü auf den Eintrag „Wiederherstellung".

Hinweis:
Bitte denken Sie daran, dass Sie die wiederherzustellenden Ressourcen an der „richtigen" Stelle auswählen.

Hierzu eine kleine Gedächtnisstütze:

26.1 Wiederherstellung einzelner Dateien oder Volumes eines physikalischen Servers

Die Wiederherstellung einzelner Dateien, Verzeichnisse oder Volumes eines physikalischen Servers erfolgt über den Eintrag des Servers, von dem die Daten ursprünglich gesichert wurden.

Hinweis:
Die Wiederherstellung kann an den Originalort, einen beliebigen anderen Ort oder auch in eine virtuelle Festplatte (VHD) erfolgen.

26.2 Wiederherstellung einzelner Dateien eines NDMP-Filers

Die Wiederherstellung einzelner Dateien oder Verzeichnisse eines NDMP-Filers erfolgt über den Eintrag des Filers, von dem die Daten ursprünglich gesichert wurden.

Hinweis:
Die Wiederherstellung muss auf einen Filer erfolgen, der den „NDMP-Dialekt" des Filers versteht, von dem die Dateien gesichert wurden. Eine Umleitung auf einen Windows-Server ist NICHT möglich.

26.3 Wiederherstellung einzelner Mails, Postfächer oder Datenbanken eines Exchange-Servers oder einer DAG

Die Wiederherstellung von Mails, Postfächern oder Datenbanken erfolgt von dem Eintrag des Exchange-Servers oder der DAG, von der die Daten ursprünglich gesichert wurden.

> *Hinweis:*
> *Wiederherstellung kann an den Originalort oder an einen beliebigen anderen Ort erfolgen. (Bitte beachten Sie die gesetzlichen Regelungen bei der Wiederherstellung von Mails an einen anderen Ort.)*

26.4 Wiederherstellung einzelner Dateien eines virtuellen Servers

Die Wiederherstellung einzelner Dateien oder Verzeichnisse eines virtuellen Servers erfolgt über den Eintrag des virtuellen Servers, der die Daten zum Zeitpunkt der Sicherung vorgehalten hat.

> *Hinweis:*
> *Die Wiederherstellung kann an den Originalort, einen beliebigen anderen Ort oder auch in eine virtuelle Festplatte (VHD) erfolgen.*

26.5 Wiederherstellung virtueller Datenträger oder kompletter virtueller Maschinen

Die Wiederherstellung virtueller Datenträger oder ganzer virtueller Maschinen erfolgt über den Eintrag des Hyper-V Clusters oder Servers bzw. der ESX- oder vCenter Servers, auf dem die virtuelle Maschine zum Zeitpunkt der Sicherung vorgehalten wurde.

> *Hinweis:*
> *Die Wiederherstellung kann an den Originalort oder einen beliebigen anderen Ort erfolgen. (auch anderer Cluster).*

26.6 Wiederherstellung von SQL-Datenbanken

Die Wiederherstellung von SQL-Datenbanken erfolgt über den Eintrag des SQL-Servers oder Clusters, von dem die Daten ursprünglich gesichert wurden.

> *Hinweis:*
> *Die Wiederherstellung kann an den Originalort oder einen beliebigen anderen Ort erfolgen (auch anderer Cluster oder andere Instanz).*

27 Notfall-Wiederherstellungen

Tritt ein Notfall ein, stellt dies immer eine Bedrohung für das Unternehmen dar. Um eine potentielle Bedrohung zu minimieren, ist eine zielgerichtete Analyse und Dokumentation von Notfallmaßnahmen notwendig.

Wie der Datensicherungsplan für die tägliche Datensicherung, gehört auch die Berücksichtigung einer möglichen Datenwiederherstellung nach einem Notfall mit zur Erarbeitung eines Datensicherungskonzeptes. Ein Bereich der Notfallplanung ist das Kapitel der Notfallwiederherstellung. Den meisten Lesern wird die englische Übersetzung Disaster Recovery (DR) in diesem Zusammenhang eher ein Begriff sein.

Als Notfallwiederherstellung werden im IT-Umfeld Maßnahmen bezeichnet, die nach einem Unglücksfall eingeleitet werden, um Daten wiederherzustellen, aber auch um die Infrastruktur, IT Systeme und nicht zuletzt Prozesse oder ganze Unternehmen zu ersetzen.

Je nach Unternehmen kann die Planung auch in das Betriebliche Kontinuitätsmanagement (BKM) übergehen. Umgangssprachlich wird hier auch der englische Begriff Business Continuity (BC) verwendet. Hierbei steht nicht, wie beim Disaster Recovery, die IT im Vordergrund; es geht vielmehr darum, die Geschäftsabläufe eines Unternehmens im Notfall zu sichern und aufrecht zu erhalten.

Was muss für den Notfallplan beachtet werden, und für wen und welches Unternehmen ist es wichtig, einen solchen Notfallplan zu haben?

In der Theorie sollte ein Notfallplan in jedem Unternehmen existieren. In welcher Ausprägung dies der Fall ist und welche Bedeutung dem beigemessen wird, können nur Sie selbst beantworten.

Bei einer Planung für den Notfall geht es in erster Linie, wie schon erwähnt, um das Thema Disaster Recovery.

Um für den Notfall gerüstet zu sein, muss dieser zuerst definiert werden. Je nach Unternehmen und Ausrichtung kann eine Definition des Notfalls immer andere Ausprägungen haben. Dementsprechend wird jede Planung hierzu anders aussehen und andere Prioritäten aufweisen.

Die Vernachlässigung dieser Planung kann dann zur Katastrophe werden, wenn geschäftskritische Daten nicht ausreichend gesichert und verfügbar vorgehalten werden.

Global betrachtet gibt es folgende Ereignisse, sogenannte Incidents, die den Notfall in Bezug auf Datensicherung beschreiben:
Einerseits kann ein möglicher Datenverlust durch interne oder externe Störfälle eintreten.
Gründe hierfür können der Totalverlust von Hard- oder Software, ein Angriff von extern oder intern oder ein Virenbefall sein.

Andererseits können Brand- oder Naturkatastrophen für einen teilweisen oder vollständigen Verlust von Daten, Infrastrukturen oder Gebäude, bedingt durch Feuer, Hochwasser, Sturm oder Erdbeben sorgen.

Für eine weiterführende Planung im Bereich Business Continuity kommen noch die Aspekte eines Stromausfalls, einer längerfristigen Evakuierung und Pandemie dazu, welche in der Notfallplanung berücksichtigt werden sollten.
Ebenso kann der Ausfall eines Lieferanten oder Partners dazu führen, dass ein Notfall eintritt.

Diese Ereignisse haben zwar keinen unmittelbaren Einfluss auf den Bereich Datenverlust und Wiederherstellung, sollten aber dennoch in der Planung berücksichtigt werden.

An dieser Stelle kommen bei einigen Lesern jetzt vermutlich Überlegungen über den Sinn oder die Notwendigkeit solcher Maßnahmen auf.
Bis vor einigen Jahren wurde das Konzept der Notfallplanung nur auf die Aufrechterhaltung und Funktionsfähigkeit von Unternehmen betrachtet. In den letzten Jahren hat sich aber die Geschwindigkeit von Geschäftsabläufen verändert, und oftmals ist nur wenig Zeit für eine schrittweise Erholung nach einem Notfall vorhanden.

Mit der Weiterentwicklung der Technik, aber auch einer veränderten Umweltsituation, hat sich die Notfallplanung stetig weiterentwickelt. So war das Thema der Internetverfügbarkeit vor ein paar Jahren kein zwingender Aspekt.
Werden aber im heutigen „Cloud-Zeitalter" Unternehmen z. B. aus Umweltereignissen von der Onlinewelt abgeschnitten und die Verfügbarkeit von Zugriffen auf externe Rechenzentren, Suchmaschinen, Telefonie oder E-Mailverkehr kommen zum Erliegen, droht oftmals eine Katastrophe.

Ebenso waren vor einigen Jahren Umweltereignisse wie Hochwasser, Schneekatastrophen oder Hagelstürme nicht in unserem Alltag vertreten, sondern galten als seltene Schauspiele der Natur.

Spätestens seit den Anschlägen auf das World Trade Center ist auch die Terrorgefahr ein Thema, welches immer wieder berücksichtigt wird. Auch gehören zivile Ausschreitungen mit zu potentiellen Ereignissen, die eine Notfallplanung notwendig machen.

Einer der wichtigsten Faktoren ist jedoch, dass durch das Vorhalten von Notfallplänen auch das Vertrauen von Investoren und Kunden gegenüber einem Unternehmen wächst.

Welche Aspekte sind für eine erfolgreiche Notfallwiederherstellung von Bedeutung? Hierzu müssen zwei wesentliche Fragen beantwortet werden.

Erstens: wie viel Ausfallzeit kann sich ein Unternehmen leisten? Hierbei gilt es, den Zeitraum vom Eintritt eines Schadens bis zur Wiederaufnahme der Geschäftsaktivitäten zu bewerten. Dazwischen liegen die Wiederherstellung von Daten, der Infrastruktur und eine notwendige Datenaufarbeitung, wie z. B. das Aktualisieren von Datenbanken.
Die Definition dieses Zeitraumes, der je nach Unternehmen zwischen null Minuten und mehreren Wochen liegen kann, wird als „Recovery Time Objective" (RTO Zeit) bezeichnet.

Zweitens: wie viel Datenverlust sich ein Unternehmen leisten kann. Bei der Beantwortung dieser Frage kann es schon innerhalb des Unternehmens verschiedene Antworten geben:
Während eine Abteilung mit einem Datenverlust von mehreren Tagen leben kann, werden andere Systeme mit einer RPO von Null Minuten beschrieben. RPO steht für „Recovery Point Objective" und beschreibt den Zeitraum, der maximal zwischen zwei Datensicherungen liegen darf. Hierbei handelt es sich um jenes Zeitfenster, das definiert, wie viele Daten oder IT-Transaktionen zwischen der letzten Datensicherung und einem Systemausfall verloren gehen dürfen.

Die Beurteilung der beiden Punkte RTO und RPO sind Bestandteil der Business Impact Analyse (BIA).
Die BIA dient zur Erfassung von Prozessen und Ressourcen innerhalb des Unternehmens im Bereich des betrieblichen Kontinuitätsmanagements.
Weiterhin können hier auch Abhängigkeiten zwischen Prozessen oder

Unternehmensbereichen analysiert und beschrieben werden. In Verbindung mit einer Risikoanalyse stellt die BIA die Grundlage der Sicherheitsstrategie dar, welche in Notfallszenarien das Unternehmen unterstützen soll.

Die BIA ist unter anderem auch wesentlicher Bestandteil des BSI-Standards 100-4, der sich mit dem Aspekt des Notfallmanagements auseinandersetzt.

27.1 Was sollten Sie bei der Vorbereitung auf eine Havarie berücksichtigen?

In jeder noch so gut geplanten IT-Umgebung sind Notfallszenarien niemals auszuschließen. Hierbei kommt der Begriff der Havarie ins Spiel. Ursprünglich aus der Schifffahrt und der Kerntechnologie kommend, hat der Begriff Havarie auch im IT-Alltag Einzug gefunden. Als Havarie wird demnach die Folge einer Notfallsituation definiert.

Um auf den Notfall vorbereitet zu sein, gilt es, die Ursachen hierfür zu erkennen und zu analysieren. Im Bereich der Datensicherung sind folgende Aspekte zu beachten:

Im Kapitel 2.5 „Das Datensicherungsmodell" auf Seite 14 haben wir uns mit den verschiedenen Instanzen einer Datensicherung beschäftigt. Hierbei wurden die ersten beiden Instanzen, der „Nearline" Speicher und das „Deep Archive" beschrieben.
Nun kommen wir zur dritten Instanz, der Remote Instanz. Als Remote Instanz wird eine Datensicherung bezeichnet, die alle unternehmenskritischen Daten vorhält und sich an einem anderen Standort befindet als die ersten beiden Instanzen.
Je nach Planung und Vorgaben aus dem Notfallplan kann es sich hierbei um ein Datenarchiv oder einen Disaster Recovery Standort (DRS) handeln.

In einem Datenarchiv wird eine Mediensatzkopie aufbewahrt. Je nach Planung kann ein mögliches Vorgehen sein, die Mediensätze der Bandsicherung wöchentlich nach dem erfolgreichen Abschluss einer Volldatensicherung zu wechseln und den Mediensatz außer Haus zu lagern.
Diese Methode ist die am einfachsten einzurichtende.
Zu beachten ist, dass im Falle eines Totalverlusts der Daten hier nur auf die Daten seit der letzten Auslagerung zurückgegriffen werden kann.

Ebenso ist in der Langzeitplanung zu beachten, dass immer eine Möglichkeit bestehen muss, die Daten wieder einspielen zu können.

Ein Disaster Recovery Standort kann ein anderes Gebäude, ein zweiter Standort oder aber auch ein anderer Brandabschnitt am Hauptstandort auf dem Campus sein.

Die Datensicherung am DRS kann in zwei Varianten betrieben werden - als Online oder Offline Standort.

Der Offline Standort verfügt über keine direkte Datenanbindung an den Hauptstandort, die Daten werden per Mediensatzkopie am DRS zur Verfügung gestellt und im Bedarfsfall von dort wiederhergestellt.

Dahingegen ist der Online Standort per Datenleitung erreichbar und hält die Daten permanent vor. Die Wahl der Methode ist maßgeblich abhängig von den RTO und RPO Ergebnissen der Business Impact Analyse.

Für den Online DRS gilt, dass dieser immer so ausgewählt ist, dass so viele Eventualitäten wie möglich abgedeckt werden, die einen Notfall herbeiführen können. Dies impliziert die Sicherstellung einer separaten Stromversorgung vom Standort der ersten beiden Instanzen, eine eigenständige Netzwerkanbindung und einen permanenten Zutritt zum Remote Standort.

Wird bei der Wahl des Remote Standortes auch der Bereich des Betrieblichen Kontinuitätsmanagements berücksichtigt, dann wird die Wahl in den meisten Fällen auf einen Standort fallen, der sich in einem Gebäude außerhalb von möglichen Evakuierungsradien befindet.

Dies kann bei Firmen mit mehreren Standorten eine Niederlassung in einem anderen Ort sein, bei kleineren Unternehmen, die ausschließlich an einem Standort ansässig sind, kann dies aber auch ein externer Dienstleister oder zum Beispiel das Rechenzentrum eines verbunden Partnerunternehmens sein.

Die wichtigste Frage bei der Wahl des Standortes ist die, wie und in welcher Geschwindigkeit die Daten, die gesichert werden sollen, dorthin gelangen.

Um die notwendige Anbindungskapazität zu ermitteln, ist es wichtig zu klären, welche Daten unternehmenskritisch sind und im permanenten Zugriff stehen müssen.

Aus dem Kapitel der Datenarten kennen wir die generelle Unterscheidung in qualitative und quantitative Daten. Im Regelfall kann zur Beantwortung dieser Frage auf die Zusammenfassung nach qualitativen Daten zurückgegriffen werden. Eine zweite Bewertung der qualitativen Daten auf die notwendige Verfügbarkeit im Ernstfall kann eine Wiederherstellung nochmals optimieren.

Der zweite wichtige Bereich neben der Datensicherung und einer schnellen Bereitstellung der Nutzerdaten ist die Verfügbarkeit von IT-Systemen.

Ein wesentlicher Aspekt ist hierbei der Einsatz von Virtualisierungsumgebungen. Neben den Vorteilen der besseren Ressourcenauslastung und einer höheren und schnelleren Verfügbarkeit der Systeme ist ein weiterer Vorteil, virtuelle Maschinen schneller an anderen Standorten wieder in Betrieb nehmen zu können.

Gegenüber physikalischen Maschinen reichen für einen Notfallbetrieb im DR-Fall weniger Ressourcen aus, um notwendige Systeme wieder zur Verfügung zu stellen und auf die Nutzerdaten zugreifen zu können.

27.2 Die Durchführung einer Notfallwiederherstellung

Leider ist es keine Frage ob, sondern nur wann Sie mit der folgenden Situation konfrontiert werden. Einer der Server Ihres Unternehmens hat ein Problem mit der Hardware oder mit dem Betriebssystem und Sie müssen die komplette Maschine wiederherstellen.

Das oberste Gebot ist, Ruhe zu bewahren und keine überstürzten Handlungen vorzunehmen.

Zuerst müssen Sie analysieren, welche Daten von dem Ausfall überhaupt betroffen sind.

So bedeutet z. B. der Ausfall des Betriebssystems nach einem eingespielten Update nicht, dass die Nutzdaten des Servers defekt sind. Sie müssen nur das Betriebssystem wieder zum Laufen bekommen.

Dahingegen ist ein Virenbefall meist nur durch ein vollständiges Restore der Maschine inklusive aller darauf befindlichen Daten zu beheben.

Die folgende Grafik soll Ihnen als kleine Hilfestellung dienen, um herauszufinden, welche Art der Wiederherstellung Sie durchführen müssen. Dabei erhebe ich aber keinen Anspruch auf Vollständigkeit.

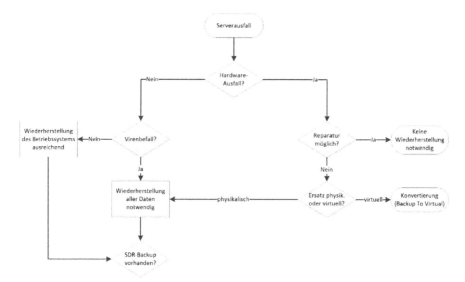

Im Folgenden werde ich die einzelnen Varianten der Wiederherstellung kurz erläutern.

27.2.1 Simplified Disaster Recovery (SDR)

Wenn Sie über eine SDR-taugliche Datensicherung verfügen, starten Sie den betroffenen Server vom SDR-Boot-Datenträger und lassen sich vom Assistenten für die Notfall-Wiederherstellung durch die einzelnen erforderlichen Schritte leiten. Im Großen und Ganzen handelt es sich hier um die Folgenden:

- Konfigurieren der Netzwerk-Einstellungen.
- Kontaktieren des Backup-Servers und übermitteln des wiederherzustellenden Servernamens.
- Auswählen des wiederherzustellenden Sicherungssatzes.
- Durchführen der Wiederherstellung.
- Neustart des Servers.

> **Hinweis:**
> *All diese Schritte werden am wiederherzustellenden Server durchgeführt, Sie müssen zu keiner Zeit auf die Backup Exec-Oberfläche vom Backup-Server zugreifen.*

Wie Sie sicherstellen, dass Ihre Datensicherungen SDR-tauglich sind, erfahren Sie im Kapitel 21 „Was wollen Sie sichern und was nicht?" auf Seite 235.

Hinweise zum Erstellen des SDR-Boot-Datenträgers erhalten Sie im Kapitel 6.6.2 „Die Wiederherstellungs-CD" auf Seite 70.

27.2.2 Notfall-Wiederherstellung ohne SDR

Vom Prinzip her bedeutet die vollständige Wiederherstellung eines Servers nicht anderes, als ein Restore des Betriebssystem-Datenträgers und des Systemstatus.

Wie gesagt, vom Prinzip her. Denn was im ersten Moment sehr simpel klingt, ist in der Wirklichkeit durchaus komplex.

Hintergrund dafür ist die Tatsache, dass Sie das Windows-Verzeichnis eines laufenden Servers nicht ersetzen können, weil Teile davon geöffnet und in einem Zustand sind, der ein Restore unmöglich macht.

Es ist also nicht möglich, auf dem betroffenen Server mal eben schnell ein Betriebssystem und den Remote-Agenten von Backup Exec zu installieren und dann einen Restore-Auftrag zu starten. Dieser Versuch wird fehlschlagen.

Was Sie tun müssen, um einen Server wiederherzustellen, von dem Sie kein SDR-taugliches Backup besitzen, ist folgendes:

- Installation eines temporären Betriebssystems in einen anderen Ordner als C:\Windows.
  Dies ist nur mittels einer unbeaufsichtigten Installation möglich, da Sie während der „normalen" Installation das Zielverzeichnis nicht angeben können.

> **Hinweis:**
> Sie sollten dem Rechner einen anderen, temporären Namen geben und ihn NICHT in die Domäne aufnehmen.
> Sollten Sie dies doch tun, können Sie Probleme mit der SID bekommen, die u. U. nicht so einfach zu reparieren gehen.

- Legen Sie in Backup Exec ein neues Login-Konto an, das sich an dem temporären Windows auf dem wiederherzustellenden Server anmelden darf.
- Installieren Sie den Backup Exec-Agenten auf dem Server.
- Starten Sie einen Wiederherstellungsauftrag für die wiederherzustellende Maschine und lenken Sie den Auftrag auf den temporären Servernamen um.
- Führen Sie die Wiederherstellung durch und starten Sie anschließend den Server neu.

- Löschen Sie das temporäre Windows-Verzeichnis von der Festplatte des Servers.
- Erstellen Sie eine SDR-taugliche Datensicherung von der Maschine.

28 Backup Exec im Zusammenspiel mit anderer Software

28.1 Virenscanner

Der Grund, warum das Thema Virenschutz die Datensicherung direkt berührt und eventuell sogar behindert, ist schnell erklärt: Nicht alle Virenscanner unterscheiden zwischen dem Versuch eines Benutzers, eine Datei zu öffnen und der Anforderung von Backup Exec, die Datei zu sichern. Dies führt dazu, dass jede Datei, die wir sichern, vom Virenscanner geprüft wird.

Dieses Verhalten tritt sowohl auf physikalischen Servern als auch auf virtuellen Servern auf, wirkt sich in virtuellen Umgebungen aber meist stärker auf die allgemeine Performance aus, weil hier zumeist mehrere Server gleichzeitig betroffen sind.

Generell sollten Sie auf dem Backupserver die folgenden Verzeichnisse und Prozesse vom Virenscan ausschließen:

Auszuschließendes Verzeichnis	Vorgang, der vom Virenscan auszuschließen ist
Alle Backup-To-Disk-Ordner	Lesen und Schreiben
Alle Deduplizierungsspeicher	Lesen und Schreiben
Das Datenverzeichnis Ihrer Backup Exec-Installation (standardmäßig unter C:\PROGRAM FILES\SYMANTEC\BACKUP EXEC\DATA)	Lesen und Schreiben
Das Katalogverzeichnis Ihrer Backup Exec-Installation (standardmäßig unter C:\PROGRAM FILES\SYMANTEC\BACKUP EXEC\CATALOGS)	Lesen und Schreiben
Das Logverzeichnis Ihrer Backup Exec-Installation (standardmäßig unter C:\PROGRAM FILES\SYMANTEC\BACKUP EXEC\LOGS)	Lesen und Schreiben
Das Installationsverzeichnis für die Agenten (standardmäßig unter	Lesen

C:\Program Files\Symantec\Backup Exec\Agents)	

Auszuschließender Prozess	Klartextname des Prozesses
Beremote.exe	Backup Exec Remote Agent
Beserver.exe	Backup Exec RPC Server
Bengine.exe	Backup Exec Job Engine
Benetns.exe	Backup Exec Agent Browser
Pvlsvr.exe	Backup Exec Device and Media Service
BackupExec.exe	Backup Exec GUI
Bedbg.exe	Backup Exec Crash Debug Tool
BackupExecManagementService.exe	Backup Exec Server
PDVFSService.exe	Backup Exec PureDisk Filesystem
Postgres.exe	PostgreSQL Server 8.3
Spad.exe	Backup Exec Deduplication Manager
Spoold.exe	Backup Exec Deduplication Engine

28.2 Andere Backup-Systeme

Sollten Sie parallel zu Backup Exec weitere Sicherungssoftware im Einsatz haben, wie z. B. Symantec System Recovery, sollten Sie darauf achten, dass die verschiedenen Sicherungsaufträge sich nicht gegenseitig behindern. Die meisten Sicherungssysteme basieren auf Microsoft Schattenkopie-Technologien (VSS), so dass immer nur ein Snapshot gleichzeitig zur Verfügung gestellt werden kann.

Außerdem kann der Einsatz verschiedener Sicherungssoftware bzw. mehrerer Sicherungsmechanismen dazu führen, dass bestimmte Funktionen in Backup Exec nicht mehr funktionieren.

So gibt es z. B. immer wieder Anfragen zu inkrementellen SQL-Sicherungen, die mit der Fehlermeldung beendet werden, das letzte Vollbackup sei nicht von Backup Exec erstellt worden.

Normalerweise ist der Grund für diese Meldung in der Existenz von SQL Wartungsplänen begründet, die eine Kürzung des Logfiles vornehmen.

Backup Exec „merkt" sich bei jedem Sicherungslauf, in welchem Zustand sich die zu sichernden Systeme befanden. Ändert sich jetzt der Zustand einer zu sichernden Ressource so gravierend, wie dies bei einer Kürzung des Logfiles eines SQL-Servers der Fall ist, kann Backup Exec nicht mehr sicherstellen, dass die soeben erstellte Teilsicherung, in Verbindung mit dem letzten Vollbackup, eine komplette Wiederherstellung der Ressource ermöglichen kann. Und aus diesem Grund wird die Sicherung schlicht als fehlerhaft bzw. nicht verwendbar deklariert.

Merke: Datensicherung folgt oft dem berühmten Filmzitat „Es kann nur einen geben".

(Wikipedia ("Highlander - Es kann nur einen geben"), 2013)

28.3   Software zur Serverüberwachung

Einige Produkte zum Überwachen Ihrer Serversysteme sind dafür bekannt, mit Backup Exec in Konflikt zu geraten. Hierzu zählen z. B. die Management-Agenten von Hewlett Packard, die standardmäßig auf den Servern dieses Herstellers installiert werden.

In den meisten Fällen lässt sich dieser Konflikt leider nur durch die Deaktivierung oder sogar Deinstallation dieser Agenten lösen.

Weitere Hinweise zu genau diesem Fehler finden Sie in der Symantec Wissensdatenbank unter folgendem Link:
http://www.symantec.com/docs/TECH61192

Teil 3: Anhang

29 Lizenzierung von Backup Exec

Schauen wir uns nun die grundlegenden Editionen und die Lizenzierung von Symantec Backup Exec an.

Mit Einführung der Version 2012 hat Symantec einiges geändert, es wurden Agenten entfernt und geändert, aber auch komplett neue Editionen hinzugefügt.

Generell gibt es ab sofort von Backup Exec vier Software Editionen, eine Cloud Lösung und eine Hardware Lösung:

Backup Exec 2012 Lösung	Zielgruppe
Symantec Backup Exec 2012 QuickStart Edition	Für Kleinstunternehmen, die neue Sicherungshardware erwerben und nur rudimentäre Sicherungsfunktionen benötigen.
Symantec Backup Exec.Cloud	Für Kleinstunternehmen und kleine Unternehmen die keine eigene Sicherungshardware erwerben möchten und/oder ein cloudbasiertes Mietmodell vorziehen.
Symantec Backup Exec 2012 Small Business Edition	Für kleine Unternehmen, die bis zu drei Server haben.
Symantec Backup Exec 2012	Primärmarkt: kleine Unternehmen (10-50 Angestellte), mittelgroße Unternehmen/Mittelstand (50 -500 Angestellte).
	Sekundärmarkt: Unternehmen (500+ Mitarbeiter) und Großunternehmen (1000+ Mitarbeiter).
Symantec Backup Exec 2012 V-Ray Edition	Für Unternehmen, die verstärkt oder ausschließlich auf Microsoft oder VMware Virtualisierung setzen.
Symantec Backup Exec 3600 Appliance	Für Unternehmen, die eine dedizierte und hardwarebasierte Komplettlösung von Symantec benötigen.

29.1 Backup Exec QuickStart Edition

Die kleinste und auch kostengünstigste Edition ist die Backup Exec QuickStart Edition.
Sie wird nur durch autorisierte OEM Hardware Hersteller vertrieben (meistens als Bundle), und man hat keinerlei Anrecht auf Support bei Symantec.
Die QuickStart Edition hat einige technische Limitierungen und ist daher nur für sehr kleine Umgebungen geeignet.
Eine Upgrade bzw. Cross-grade auf die „große" Backup Exec Lösung ist möglich.

29.2 Backup Exec.Cloud

Backup Exec.Cloud ist eine cloudbasierte Backup Lösung auf Basis von Backup Exec Technologie.

Sie wurde primär für kleine Unternehmen entworfen, die keine eigene Sicherungshardware oder Sicherungssoftware erwerben möchten.
Natürlich eignet sie sich auch wunderbar, um die Daten von Remote Office Mitarbeiter oder sehr kleinen Standorte zu sichern.
Wie bei jeder Cloud Lösung handelt es sich auch um ein Mietmodell; lizenziert wird in 10-GB-Schritten auf jährlicher Basis.
Eine adäquate und nach Möglichkeit symmetrische Internetanbindung ist natürlich Grundvoraussetzung.

Technisch gibt es folgendes zu beachten: es lassen sich lediglich Windows Server/Desktops, Exchange Server und SQL Server sichern.
Alle anderen Backup Exec Technologien sind der On Premise Lösung, also dem normalen Backup Exec, vorbehalten.

29.3 Backup Exec 2012 Small Business Edition

Die Backup Exec 2012 Small Business Edition wurde vom Produktumfang und von der Lizenzierung her komplett überarbeitet. Im Prinzip hat sie mit Ihrem Vorgänger „Backup Exec 2010 für Windows Small Business Servers" kaum noch etwas gemeinsam.
Der größte Unterschied liegt darin, dass sich die Small Business Edition nicht mehr an der Lizenzierung des Microsoft Small Business Servers orientiert. Damit einhergehend ist auch der Microsoft Small Business Server keine Installationsvoraussetzung mehr.
Die neue Lösung zielt damit zwar immer noch auf Kunden des

Microsoft Small Business Servers ab, aber auch andere kleine Microsoft Umgebungen werden nun mit abgedeckt.

Den Fokus legt Symantec ganz klar auf Umgebungen mit bis zu 3 Servern. Diese Grenze wurde mit Version 2012 auch hart im Produkt hinterlegt.

Effektiv lassen sich nur noch 3 Server sichern, ob virtuell oder physikalisch oder ein Mix aus beidem, spielt dabei keine Rolle. Bedenken Sie jedoch bitte: der Backupserver selbst zählt schon als erster zu sichernder Server.

Backup Exec 2012 Small Business Edition beinhaltet folgende Lizenzen:

- 1 Backup Exec 2012 Backupserver, Small Business Edition
- 1 Agent für Microsoft Exchange Server
- 1 Agent für Microsoft SQL Server
- 1 Agent für Microsoft SharePoint
- 1 Agent für Microsoft Active Directory
- 1 Agent für Hyper-V

Um weitere Maschinen zu sichern, benötigen Sie folgende Agenten:

- Für Windows Systeme, welche kompletten System- und Applikationsschutz benötigen, lizenzieren Sie den neuen „Small Business Edition Agent für Windows"
- Für Windows Systeme, welche lediglich System- und Fileschutz benötigen, lizenzieren Sie den normalen „Agent für Windows"
- Für Linux Systeme lizenzieren Sie den „Agent für Linux"
- Für Macintosh Systeme lizenzieren Sie den „Agent für Mac"

Der neue „Small Business Edition Agent für Windows" hat hierbei den gleichen Applikationsschutz-Lizenzumfang wie der Small Business Edition Backupserver selbst.

Sämtliche anderen Backup Exec Agenten und Optionen werden nicht mehr mit Backup Exec 2012 Small Business Edition unterstützt. Ein Upgrade auf die große Backup Exec Edition ist ohne Probleme möglich, auch Cross-grade Lizenzen sind verfügbar.

> **Hinweis:**
> Wie bereits erwähnt, beinhaltet die neue Backup Exec Small Business Edition nun auch einen Hyper-V Agent. Beachten Sie bitte, dass es sich hierbei lizenzrechtlich keineswegs um einen vollwertigen Hyper-V Agent handelt, mit dem Sie beliebig viele virtuelle Gäste sichern dürfen. Ihnen wird lediglich die Technologie für ein Hyper-V Backup zur Verfügung gestellt, um einen virtualisierten Small Business Server zu sichern. Virtuelle Maschinen müssen Sie über die vier oben angesprochenen Backup Exec Small Business Edition kompatiblen Agenten separat lizenzieren. Darüber hinaus gilt auch hier die maximale Grenze von drei zu schützenden Systemen.

Beispiel für ein virtualisiertes Szenario:

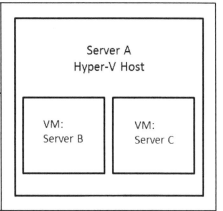

Umgebung	Server A
• Server A: Windows Hyper-V • VM: Server B: Exchange, File, Print • VM: Server C: SQL	Hyper-V Host
Benötigte Lizenzen • Small Business Edition - Server • Small Business Agent • Small Business Agent	VM: Server B VM: Server C

29.4 Symantec Backup Exec 2012

Backup Exec 2012 stellt die Komplettlösung unter den Backup Exec 2012 Editionen dar. Sämtliche Agenten und Optionen können mit dieser Edition eingesetzt werden. Außerdem lassen sich umfangreiche Replizierungs- und Hochverfügbarkeitsszenarien erstellen.
Mit Version 2012 hat Symantec eine zusätzliche Lizenzierungsmöglichkeit eingeführt.

Folgende Lizenzierungsmöglichkeiten stehen ab sofort zur Verfügung:

29.4.1 Die traditionelle Lizenzierung – nach Bedarf (à la carte)

• Kaufen Sie mindestens einen Backup Exec Backupserver, um Ihre Umgebung zu sichern und Ihre Tape/Disk Storage Geräte anzusprechen.

- Lizenzieren Sie die genaue Anzahl an Backup Exec Agenten und Optionen, um Ihre Umgebung zu sichern.
  Beachten Sie bitte hierbei die Lizenzierung der einzelnen Agenten und Optionen.

29.4.2 Die neue Kapazitäts-Lizenzierung – nach TB

- Kaufen Sie eine Backup Exec 2012 Capacity Edition License pro TB zu schützenden Front-End Daten.

- Verteilen Sie eine unlimitierte Anzahl an Backup Exec Backupservern, Agenten und Optionen.

Die neue Kapazitäts-Lizenzierung richtet sich in erster Linie an Kunden mit sehr großen und schnell wachsenden Umgebungen.
Es wird ausschließlich die zu sichernde Datenmenge ermittelt und pro Terabyte eine Lizenz erworben.
Zur Berechnung der benötigten Lizenzen zählen die kumulierten und unkomprimierten Daten auf sämtlichen zu schützenden Endpunkten. Symantec definiert das Terabyte übrigens als 1024 Gigabytes.

29.5 Symantec Backup Exec 2012 V-Ray Edition

Die Backup Exec 2012 V-Ray Edition wurde entworfen, um hochgradig virtualisierte Umgebungen effektiv und einfach zu schützen.
Die V-Ray Edition schützt eine unlimitierte Anzahl an virtuellen Gästen und eine unlimitierte Anzahl an Applikationen auf diesen virtuellen Gästen.

Außerdem erhalten Sie das Recht auf Deduplizierung für sämtliche Backupserver, die Sie über eine V-Ray Edition lizenzieren. Fall Sie GRT oder clientbasierte Backups benötigen, dürfen Sie mit V-Ray Edition innerhalb Ihrer virtuellen Umgebung beliebig viele Windows und Linux Agenten ausrollen.

Die Backup Exec 2012 V-Ray Edition beinhaltet pro Prozessorlizenz folgende Lizenzen:

- einen Backup Exec 2012 Backupserver

- eine Deduplizierungsoption

- den Agent für Applikationen und Datenbanken zum Schutz von unlimitierten virtuellen Gästen

- den Agent für VMware und Hyper-V zum Schutz von unlimitierten virtuellen Gästen

Mit der V-Ray Edition wurde ein komplett neues Lizenzierungsmodell eingeführt. Sie wird pro genutztem CPU Sockel auf dem physikalischen Hypervisor lizenziert. Dabei unterscheidet Symantec zwei verschiedene Prozessortypen:

- Tier 1: 2-6 Kerne pro Prozessor
- Tier 2: 8+ Kerne pro Prozessor

Obwohl die V-Ray Edition primär für virtualisierte Umgebungen entworfen wurde, können Sie mit ihr selbstverständlich auch Ihre physikalischen Server sichern.

Lizenzieren Sie ganz einfach die gewünschten Agenten und Optionen für Ihre physikalischen Systeme über die traditionelle Backup Exec Edition nach Bedarf hinzu.

Einen separaten Backupserver samt Deduplication Option benötigen Sie für den Schutz Ihrer physikalischen Systeme übrigens nicht. Sollten Sie jedoch einen Backupserver verwenden, um ausschließlich physikalische Systeme zu sichern, ist dieser separat lizenzpflichtig.

29.6 Symantec Backup Exec 3600 Appliance

Die Backup Exec 3600 Appliance stellt die hardwarebasierte Backup-Komplettlösung von Symantec dar. Im Prinzip ist sie ein vollwertiger, dedizierter Windows Backup Server samt Hardware und Backup Exec Software Lizenzen.

Die Basis bildet ein Windows Storage Server 2008 R2, inklusive Systemhärtung durch Symantec Critical System Protection.

Die Appliance wird mit integrierter Deduplizierung, granularer Wiederherstellung und Lizenzen für den Schutz von unlimitierten physikalischen und virtuellen Systemen und Applikationen ausgeliefert.

Die Backup Exec 3600 Appliance gibt es in zwei Editionen, der Essential Protection Edition und der Total Protection Edition. Welche Lizenzen in welcher Edition enthalten sind, lässt sich der nachfolgenden Tabelle entnehmen:

Beinhaltete Software	Essential Protection Edition	Total Protection Edition
Backup Exec 2012 Server	x	x
Critical System Protection	x	x
Deduplication Option	x	x
Agent für VMware und Hyper-V	x	x
Agent für Applikationen und Datenbanken	x	x
Agent für Windows	x	x
Agent für Linux	x	x
Agent für Mac	x	x
Enterprise Server Option	Optional	x
Remote Media Agent für Linux	Optional	x
NDMP Option	Optional	x
Library Expansion Option	Optional (1 inbegriffen)	Optional (10 inbegriffen)
Virtual Tape Library Umlimited Drive Option	Optional	Optional
File System Archiv Option	Nicht unterstützt	Nicht unterstützt
Exchange Mailbox Archiv	Nicht unterstützt	Nicht unterstützt

Die nachfolgende Tabelle zeigt die technischen Spezifikationen der Backup Exec 3600 Appliance:

Technische Spezifikationen	Details
Betriebssystem	Windows Storage Server 2008 R2 x64
Sicherheit	Werksseitig mit Symantec Critical System Protection 5.2 gehärtet
Hauptplatine/Gehäuse	Intel S3420GPRX
	1U-Gehäuse: SR1695 (volle Tiefe)
CPU	Single Intel Xeon Prozessor X3430, Quad Core, Intel 3420 Chipset
RAM	16 GB
Erweiterung	1 PCI-E 2.0 x 16 Connector
I/O Geräte	5x Gigabit Ethernet (3 Produktion, 1 Admin, 1 RMM)
	1x serieller Anschluss
	4x USB 2.0 Anschluss
	6x SATA Anschluss
	Integriertes RAID Modul mit LSI 1078 3Gbps SAS-Controller
Laufwerke	4x Hot-Swap 3,5" SAS-HDD
	2x 2,5" SSD
Speicherkapazität	2x 80 GB für Betriebssystem (RAID 1, SSDs)
	4x 2 TB für Backup Storage (RAID 5, 3,5" HDDs)
Netzanschluss	Zwei redundante 400W AC-Netzanschlüsse

Um Ihnen zu jederzeit professionellen und schnellen Hardware-/Software Support gewähren zu können, wurde die Appliance hoch standardisiert und als Komplettsystem optimiert.
Jegliche Änderungen am Betriebssystem oder an der Hardware führen daher zum Verlust der Garantie und zum Verlust der technischen Unterstützung.

29.7 Die Agenten und Optionen

Mit Version 2012 hat Symantec die Backup Exec Agenten und Optionen grundlegend überarbeitet und weitestgehend konsolidiert.

Außerdem wurden einige Agenten/Optionen komplett eingestellt und stehen damit ab Version 2012 nicht mehr zur Verfügung.

29.7.1 Die Agenten

Agent	Lizenziert pro	Hinweise
Agent für VMware und Hyper-V	physikalischen Host	ehemals Agent für VMware Virtual Infrastructure, Microsoft Hyper-V
Agent für Applikationen und Datenbanken	Server /Applikation	ehemals Agent für SQL, Exchange, Active Directory, SharePoint, Oracle, Enterprise Vault, Domino
Agent für Windows	Server	keine Änderung
Agent für Linux	Server	keine Änderung
Remote Media Agent für Linux	Server	keine Änderung
Agent für Mac	Server	keine Änderung
Small Business Agent für Windows	Server	neu

29.7.2

29.7.3 Die Optionen

Option	Lizenziert pro	Hinweise
Deduplication Option	BE Server	keine Änderung
Enterprise Server Option	Verwalteter BE Server Umgebung (pro CASO)	ehemals: Central Admin Server, SAN Shared Storage Option, Advanced Diskbased Backup Option
Exchange Mailbox Archiv Option	10 User	ehemals 10 User, 100 User
File System Archiv Option	Server	keine Änderung
Virtual Tapelibrary Unlimited Drive Option	Virtual Tape Library	keine Änderung
Library Expansion Option	Tape Drive (ab dem zweiten Laufwerk in einer Bandbiblioth ek)	keine Änderung
NDMP Option	Server/NAS	keine Änderung

29.7.4 Eingestellte (abgekündigte) Agenten und Optionen

Backup Exec Agent / Option	Status
Backup Exec Infrastruktur Manager 12.5	abgekündigt
Agent für DB2 on Windows Servers	abgekündigt
Agent für SAP Applikationen	abgekündigt
Remote Agent für NetWare Systems	abgekündigt
NetWare Servers Open File Option	abgekündigt
Continuous Protection Server (CPS)	abgekündigt
Desktop und Laptop Option	jetzt separates Produkt

29.8 Lizenzmanagement

Mit Version 2012 wurde Backup Exec in das „Symantec Enterprise Licensing System" aufgenommen.
Symantec Enterprise Produkt Kunden oder Security Kunden kennen dieses Verfahren schon: die Seriennummern werden abgeschafft, zum Freischalten von Funktionen wird nun ein Lizenzfile (SLF File) benötigt. Mit dieser Umstellung kann Backup Exec auch aktiv auf auslaufende Maintenance hinweisen.

Falls Sie mehrere Wartungsverträge mit verschiedenen Laufzeiten haben, sollten Sie über eine Konsolidierung der verschiedenen Laufzeiten nachdenken. Sie vermeiden so, dass Sie mehrmals im Jahr auf auslaufende Wartungsverträge hingewiesen werden. Wenden Sie sich hierfür bitte an Ihren Symantec Partner.

30 Support für Backup Exec - Luxus oder Notwendigkeit?

Symantec unterscheidet bei der Bereitstellung von Softwareprodukten zwei verschiedene Typen von Upgrades:

- Minor Releases stellen kleinere Updates der aktuellen Version eines Produkts dar und sind in der Regel kostenfrei.
  Kenntlich gemacht werden diese Versionen an der Versionsnummer, die nach dem Trennzeichen eine Nummer hochzählt (z. B. 10.0 zu 10.1 bzw. 2010 R2 zu 2010 R3).
- Major Releases stellen ein komplett neues Produkt dar und sind kostenpflichtig.
  Sie erkennen die Major Releases an der neuen Versionsnummer vor dem Trennzeichen (z. B. 11.x zu 12.x).

Erfreulicher Weise verkauft Symantec das Produkt Backup Exec seit einiger Zeit nicht mehr ohne Maintenance. Erfreulicher Weise deshalb, weil es bei Symantec keine Möglichkeit gibt, einzelne Support-Gutscheine zu kaufen, wie dies bei manchen anderen Herstellern möglich ist. Sollten Sie also einen Support-Fall haben und nicht über einen Wartungsvertrag verfügen, wird Symantec den Fall ablehnen. Ihre einzige Möglichkeit, an dieser Stelle den Support des Herstellers in Anspruch zu nehmen, besteht dann im nachträglichen Kauf einer Wartungsverlängerung bzw. eines Upgrades samt Wartungsverlängerung (je nachdem, wie lange Ihr Vertrag schon ausgelaufen ist).

Behalten Sie dies bitte im Hinterkopf, wenn das nächste Mal die Frage aufkommt, ob der bei Ihnen bestehende Wartungsvertrag verlängert werden soll.

30.1.1 Die Basic-Maintenance

Die Basic-Maintenance für Backup Exec stellt die kleinste Variante des Support-Vertrags dar. Dies ist die Version des Supports, die zwangsweise mit jeder neuen Lizenz von Backup Exec verkauft wird, es sei denn, Sie fordern ein höheres Support-Modell an.

Enthalten in diesem Vertragsmodell sind:

- Alle Upgrades (Minor und Major), die während des laufenden Vertrags erscheinen.

- Unlimitierte technische Supportanfragen an Symantec während der Vertragslaufzeit. Diese Supportanfragen können rund um die Uhr erstellt werden, die Bearbeitung erfolgt aber nur Mo.-Fr. im Zeitraum von 08:00 – 18:00 Uhr. (10x5).

30.1.2 Die Essential-Maintenance

Die Essential-Maintenance für Backup Exec stellt die übliche Variante des Support-Vertrags dar. Üblich deswegen, weil sie von den meisten Kunden geordert wird.

Außerdem handelt es sich hierbei um das Vertragsmodell, das ich den von mir betreuten Kunden als Minimum ans Herz lege. Dies hat einen ganz einfachen Grund: Die größte Wahrscheinlichkeit, dass Sie eine Wiederherstellung von Daten brauchen, besteht im Umbau Ihres IT-Systems. Dazu gehören Wartungsarbeiten an Servern und ganz besonders das Einspielen neuer Software-Versionen.
Dies geschieht selten während der normalen Arbeitszeit, sondern üblicherweise nachts oder am Wochenende.
Wenn Sie jetzt eine Vertrag mit Basic-Maintenance haben, können Sie zwar den Fall am Samstagnachmittag eröffnen, bearbeitet wird er aber erst am Montag ab 08:00 Uhr. Ich denke, damit ist alles gesagt, oder?

Ein weiterer Vorteil der Essential-Maintenance liegt in der Tatsache, dass Sie für Ihre Support-Fälle eine Betreuung im „Follow-The-Sun"-Prinzip anfordern können. Damit wird der Fall jeweils zu Feierabend des Support-Centers, das gerade an diesem Fall arbeitet, an das nächste Support-Center weitergegeben.

Enthalten in diesem Vertragsmodell sind:

- Alle Upgrades (Minor und Major), die während des laufenden Vertrags erscheinen
- Unlimitierte technische Supportanfragen an Symantec während der Vertragslaufzeit. Diese Supportanfragen können rund um die Uhr erstellt werden und werden ebenfalls rund um die Uhr bearbeitet (24x7).
Je nach Verfügbarkeit von Technikern bei Symantec kann es vorkommen, dass zu bestimmten Uhrzeiten nur englischsprachiger Support zur Verfügung steht.

30.1.3 Was gibt es noch?

Firmen, denen der normale telefonische Support von Symantec nicht ausreicht, können zusätzlich zur Essential-Maintenance weitere Supportvarianten in Anspruch nehmen, die ich in den folgenden Kapiteln kurz vorstelle.

30.1.4 Business Critical Services

Symantec selbst bietet einen erweiterten Support namens „Business Critical Services" (BCS) an. Den BCS gibt es in verschiedenen Varianten, von denen ich hier nur den sogenannten „Remote Product Specialist" (RPS) erläutern möchte:
Es handelt hierbei sich um die Zuweisung eines dedizierten Account Managers (BCAM), der in allen technischen Fragen zum Produkt als Ansprechpartner fungiert. Der BCAM überwacht auch alle Supportfälle der ihm zugewiesenen Endkunden.

Kunden, die einen BCS-Vertrag haben, gelangen bei der Eröffnung eines Supportfalls direkt in eine priorisierte Warteschlange, wodurch die Bearbeitung des Falls deutlich beschleunigt wird.

Obwohl der BCS natürlich einen regulären Verkaufspreis hat, wird doch jeder Fall einzeln betrachtet und dem Endkunden ein dediziertes Angebot unterbreitet. Der Preis richtet sich dabei u. a. nach der Anzahl der eingesetzten Produkte und der Anzahl zu unterstützenden Rechenzentren des Endkunden.

30.1.5 TAPP

Parallel zum BCS von Symantec gibt es eine Handvoll Partner, die aufgrund ihrer Zertifizierungen und nachgewiesenen Produktkenntnisse zum „Technical Assistance Partner Program" (TAPP) gehören. Diese Partner sind dazu berechtigt, Kunden mit bestehendem Maintenance-Vertrag zusätzlichen Support anzubieten und dabei auf interne Ressourcen von Symantec zurückzugreifen.
Welche Form von Support hierbei angewandt wird (Telefonischer Support, Vor-Ort-Einsätze etc.), ist Sache des Partners und des Endkunden.

Da es sich hier um einen Vertrag zwischen dem Endkunden und dem Partner handelt, werden die Preise nicht von Symantec festgelegt, sondern sind ausschließlich Verhandlungssache des Endkunden mit dem Partner.

Hinweis:

Bitte beachten Sie hier die Formulierung „Kunden mit bestehendem Maintenance-Vertrag". Sollte der Partner Ihres Vertrauens das aufgetretene Problem nicht mit eigenen Mitteln lösen können, kann er auch als TAPP-Partner nur dann auf den Hersteller-Support zurückgreifen, wenn der Endkunde einen gültigen Maintenance-Vertrag mit Symantec hat!

31 Weiterführende Informationen

Zum Abschluss möchte ich Ihnen noch ein paar Webseiten nennen, die Ihnen in der täglichen Arbeit mit Backup Exec hilfreich sein könnten:

Beschreibung	Link
Backup Exec-Produktwebsite bei Symantec	http://www.backupexec.com
Symantec Wissensdatenbank zu Backup Exec	http://www.symantec.com/business/support/index?page=landing&key=15047
Liste aller veröffentlichten Hotfixes für die verfügbaren Backup Exec-Versionen	http://www.symantec.com/docs/TECH66724
Symantec Benutzerforum	http://www.symantec.com/connect/
Wichtiger Internetblog zu Backup Exec	http://www.thebeline.eu

Sollten Sie Fragen, Anregungen, Wünsche oder auch Kritik zu diesem Buch äußern wollen, erreichen Sie Thorsten per E-Mail unter thorsten.prohm@procs-gmbh.de und mich unter oliver.kiel@pingus.de.

32 Danksagungen

Wie ich bereits eingangs geschrieben habe, ist die Idee zu diesem Buch schon einige Jahre alt, und selbst nachdem der finale Startschuss gegeben worden war, hat es bis zum fertigen Buch noch über anderthalb Jahre gebraucht.

Eine lange Zeit, in der ich mehr als einmal kurz davor war, das gesamte Projekt wieder einzustampfen und die Idee einfach wieder zu vergessen.

Zum Glück gab es aber immer liebe Menschen in meinem Umfeld, die mich wieder motiviert haben und so maßgeblich zum Gelingen dieses Projekts beigetragen haben.

Bei diesen Leuten bedanke ich mich herzlich.

Zuerst geht mein ganz besonderer Dank an meinen Geschäftspartner und Mitautor Thorsten Prohm. Danke für die tolle Zeit während unserer Schreib-Klausuren.

Bei meinem Mentor Dieter möchte ich mich bedanken, der mich beim Durchführen dieses Projekts unterstützt und vor allem in der Anfangsphase viele wertvolle Tipps beigesteuert hat.

Außerdem möchte ich mich bei den Kollegen GS, PZ, MM und HL von Symantec bedanken. Euer Vertrauen und Euer tatkräftiges Unterstützen haben erheblich dazu beigetragen, dieses Buch zu realisieren.

Robert Prokop hat mich bei allen lizenztechnischen Themen beraten und unterstützt. Vielen Dank dafür!

Danke auch an Dirk Ehlers, der mir die virtuellen Maschinen bereitgestellt hat, die ich für die Tests brauchte und der mich durch seine unzähligen Fragen immer wieder dazu gebracht hat, technische Details zu hinterfragen und zu durchleuchten.

Danke an Rainer Bungenstock für das Beseitigen der vielen „ungs".

Ein ganz besonderer Dank geht an meinen Freund Kai für das unermüdliche Korrekturlesen und die vielen Vorschläge, die das Buch sprachlich abgerundet haben.

Und zu guter Letzt möchte ich mich bei meiner Familie bedanken. Danke, dass Ihr mich all die Zeit ertragen und unterstützt habt, ob ich nun zum Schreiben zu Hause oder weit weg war.

Ohne Euch hätte ich mit Sicherheit zwischendurch aufgegeben.

33 Literaturverzeichnis

Symantec. (2011). *Backup Exec Admin-Handbuch.* Symantec.

Wikipedia ("Fibre Channel"). (08. 03 2013). Abgerufen am 25. 03 2013 von Fibre Channel: http://de.wikipedia.org/wiki/Fibre_Channel

Wikipedia ("Henne-Ei-Problem"). (29. 06 2011). Abgerufen am 26. 07 2011 von Henne-Ei-Problem: http://de.wikipedia.org/wiki/Henne-Ei-Problem

Wikipedia ("Highlander - Es kann nur einen geben"). (23. 01 2013). Abgerufen am 26. 03 2013 von Highlander – Es kann nur einen geben: http://de.wikipedia.org/wiki/Highlander_%E2%80%93_Es_kann_ nur_einen_geben

Wikipedia ("Murphys Gesetz"). (19. 07 2011). Abgerufen am 25. 07 2011 von Murphys Gesetz: http://de.wikipedia.org/wiki/Murphys_Gesetz

Wikipedia ("Self-Monitoring, Analysis and Reporting Technology"). (22. 10 2012). Abgerufen am 28. 10 2012 von Self-Monitoring, Analysis and Reporting Technology: http://de.wikipedia.org/wiki/Self-Monitoring,_Analysis_and_Reporting_Technology

Wikipedia ("Serial Attached SCSI"). (2013, 03 17). Retrieved 03 25, 2013, from Serial Attached SCSI: http://en.wikipedia.org/wiki/Serial_attached_SCSI

Wikipedia ("Small Computer System Interface"). (23. 03 2010). Abgerufen am 10. 04 2010 von Small Computer System Interface: http://de.wikipedia.org/wiki/SCSI

Wikipedia ("Universal Serial Bus"). (09. 04 2010). Abgerufen am 10. 04 2010 von Universal Serial Bus: http://de.wikipedia.org/wiki/Universal_Serial_Bus#Datenraten

34 Index

3600 325
abgekündigt 330
Abhängigkeit 127
Ablageort 126
Active Directory 43, 74, 82
ADBO 47, 52
Advanced Disk based Backup Option 47
Advanced Open File Option 53, 208
Agent 39, 47, 92, 95, 154, 167, 278, 328
Agentless 278
Analyse 307
Anhängezeitraum 117
Anmeldekonto 170
Antivirus 149
AOFO 53, 208, 264
Apple 234
Appliance 79, 81, 325, 327
Archivbit 19, 21
Archivierung 23
Attribut 20
Aufbau 47
Aufbewahrung 85
Auftragsprotokoll 45, 165, 193
Ausfall 130
Ausfallzeit 309
Ausklammern 212, 245
Auslagern 126
Ausrufezeichen 148
Außenstelle 60, 99, 100, 101
Auswahl 141, 240, 244, 258, 283, 289, 295
Auswahlliste 84, 236
Autoloader 108
AVHD 297
B2D2T 107
Backup Exec 2
Backup Exec Deduplication Assessment Tool 62
Backupfenster 19, 23

Backup-Konzept..7
Backup-To-Disk15, 44, 45, 61, 85, 103, 112, 114, 121, 167, 183, 187, 264
Bandbibliothek...43, 68, 107, 112, 116, 121
Bandbreite 36, 100
Bandlaufwerk..32, 97, 100, 106, 129
Batterie 131
BCS...333
BDSG..8, 18
BE-3600 80
BEDAT 62
BEData...186
BEMCLI...90
BEMCMD 90
Benachrichtigung 190, 205, 217
Benutzerdefinierte Installation 137
Benutzerkonto 132
Betriebssystem 131
BEUtility...44, 165, 193
BIA 309
Bitlocker 92, 95
Blockgröße...44, 45, 107, 110
Boot-Datenträger 313
Brand...308
BSI 12, 310
Bundesamtes für Sicherheit in der Informationstechnik.....................12
Bundesdatenschutzgesetz 8
Business Continuity 308
Business Critical Services 333
Business Impact Analyse..309
Cache 131
Capacity Edition 324
CAS 101
CASO 53, 101, 102, 114
Central Admin Server 99, 101
Central Admin Server Option 53, 102
Citrix..273
Clientseitig 40, 57, 100, 103, 114
Cloud..35

Cluster 54, 89, 105, 133
Containerdatei 83
CPU 88, 89
CSVs 297
DAG 75, 231, 255
Data Store...88
Database Availability Groups 75
Dateiattribut...19
Dateigröße 113
Datenarten...14, 15
Datenbank 111, 131, 132
Datendurchsatz...104
Datenmenge 14, 99, 100, 129
Datenschutz 8
Datensicherungsmedium 17
Datensicherungsmodell 15
Datensicherungsplan 15, 24
Datenstrom...49, 72, 106
Datenträgerverwaltung 44
Datentyp...99, 129
Datentypen..68
Datenverlust...309
Deduplizierung 33, 55, 81, 85, 111, 131, 174, 176, 207
Deduplizierungsspeicher 55, 101, 166, 174, 254
Deep Archive 15
Detailtiefe 191
DFS...60
Dienst 181
Dienste 80
Dienstkonto 132
Dienstmanager...181
differentiell..20, 23, 86
Differentiell 21
Disaster Recovery...238, 307
Distributed Filesystem 60
Dokumentation 307
Domain 80
Domain Name Suffix...80
Domain Password 80

Domain User Name 80
Domäne..80
Domänencontroller 74
Domino 76
DualCore 130
duplizieren...253
Edition 320
Einrichtung...97
Einstellungen 190
Email...278
E-Mail 74
Enterprise Server Option 55, 99
Enterprise Vault...77
Entsperren...109
Ersparnis 62
Erweiterungskarten 130
ESO 48, 99
ESX 58, 87, 93, 96, 229, 280
Exchange 53, 74, 82, 90, 93, 96, 149
Export 108
Fehlerbehandlung 191, 205, 213, 215
Festplatte 111, 131, 274
Fibre Channel 26
Firewall 159
Fortschrittsanzeige..190
FQDN..80, 159
Freigeben 114
Garantieerweiterung 130
GDPdU..8
Gesamtsicherung..20, 21
Geschäftsprozess 17
Geschwindigkeit...25, 102
GFS..267
Glasfaser 26
Globale Ausnahmen..245
GPT 44, 111
Granular Recovery Technology.....................75, 82, 198, 277
Granulare Wiederherstellungstechnologie 82, 277
Größe 277

GRT 45, 75, 78, 82, 93, 94, 198, 274, 277, 285, 296
Grundeinrichtung...167, 168
Grundeinstellungen 189
Grundschutzhandbuch 12
Handelsgesetzbuch 8
Hardware...106, 129
Hauptstandort...101
Havarie 310
HGB 8
Hochverfügbarkeit 16, 54
Host Name 80
Hotfix 44, 152
Hotplug 80
HTML 192
Hyper-V....................................52, 78, 86, 89, 279, 297, 303
Hypervisor 271, 275
IDR..69
Image..37
Import...108
importieren 167, 187
Importiert...117
Incremental forever 52
inkrementell...20, 21, 23, 86, 118
In-Place-Upgrade 162, 165
Installation 129, 148, 174, 226
Integration Services 279
Intelligent Disaster Recovery Option...69
Internet...35
Inventarisierung...109, 116
IPv6 25
ISO 88, 89
Journaling...9
Kapazität...85
Kennwort 170, 282, 294
Kernelmodus...107
Kommunikation 158
Kompatibilität 130
Konfigurationsänderungen 193
Konfigurationsdateien...166

konfigurieren...183
Konflikt 200
Konfliktlösung 203
Konsistenz..279
Konsistenzprüfung..195
KonTraG 8
Konvertierung 86
Konzept 11
Kopie 250
Lastverteilung 54
Laufwerk 68
Lebensdauer 129
LEO 68
Library 107, 129
Library Expansion Option 68
Linear Tape Open 28
Linux 73, 211
LiveUpdate 44, 80, 90, 151
Lizenzierung 52, 53, 55, 67, 68, 73, 74, 75, 76, 77, 78, 79, 320, 323
Lizenzschlüssel 140
Logdateien 166
Logfile 77, 131
Lotus Domino 76
LTO 28
LUN...110
Macintosh 73, 211
Magnetbänder 32, 61, 106, 113, 116, 127
Mailslot 43
Maintenance 331
Major Release 331
MAPI 75, 149
Maximalgröße 114
MBES 55, 101
MBR 44
Medien 116, 198
Medienmanagement 85
Mediensatz 23
Mediensätze 116
Medienstandort..126

Medienüberschreibschutzstufe 118
Minor Release 331
Motivation 6
Murphys Gesetz 130
NAS 229
Naturkatastrophe 6, 308
NDMP 57, 68, 71, 329
Nearline Instance 15
Nearline SAS 39
Nearline-Speicher 32
NetBIOS 80, 159
Netzwerk 48, 89, 131, 275, 313
Netzwerkfreigabe 114
Neuinstallation 166
Niederlassung 60, 99, 100
Notfall..15, 307
Notfallplanung 308
Notfallwiederherstellung..69
Off-Host-Sicherung 47
Offline 181
Offlinesicherung..39
OpenStorage-Technologie 55
Optimierte Duplizierung 35, 59, 98, 101, 115
Optimierung 195
Option...328
Optionen 47
Oracle..77
OST 55, 58
Outlook 90
parallel..81
Partitionieren 110
Performance 274, 275, 291
Performance-Tuning...107
Point-in-Time..77
Policy...84
Port-Channeling 26
Postfach 74, 90, 93
PowerShell...90
Preseeding 36

Proxy 80
Prüfsumme 56
PST 90
Puffergröße 45
QuadCore...130
Qualitative Daten...14
Quantitative Daten 14
Quellserver 48, 56, 61
Quersumme...206
QuickStart..320
RAID 5..43
RALUS 73
RAM 55, 58, 78, 88, 89, 130
RAMS 73
RAWS 73
RDM..287
Recovery Point Objective...16, 309
Recovery Time Objective...17, 309
Redirected Access 299
ReFS 92, 95
Reinigen...108
Reinigungsband...109
Remote Agent 73
Remote Agenten 100
Remote Product Specialist..333
Ressourcen..196
Retention 127
Richtlinie..84
RPO...16, 309
RPS 333
RTO...17, 309
SAN 48, 111, 209
SAN Shared Storage Option 54
SAS..28, 79, 81
S-ATA 27
SBS 97
Schließfach 126
schreibgeschützt...187
SCSI 27

SDR 45, 69, 86, 92, 95, 238, 313
SDR-Datenträger 70
Sekundärspeicher 32
Serial ATA 27
Serial attached SCSI 28
Seriennummer 81
Server 130
serverbasiert 84
Serverseitig..56
Serversystem 130
Service Level Agreement 12, 14
Service Pack 152
Servicepack 2 92
Servicepack 3 95
SharePoint 76, 82, 94, 230, 278
Sicherheit...209
Sicherungsintervall 260
Sicherungslogik 84
Sicherungsmethode.......................................16, 19, 248, 259
Simplified Disaster Recovery 86, 313
Simplified Disaster Recovery Option 69, 86
Skript 269
SLA 12
Small Business Edition 320
Small Business Server 97
Snapshot...53, 208, 297
Snapshot-Provider 48, 209
Speicher..197, 204, 248
Speicherkapazität 14
Speicherort 193
Speicherplatz 23, 62, 85, 113, 201
Speicherwachstum 15
Sperren 109
Spiegelung 16
Sprache...143
SQL 53, 76, 82, 93, 96, 132, 318
SSD...79
SSO 54
Staging 250

Startzeitpunkt...117
Symantec 2
Systemstatus...73, 74
Tape-Library 50
TAPP...333
TCP 286
TCP/IP 25
Teaming..26
Technical Assistance Partner Program 333
Telefonsupport...122
Temporär..116
Testlauf 205
Tools...278
Totalverlust 308
Treiber...147
Tresor 126
Tuning 107, 291
Überprüfung 205
Überschreiben 117
Überschreiboption 120, 122
Überschreibschutzzeitraum 117, 119, 126, 204
Überschreibschutzzeiträumen 204
Überwachung 85
Umleitung...72
Update 197
Upgrade..162, 164
USB 27, 33, 35
vCenter...............................88, 93, 96, 228, 280
VCenter...280
verschlüsselung 209
Verschmutzungsgrad 109
verteilen..92, 95, 154, 167
Vertrauensstellung..224
Verzeichnis 245
Verzeichnisdienst-Wiederherstellungsmodus 74
VHD 86
Vier Augen Prinzip 13
Virenscanner...316
Virenschutz...275

Virtual Tape Library...34
Virtualisierung 38, 78, 274
Virtuell 38, 78, 273
VMware 52, 78, 86, 87, 96, 228, 273, 280
VMware-Tools...279
Vollsicherung 20
Voraussetzungen 129
V-Ray... 320, 324
vSphere..93, 96
VSS 279, 317
VTL 34, 35
WAN 60, 101, 102
WAN-Beschleuniger..102
Warnung..147
Webbrowser 80
Wiederherstellung...23, 305
Wiederherstellungs-CD 70
Wiederholung...203
Wiederholungsfrequenz 203
Windows PE..71
WinRE 92
Zeitfenster...7
Zeitstempel 20
Zeitzone 71
Zielmediensatz...120
ZIP...82
Zusammenfassung...148